Soll ich bleiben,
soll ich gehen?

Mira Kirshenbaum

Soll ich bleiben, soll ich gehen?

Ein Beziehungs-Check

Aus dem Englischen
von Annette Charpentier

Scherz

Die Originalausgabe erschien unter dem Titel
«Too Good To Leave, Too Bad To Stay. A Step-by-Step Guide to Helping You Discover Whether to Stay In or Get Out of Your Relationship» bei Dutton, New York
Einzig berechtigte Übersetzung
aus dem Englischen von Annette Charpentier

Zweite Auflage 1998

Umschlaggestaltung: Casa Nova
Umschlagbild: Archive Photos, Köln

Für meine wichtigsten Lehrer: meine Klienten und Klientinnen. Ihr habt über Jahre hinweg euer Leben mit mir geteilt. Ich bin euch ewig dankbar für alles, was ich von euch lernen durfte – und vor allem für euer Vertrauen.

Für meine Mutter. Ich weiß, wieviel du geleistet hast und wie schwer du kämpfen mußtest. Ich wünschte, ich hätte dir helfen können, als du es am meisten brauchtest, aber da war ich noch zu klein. Danke, daß du den Glauben in mir geweckt hast, anderen helfen zu können. Danke, daß du den Wunsch in mir angeregt hast, die Wahrheit über die Liebe zu erfahren.

Und für meine Töchter. Ihr seid die allerbesten und verdient eine Welt voller Liebe.

Inhalt

An die Leserinnen und Leser dieses Buches

Sie sind nicht allein. In Amerika zum Beispiel leben hundertvierzig Millionen Amerikaner derzeit in einer festen Beziehung, aber ein Fünftel davon – achtundzwanzig Millionen Männer und Frauen – ist sich nicht sicher, ob sie in dieser Beziehung bleiben wollen oder ob es besser wäre, sich zu trennen.

Sie verdienen das Glück, das Sie suchen. Ich habe Jahre damit zugebracht, einen einfachen, aber umfassenden Katalog von Fragen und Richtlinien zu entwickeln, der Ihnen helfen kann, zu erkennen, ob es für *Sie* am besten ist, an Ihrer Beziehung festzuhalten oder sich zu trennen. Die Frauen und Männer, denen Sie in diesem Buch begegnen, standen genau vor dieser Entscheidung. Ihre Erfahrung kann Ihnen helfen, die Wahrheit über Ihre eigene Beziehung zu erfahren – ganz egal, wie lange Sie schon mit Ihrem Partner zusammenleben und unabhängig davon, wie oft Sie Ihre Beziehung schon auf den Prüfstand gestellt haben.

In diesem Buch gibt es eigentlich nur gute Nachrichten: Wenn Sie nach Beantwortung aller Fragen zu der Einsicht gelangen, daß Ihre Beziehung tatsächlich zu gut ist, um sie aufzugeben, ist das eine glückliche Erkenntnis, die nichts mit Resignation zu tun hat. Im Gegenteil – Sie wissen endlich, wo Ihr Herz zu Hause ist.

Falls Sie erkennen, daß Sie glücklicher wären, wenn Sie sich aus Ihrer Beziehung lösen, beruht diese Einsicht auf einem tiefgehenden Verständnis für Ihre eigene Situation. Wenn man eine Beziehung beendet, die dies verdient, befreit man zwei Menschen zu einem besseren Leben.

So oder so – wer Gewißheit darüber erlangt hat, was für ihn das Beste ist, wird glücklicher sein als zuvor. Alles in seinem Leben wendet sich dann zum Besseren. Ich habe dieses Buch geschrieben, damit genau das möglich wird.

Teil I
Das Problem

I

Bringt's das noch mit uns?

Sie haben eine Menge mitgemacht, bevor Sie diese Frage stellen.

Sie haben gehofft, Liebe sei genug. Sie haben sich abgemüht, die Probleme in Ihrer Beziehung zu lösen. Sie haben versucht, alles so zu akzeptieren, wie es ist. Und immer wieder haben Sie sich vorgestellt, einfach alles hinzuschmeißen.

Aber bisher haben Sie die richtige Lösung noch nicht gefunden. Jetzt sind Sie bereit, sich der Entscheidung zu stellen, die Ihr Herz so belastet. Genau dabei hilft Ihnen dieses Buch – Sie werden entdecken, was für Sie am besten ist:

> *In der Beziehung bleiben*, sich ohne nagenden Zweifel rückhaltlos auf sie einlassen, endlich frei sein, alle Liebe und Energie in die Beziehung zu stecken und all das von ihr zurückzubekommen, was man zuvor investiert hat
>
> oder
>
> *die Beziehung verlassen*, sich endlich aus ihren Fesseln lösen, der Verstrickung aus Verwirrung und Schmerz entkommen, um schließlich frei zu sein für ein neues, besseres Leben.

Bisher haben Sie keinen eindeutigen Hinweis erhalten, dem Ihr Gefühl und Ihr Verstand vertrauen könnte, um sicher zu entscheiden, was am besten für Sie ist. Sie haben kein Signal wie etwa das folgende bekommen:

Verlassen: Er wollte ihr kein Brot machen. Heike hatte den ganzen Morgen in der heißen Sonne im Garten gearbeitet, und Bill hatte irgendwo im Haus herumgewerkelt. Sie hörte durch das offene Küchenfenster, wie er sich ein Bier holte, und fragte ihn, ob er ihr ein Brot machen könne. «Nein, mach dir dein Brot selbst», sagte er, als hätte sie ihn um etwas völlig Abwegiges gebeten.

Wie ein Blitzschlag traf sie die Erkenntnis, daß dieser Egoismus bodenlos war, und im gleichen Augenblick erfaßte sie ganz klar, daß diese Beziehung vorbei war, daß es hier nichts mehr für sie zu holen gab und daß sie besser ginge. Genau das hat sie dann getan, ohne es auch nur einen einzigen Moment zu bereuen.

Bleiben: Was war nur aus der zärtlichen Frau geworden, die er geheiratet hatte? Heute, drei Jahre später, hatte Stefan das Gefühl, daß Linda sich in jemanden verwandelt hatte, der nur noch nörgelte. Aber eines Freitags, als Stefan von der Arbeit nach Hause kam, hörte er den Song im Radio: «When a Man Loves a Woman». Da wurde ihm schlagartig klar, daß es seine Aufgabe war, ihr zu zeigen, wie sehr er sie liebte. Sie hatten sich seiner Meinung nach so weit voneinander entfernt, daß er nicht einmal die Möglichkeit in Betracht gezogen hatte, daß ihre Lieblosigkeit eine Folge seines lieblosen Verhaltens sein könnte.

Nun versuchte er, Linda zu zeigen, wie gern er sie hatte. Es dauerte eine Weile, bis sie das begriff. Doch dann schmolz sie geradezu dahin. Sie war wieder die alte zärtliche Linda. Plötzlich war es Stefan sonnenklar, wie leicht dieses Problem zu lösen war, das ihn fast dazu gebracht hatte, sich zu trennen. Stefan beschloß, alle Gedanken daran aus seinem Kopf zu verbannen.

Gute Nachricht

Es wäre frustrierend, wenn man selbst nichts tun könnte, als passiv darauf zu warten, bis sich derartige Schlüsselerlebnisse einstellen. Zum Glück jedoch gibt es auch andere Methoden, die weitaus vielversprechender sind. Ich werde Ihnen in diesem Buch zeigen, wie Sie selbst die Antworten auf die Fragen finden können, die Ihnen unter den Nägeln brennen:

- Passen wir beide wirklich gut zusammen oder nicht?
- Wird das, was uns heute im Wege steht, eher mehr oder weniger?
- Wie werde ich mich fühlen, wenn es besser wird – und wie, wenn das nicht eintrifft?
- Können wir unsere Beziehung allein in den Griff bekommen oder nur mit Hilfe von Therapeuten?
- Was erwartet mich, wenn ich mich trenne? Wird es mir besser oder schlechter gehen als jetzt?
- Wie kann ich die Verantwortung, die ich für einen anderen Menschen übernommen habe, in Einklang bringen mit der Verantwortung für mich selbst?

Ganz gleich, wie schwer es scheint, solche Entscheidungen zu fällen, jetzt *können* Sie die Wahrheit über Ihre Beziehung herausfinden – *Ihre eigene* Wahrheit. Sie können die Gewißheit erlangen, die Ihnen das Selbstvertrauen gibt, sich der wohl wichtigsten Entscheidung in Ihrem Leben zu stellen.

Einzige Voraussetzung dafür ist, daß Sie die Wahrheit tatsächlich finden wollen. Ihre Beziehung ist *entweder* zu gut, um sie aufzugeben, *oder* zu schlecht, um daran festzuhalten. Beides kann sie nicht sein – es gibt also eindeutige Antworten.

Und was ist mit der Liebe?

Natürlich wird in diesem Buch auch sehr viel von Liebe die Rede sein. Sie werden erkennen, wie stark und wie tragfähig Ihre Liebe ist. Liebe, die am Anfang einer Beziehung alles so einfach macht, verkompliziert später oft alles. Manchmal erscheint alles unerträglich verwickelt, und dennoch ist das Gefühl von Liebe noch stark – was aber fängt man dann mit ihr an?

Manchmal sieht es so aus, als hätten Sie den Alltag ganz gut im Griff, allein die Liebe fehlt – welche Erwartungen haben Sie dann an die Liebe?

Ich möchte Ihr Vertrauen in die eigenen Einsichten und Bedürfnisse stärken, damit Sie einen selbstbestimmten Weg gehen können. Sie selbst werden den Platz bestimmen, den die Liebe in Ihrem Leben einnehmen soll.

Das Glück, das auf einen wartet

Meine Aufgabe besteht aus zwei Dingen: Erstens möchte ich Ihnen von den Erfahrungen anderer Menschen erzählen, die vor den gleichen Problemen standen, mit denen Sie sich jetzt herumschlagen. Menschen, die sich auf die eine oder andere Weise entschieden haben und nun berichten, wie es ihnen dabei erging. Denken Sie zum Beispiel an etwas, was Sie an Ihrem Partner stört, das stark dafür spricht, sich von ihm zu trennen. Möchten Sie nicht gern wissen, wie sich andere Menschen fühlten, die das gleiche störte und die sich wirklich getrennt haben? Ihnen begegnen aber auch Menschen, die blieben, weil sie eine Basis für ihre Beziehung entdeckten, eine Verbundenheit, die stark genug war, um glücklich zu machen – und das wollen Sie doch bestimmt auch wissen. Also erfahren Sie auch das hier. Vielleicht ist es ja so, daß Sie ein Problem mit sich herumtragen, das sich schließlich als gar nicht so wichtig herausstellt, dann möchten Sie das bestimmt doch wissen, damit Sie es endlich ad acta legen können. Also erwähne ich auch das.

Meine zweite Aufgabe ist es, Ihnen dabei zu helfen, den Wert der eigenen Erfahrung wiederzuentdecken. Ich will hier kein Kaninchen aus dem Zylinder zaubern, und ich will Ihnen nicht einreden, wie Sie Ihre Beziehung und Ihren Partner beurteilen und empfinden sollen. Ganz im Gegenteil: Ausgangspunkt aller Überlegungen wird immer wieder Ihre Erfahrung sein. Denn das Problem ist ja nicht, daß Sie Ihren eigenen Gefühlen nicht trauen könnten, sondern daß Sie sich schwer damit tun, Klarheit in Ihre unterschiedlichen Gefühle zu bekommen.

Sobald Sie entdecken, daß Sie frei sind, selbst zu entscheiden und zu dieser Entscheidung dann auch stehen können, werden Sie sich wohlfühlen, und dieses gute Gefühl wird sich im Laufe der Zeit verstärken. Es ist eine Entscheidung, nach der Sie nichts bereuen müssen. Und genau das haben Sie ja gesucht.

Im Schlamassel gefangen

Sie wissen längst selbst, daß es Ihnen nicht guttun kann, in einem Zustand zaudernder Unschlüssigkeit zu verharren. Unentschiedenheit kann ungeheuren Schaden anrichten. In einer Beziehung festzusitzen, wenn man eigentlich gehen sollte, kann einen am Ende emotional umbringen. Ständige Gedanken an Trennung können eine Beziehung abtöten, obwohl sie mit ein bißchen Energie noch zu retten wäre. Leicht endet man dann ohne Freude und Freiheit, ohne Intimität und Hoffnung. Wer einfach nur abwartet, findet nicht heraus, was für ihn am besten ist. Unentschiedenheit produziert keine echten Antworten. Ambivalenz ist bloß eine gefährliche Falle.

Den Schlamassel bewältigen

Daniela, eine neunundzwanzigjährige Einkäuferin, lebte vier Jahre lang mit Karl zusammen. Die Beziehung hatte viele gute Seiten, wie etwa ihre starke sexuelle Anziehung zueinander, aber Daniela war nie richtig glücklich. Sie stritten sich über viele Dinge, etwa über das, was Daniela Karls Verantwortungslosigkeit nannte, die, wie sie fürchtete, mit den Jahren immer schlimmer werden würde.

Nachdem sie sich letztes Jahr von ihm getrennt hatte, war Daniela viel glücklicher. Aber sie war auch einsam. Heute verabredet sie sich hin und wieder mit ihm, teils wegen ihrer sexuellen Bedürfnisse, teils weil sie keinen Besseren kennengelernt hat und teils auch, weil Karl versprochen hatte, erwachsener zu werden. Und so dümpelt ihre Beziehung vor sich hin, nicht besser als vorher, mit der gleichen Mischung aus Vertrautheit und Unglücklichsein – wie immer.

Daniela denkt nicht daran, sich auf die eine oder andere Weise zu verpflichten. Sie steckt eigentlich in der Klemme, weil sie nicht weiß, was sie langfristig, vielleicht auf Jahre, mit der Beziehung anfangen will.

Kann man sich vorstellen, vierzig Jahre so zu leben? Offenbar. Denn so lange wartete Kate auf ein Zeichen, das ihr sagen würde, was sie tun sollte.

Kates Geschichte

Wie Sie gleich bemerken werden, ist Kate eine der wichtigsten Frauen in meinem Leben, und die Tatsache, daß sie ihre Unentschiedenheit niemals überwand, hatte auf uns beide eine sehr ungesunde Wirkung. Ich habe also nicht nur professionell, sondern auch persönlich den hohen Preis kennengelernt, den wir alle bezahlen, wenn wir nicht wissen, was wir mit unserer Beziehung anfangen sollen – all das Leid und die vergeudete Zeit von Millionen von Menschen, die endlos lange unentschlossen bleiben und leiden.

Kate hatte rasch wieder geheiratet, als sie nach einer kurzen ersten Ehe geschieden worden war. Ihr zweiter Ehemann, inzwischen verstorben, war Geschäftsmann gewesen: flatterhaft, unberechenbar und manchmal unangenehm, aber in gewisser Hinsicht auch ein anständiger Kerl. Es gelang ihnen, ihre Rollen zu spielen, und alle Freunde beneideten sie um das, was nach außen hin aussah wie eine der besseren Ehen in ihrem Kreis. Aber Kate konnte sich kaum an eine Zeit erinnern, in der sie etwas gemeinsam hatten. Sie konnten auch kaum miteinander reden, ohne zu streiten, und wenn sie nicht stritten, gab es auch nichts, über das sie reden konnten.

Es war nicht die schlimmste Ehe der Welt. Es gab nur einfach eine Menge Unglück, weil zwischen beiden eine kühle Distanz und Unstimmigkeit herrschte. Auf einer Skala zwischen eins und zehn hätte Kate der Ehe die Note drei gegeben. Aber sie blieb, weil sie das als ihre Pflicht betrachtete.

Und was hätte sie tun sollen? Kate hatte zwei gute Alternativen: Trotz des Mythos, daß Frauen eine Ehe brauchen, weist heute alles unzweideutig darauf hin, daß eine Frau wie Kate auch allein hätte glücklich werden können. Ich bin überzeugt, sie hätte auch eine Chance auf Glück gehabt, wenn sie geblieben wäre und an ihrer Beziehung mehr gearbeitet hätte (vielleicht mit Paartherapie), anstatt ihre Energien mit ständigen Gedanken an eine Trennung zu vergeuden.

Der Preis der Unentschiedenheit. Kate war vierzig Jahre lang unglücklich, weil sie beides nicht wagte. Sie wartete auf einen Meilenstein nach dem anderen – die Kinder kamen in die Schule, sie fing wieder an zu arbeiten, die Kinder zogen aus, der Mann wurde pensioniert – sie wartete endlos, immer auf ein Zeichen hoffend, das ihr sagen würde, was sie tun sollte.

Man stelle sich einmal vor, wie das ist – vierzig lange Jahre und der Gedanke an Trennung ein ständiger Begleiter! Während all dieser Jahre arrangierte sie sich mit einem ungeliebten Partner, und gleichzeitig haderte sie mit ihrem Entschluß, bei ihm zu bleiben. Der Preis, den man zahlen muß, wenn man sich an ein derart negatives Lebensgefühl willenlos ausliefert, ist in jedem Fall zu hoch: Angenommen es wäre für Kate am besten gewesen zu gehen – dann kann ein Entschluß wie der ihre, nämlich trotz all der unüberwindlichen Unstimmigkeiten zu bleiben, das Selbstwertgefühl eines jeden Menschen restlos zerstören. Oder nehmen wir an, es wäre am besten gewesen zu bleiben – dann hätte ein solches Ausmaß an Selbstmitleid jegliche Hoffnung im Keim erstickt und eine eigentlich lebensfähige Ehe zerstört.

Kate aber zahlte einen anderen Preis für ihr Leben in Unentschiedenheit. Infolge ihrer Ambivalenz war sie ständig angespannt und unglücklich, und dadurch belastete sie die Beziehung zu ihren Kindern, die erst nach Jahren zu heilen begann.

Die Frau, die ich «Kate» nenne, ist meine Mutter (ich habe nur einige Einzelheiten abgeändert, um ihre Anonymität zu schützen, wie bei allen anderen Personen, denen man in diesem Buch begegnet). Ihr Mann war mein Stiefvater. In vieler Hinsicht ist Kate eine Heldin, Überlebende des Holocaust und selbständige Geschäftsfrau; aber was ihre private Lebensgestaltung anbelangt, war sie nicht in der Lage, ihr Glück zu erobern. Ihre Entscheidungsunfähigkeit ist typisch für die Generation unserer Eltern, viel zu viele Menschen mittleren Alters und auch viel zu viele, die gerade erst am Anfang stehen, stecken in einer solchen Beziehungsambivalenz. Ich habe dieses Buch geschrieben, um andere davor zu bewahren, das gleiche durchzumachen wie meine Mutter.

Die Epidemie der Unentschiedenheit

Vielleicht fragen Sie sich, ob etwas mit Ihnen nicht stimmt, weil Sie sich in eine so verfahrene Situation verstrickt haben. Tatsache ist jedoch, daß Unentschiedenheit in vielen Bereichen heutzutage epidemische Ausmaße angenommen hat. Zwar leben wir in einem Zeitalter, das den Wert von Selbsterfahrung und Selbsterkenntnis kultiviert, gleichzeitig wird uns jedoch viel zu selten vermittelt, wie wir dieses Selbstbewußtsein nutzen können, um sinnvolle Entscheidungen zu treffen. Wir erfahren immer mehr über die Dinge, die uns bewußt oder unbewußt beeinflussen, erlernen aber keine Methoden, die uns helfen, mit der Verunsicherung fertig zu werden, die durch diese Erkenntnisse häufig ausgelöst wird.

Dies trifft ganz besonders auf Beziehungen zu. So sagte zum Beispiel eine Schauspielerin, die über ihre Ehe befragt wurde, in einem Fernsehinterview: «Idealerweise sollte man seine Beziehung doch jeden Tag neu einschätzen, nicht wahr?» Das gilt aber nur dann, wenn man sich restlos verwirren und erschöpfen will. Man sagt uns viel zuviel widersprüchliche Dinge: Wir sollen verantwortlich uns selbst und dem Partner gegenüber sein; wir sollen nach unserem Glück streben, aber gleichzeitig unsere sozialen Verpflichtungen erfüllen; einmal sollen wir unser eigenes Leben über alles stellen, dann wieder sollen wir in unserer Beziehung aufgehen...

Wir sehen Therapeuten im Fernsehen, die uns versprechen, sie könnten jede Beziehung zu neuem Leben erwecken, dabei wissen wir, wie schwer es ist, auch nur den geringsten Aspekt in unserer eigenen Partnerschaft zu ändern.

Kein Wunder, daß so viele Menschen Schwierigkeiten haben, herauszufinden, was für sie am besten ist. Dennoch – ich bin davon überzeugt, daß jeder, der ernsthaft Klarheit sucht, sehr wohl in der Lage ist, den für sich richtigen Weg zu wählen.

Gemeinsam Verantwortung übernehmen

Dieses Buch ist nur möglich, weil ein Individuum zwar einzigartig, aber immerhin anderen doch ähnlich genug ist, um von ihnen zu lernen. Ohne unsere Ähnlichkeiten wären Medizin und Psychologie unmöglich. Nur aufgrund unserer Ähnlichkeiten können diagnostische Tests und Wunderdrogen Millionen helfen.

Aber gerade wegen unserer Einzigartigkeit bleiben Medizin und Psychologie ebensosehr Kunst wie Wissenschaft. Ich weiß als Therapeutin, daß ich meiner Verantwortung nicht gerecht werden kann, wenn ich auch nur einen einzigen Augenblick lang vergesse, daß mein Gegenüber ein Individuum ist. Auch wenn man anderen Menschen in vielerlei Hinsicht ähnlich sein mag, heißt das noch nicht, daß keine grundsätzlichen Unterschiede bestehen. Und diesen Unterschieden muß ich stets Rechnung tragen.

Aber ich werde meiner Verantwortung ebensowenig gerecht, wenn ich nicht nach Erfahrungen suche, die die Menschen miteinander verbinden. Darin liegt die Stärke von Forschung und klinischer Praxis, nicht nur meiner eigenen, sondern auch die zahlloser anderer, besonders die von Charles Foster, auf dessen Schultern dieses Buch ruht.

Endlich Antworten

Dieses Buch ist ein Versuch, Antworten auf Fragen zu finden, mit denen sich die unterschiedlichsten Menschen immer wieder von neuem beschäftigen:

- Welche eher schwierigen Beziehungen werden vermutlich halten, und welche sind praktisch nicht reparierbar?
- Was macht Menschen glücklich, wenn sie eine Beziehung verlassen haben? Was macht sie glücklich, wenn sie sich neu darauf einlassen?

In unseren Untersuchungen haben wir mit Menschen gearbeitet, die sich unschlüssig über ihre Paarbeziehung waren. Sie wurden nach ihren ambivalenten Gefühlen befragt und aufgefordert, die Vor- und Nachteile ihrer Partner zu beschreiben. Diese Fragen wurden nach bestimmter Zeit noch einmal gestellt, in der viele Probanden versucht hatten, ihre Probleme zu lösen (viele erfolgreich), und andere ihre Beziehung beendet hatten.

Dann versuchten wir herauszufinden, was einige Menschen dazu veranlaßte, eindeutig zu sagen: Das macht mich glücklich und andere mit der gleichen Eindeutigkeit: Das macht mich unglücklich. Diese Antworten entwickelten sich zu Fragen und Leitlinien, die nun das Rückgrat dieses Buches bilden.

Die Feuerprobe für die dabei gewonnenen Erkenntnisse war schließlich die Einzelarbeit mit Menschen, die mit diesen Problemen konfrontiert waren. Wir können nur dann sichergehen, daß echte Hilfe möglich ist, wenn die Wahrheiten, die wir gefunden haben, für ein breites Spektrum von Individuen einen Sinn ergeben.

Der Wahrheit vertrauen

Um der Einzigartigkeit eines Menschen wirklich gerecht zu werden, muß ich mit meinen Ratschlägen sehr sorgfältig umgehen. Aber wenn ich verläßliche und tragende Wahrheiten gefunden habe, die für eine große Anzahl von Menschen Geltung haben, Wahrheiten, die immer wieder bestätigt wurden, habe ich dann nicht die Pflicht, diese Wahrheiten für alle zugänglich zu machen? Ich kann niemandem sagen, was er oder sie tun soll, aber ich kann und muß sagen, was ich weiß. Die Zukunft kann ich nicht voraussagen, aber die Chancen auf guten oder schlechten Ausgang.

Genau das tun alle vertrauenswürdigen Experten. Ich bin zum Beispiel vor zehn Jahren mit einem periodisch auftretenden, dumpfen Zahnschmerz zu meinem Zahnarzt gegangen. Er sagte mir, daß eine Wurzelbehandlung unumgänglich sei, um den Zahn zu retten und den Schmerz zu beseitigen. Ohne die Wurzelbehandlung würde der Schmerz zwar vielleicht tage- und manchmal wochenlang verschwinden, vielleicht sogar für ein oder zwei Jahre, aber er würde zurückkommen, und zwar schlimmer.

«Woher wollen Sie das so genau wissen?» fragte ich.

«Nun, ganz sicher weiß ich es nicht», antwortete er. «Jeder Mensch ist anders, aber so verläuft das in den meisten Fällen, und mir scheint alles darauf hinzudeuten, daß Sie in dieser Beziehung keine Ausnahme sein werden.»

Ich neige dazu, erstmal alles auszuprobieren, und statt der Empfehlung meines Zahnarztes zu folgen, wartete ich lieber ab. Ich rechnete damit, daß ein individueller Zug meiner Persönlichkeit mich von dem Muster aussparen würde, das der Arzt vorhergesagt hatte.

Natürlich behielt er recht. Ich endete mit den schlimmsten Schmerzen meines ganzen Lebens, bis ich die Wurzelbehandlung bekam, die ich sofort hätte machen lassen sollen.

Unser Vertrag

Das Folgende ist eine Abmachung zwischen uns. Ich werde – gestützt auf meine Forschungsarbeit und zwanzig Jahre klinische Erfahrung – nicht davor zurückschrecken, eindeutige Empfehlungen auszusprechen, ob es besser für Sie ist, sich zu trennen oder zu bleiben. Im Gegenzug werden Sie den Empfehlungen, die ich für Menschen entwickelt habe, die sich in einer Situation befanden, die der Ihren vergleichbar ist, nicht blindlings Folge leisten. Zuallererst werden Sie sich selbst befragen und in sich hineinhören, ob die von mir vertretene Auffassung auch Gültigkeit für Sie haben kann.

Und wenn Sie einen Therapeuten oder einen vertrauten Freund haben, dann möchten Sie bestimmt auch mit ihm über das sprechen, was Sie hier gelesen haben. Hierbei gilt: *Nichts in diesem Buch hat Vorrang vor dem, was ein guter Therapeut, mit dem Sie auch sonst arbeiten, Ihnen sagt.*

Nochmals – ich möchte Ihnen helfen, Gewißheit zu erlangen, und Sie ermutigen, gemäß dieser Gewißheit zu handeln. Die Verantwortung, die wir füreinander haben, verlangt von mir, daß ich die Wahrheit, so wie sie sich mir darstellt, schonungslos ausspreche. Sie selbst entscheiden dann, was Sie damit anfangen.

Die Wahrheiten, die ich hier formuliert habe, sind nicht kompliziert zu verstehen und für die meisten Menschen leicht nachzuvollziehen. Es liegt in Ihrer Hand, zu überprüfen, ob sie auch für Sie einen Sinn ergeben. Handeln Sie nicht danach, ehe sie einen Sinn ergeben, aber versäumen Sie es nicht, anschließend danach zu handeln. Ihr Leben ist zu wichtig, um auch nur einen kleinen Teil davon in der «Ambivalenzfalle» zu vergeuden.

2

Der Tanz um den heißen Brei

Thema: Beziehungsambivalenz

Sie führen eine Beziehung, die beides ist: zu gut, um sie aufzugeben, und zu schlecht, um an ihr festzuhalten. Jedesmal, wenn etwas passiert, das eindeutig dafür spricht, sich zu trennen oder zu bleiben, sagen Sie sich vermutlich: «Nein, so einfach kann ich es mir nicht machen. Ich muß auch alles andere in meine Überlegungen miteinbeziehen.» Dann schleichen sich Dutzende von Erinnerungen und Gefühlen ein, und Sie sagen sich: «Ich treffe besser noch keine Entscheidung, bis ich herausgefunden habe, was für alle Beteiligten das beste ist.» Aber man erkennt nie, was für alle Beteiligten das beste ist.

Diesen Zustand nennen wir *Beziehungsambivalenz*.

Wege in die Beziehungsambivalenz

Jeder zweifelt von Zeit zu Zeit an seiner Partnerschaft, und gelegentlich stellen wir auch Spekulationen darüber an, wie es wohl wäre, allein oder mit einem anderen Partner zusammenzuleben. Das allein aber ist noch keine Beziehungsambivalenz.

Ich meine vielmehr das, was geschieht, wenn Ihnen Ihre Beziehung nicht mehr selbstverständlich erscheint, sondern Sie ständig damit befaßt sind herauszufinden, ob Sie bleiben oder gehen sollen. Die Einstellung zu einer Beziehung kann sich jederzeit grundlegend verändern, kurz nach der ersten Begegnung oder am Tag nach der Silberhochzeit – oder sogar noch später.

Eines Tages tauchen Probleme auf, die eine ganz andere Qualität haben als die üblichen Auseinandersetzungen, die jedes Paar von Zeit zu Zeit hat: Auf einmal nehmen die schlechten Eigenschaften eines Partners überhand oder mißliebige Beziehungsroutinen prägen sich aus, während die guten Seiten abnehmen oder ganz verlorengehen. Man beklagt sich dann oft über folgende Dinge:

- «Er hat wohl schon tausendmal eine Vereinbarung über die Aufteilung der Hausarbeit getroffen, aber noch nie eine eingehalten.»
- «Sie hatte eine Affäre mit diesem Kollegen, und ich bin sicher, daß das schon seit einem Jahr vorbei ist, aber ich finde es schwer, das richtig zu vergessen. Und ich habe keine Ahnung, was ich dagegen tun kann.»
- «Das Problem klingt wie aus einem schlechten Film: Er atmet so laut. Ich meine damit, daß jeder Atemzug wie ein Stöhnen oder ein Seufzen klingt. Ist das wirklich so schwer zu ertragen oder bin ich kleinlich und überempfindlich?»
- «Ihre Familie ist so furchtbar aufdringlich und laut, und sie haben sie ganz schön in der Zange wegen dem Geld. Manchmal denke ich, entweder sie läßt sich von ihrer Familie scheiden oder ich mich von ihr.»
- «Mich über ihn beklagen geht ja noch, aber wenn es mir peinlich ist, daß meine Freunde ihn sehen oder wissen, was er so treibt, dann ist das wirklich schlimm.»
- «Sollten Eheleute nicht miteinander schlafen? Ich meine – mal ehrlich! Wie selten kann man eigentlich miteinander schlafen, und das dann noch eine Ehe nennen?»
- «Haben wir eine Zukunft, wenn wir uns noch nicht mal darauf einigen können, wohin wir in Urlaub fahren?»
- «Wir streiten uns immer heftig um Geld, weil ich sparsam bin und sie verschwenderisch.»
- «Er ist ein sehr strenger, kontrollierender Vater, und ich finde, er gibt unseren Kindern den Eindruck, daß ich eine schlechte Mutter bin, aber er ist ein schlechter Vater, und ich denke wirklich, daß es mir und den Kindern besserginge, wenn er sich ganz heraushielte.»
- «Manchmal denke ich, wir haben keine Chance, weil ich gern

Leute um mich habe. Das brauche ich wirklich. Aber sie ist sehr gern allein und hat nicht gern Besuch.»

- «Er war der erfolgreiche ältere Geschäftsmann, und mir hat es am Anfang Spaß gemacht, ihn anzuhimmeln, aber jetzt nörgelt er von morgens bis abends an mir herum. Ich weiß nicht, ob ich das noch lange aushalten kann.»

Wenn sich Probleme wie diese, die den Wunsch nach Trennung auslösen, zu den Kräften gesellen, die einen zum Bleiben veranlassen, befindet man sich im Zustand der Beziehungsambivalenz. Zu diesem Gefühl gehört aber noch mehr als nur die Auflistung des Für und Wider einer Beziehung.

Stationen am Weg

Es ist schon eine Weile her, seitdem Sie zum ersten Mal realisiert haben, daß Ihre Partnerschaft auf tönernen Füßen steht. Sie haben nicht aufgegeben, sondern alles Mögliche versucht, um die Beziehung zu retten: Ehrlichkeit und romantische Wochenenden, Bücher über Beziehungen und vielleicht sogar Eheberatung. Sie haben versucht, sich mit allen Schwierigkeiten konstruktiv auseinanderzusetzen. Sie haben versucht, alles, was Sie stört, verletzt oder in Rage bringt, zu übersehen. Sie haben versucht, den anderen glücklich zu machen, und sich davon erhofft, durch ihn glücklich zu werden. Sie haben einfach alles versucht... Vermutlich können Sie sich längst nicht mehr daran erinnern, was Sie alles schon ausprobiert haben.

Nach zwanzig Jahren Frontarbeit als Therapeutin habe ich die Erfahrung gemacht, daß praktisch niemand an diesen Punkt gerät, ohne sich ernsthaft für die Beziehung eingesetzt zu haben. Wir nehmen die Liebe zu ernst, als daß wir sie kampflos aufgeben. Gleichzeitig fühlen wir uns aber genau im gleichen Moment, in dem die Liebe nicht mehr ausreicht, so verletzt, daß wir uns zurückziehen, darauf wartend und hoffend, daß der andere die Wende herbeiführt.

Die Suche nach dem Ausgang

Allein der Gedanke an Trennung hat noch niemandem geholfen. Sie haben zwar eine zumindest vage Vorstellung davon, wie es sein würde, aber Sie sind sich nicht sicher, ob es Ihnen dann bessergehen wird. Selbst wenn man die Nase voll hat von seinem Partner, ist man sich noch immer nicht darüber im klaren, ob eine Trennung wirklich besser ist, als vielleicht den Rest des Lebens alleine zu verbringen.

Jedesmal, wenn Sie sich auf eine Trennung konzentrieren, schleichen sich Gedanken darüber ein, ob Sie eine neue Wohnung finden werden, die Sie sich leisten können, ob Sie eine neue Liebe finden, wie teuer Kindergärten oder Tagesmütter sind und zahllose andere Details, die Sie dann alleine regeln müssen. Solche Sorgen erschweren die Entscheidung für eine Trennung, und je größer diese Sorgen sind, um so bereitwilliger arrangiert man sich mit einer Beziehung, die eigentlich zu schlecht ist, um zu bleiben.

Also bringt allein die Vorstellung, wie das Leben aussehen würde, Sie auch nicht weiter.

Freunde, die zu helfen versuchen. Auch Ihre Freunde konnten Ihnen nicht die Gewißheit vermitteln, die Sie suchten. Zwar haben sie Ihnen zugehört, ihr Mitgefühl zum Ausdruck gebracht und Ihnen auch Ratschläge erteilt, aber auch sie konnten nicht entscheiden, was am besten für Sie ist.

Ich kenne Fälle, in denen alle Freunde oder Freundinnen unbedingt zur Trennung rieten – und dennoch wurde dadurch alles nur noch verschwommener. Trotz der vehementen Übereinstimmung drängte sich den Betroffenen der Eindruck auf, daß die Freunde den Partner oder die Beziehung eigentlich nicht richtig beurteilen können.

In anderen Fällen war es so, daß alle Freunde sagten: «Bleib!» Auch diese Antwort verunsicherte die Betroffenen, weil sie plötzlich das Gefühl beschlich, daß die Freunde, aus welchen Gründen auch immer, ein eigenes Interesse daran hatten, die Beziehung zu erhalten.

Alles, was Sie bisher unternommen haben, um klare und eindeutige Perspektiven zu erlangen, hat Sie nicht wirklich vorangebracht. Diese Unsicherheit kann sehr quälend sein. Klienten haben mir schon gestanden, daß sie sich heimlich gewünscht hätten, ihr Partner möge etwas wirklich Verwerfliches tun, um endlich die ersehnte Klarheit zu gewinnen.

Es scheint, als wären Sie schon eine ganze Weile im dunkeln umhergeirrt, immer wieder zwischen den beiden Polen hin- und herschwankend, ob Sie nun bleiben oder gehen sollen.

Die Suche nach Klarheit am falschen Ort

Ich habe bereits erwähnt, daß Menschen in bestimmten Situationen Ähnliches durchmachen, die konkrete individuelle Erfahrung von Beziehungsambivalenz ist jedoch sehr unterschiedlich. Im Folgenden skizziere ich verschiedene Verhaltensmuster, die typisch sind für Menschen, die in die Ambivalenzfalle geraten sind.

- Manche Menschen erleben lange, wirklich deprimierende Phasen und kommen zu dem Entschluß, sich nun definitiv zu trennen, dann aber findet ein geheimnisvoller atmosphärischer Wechsel statt, und plötzlich sieht alles wieder so gut aus, daß sie das Gleichgewicht nicht stören wollen und jeden Gedanken an das Problem verdrängen – ganz zu schweigen von ihrer Absicht, sich zu trennen. Dies dauert so lange, bis sich die Atmosphäre wieder zum Schlechten verändert.
- Andere tun alles, was möglich ist, um die Entscheidung aus ihren Gedanken zu verdrängen. Sie bestehen auf ihrem Recht, sich über alles zu beklagen – obwohl sie einen Berg von Anschuldigungen vor sich auftürmen, bestreiten sie, irgendwelche Trennungsabsichten zu hegen.
- Einige sprechen dauernd über ihre Probleme und fragen alle erreichbaren Leute, was sie tun sollen.
- Wieder andere denken, sich in endlosen Kreisen drehend, ununterbrochen, Tag und Nacht, bis ihnen fast der Schädel platzt, darüber nach, ob sie gehen oder bleiben sollen.
- Manch einer streitet ab, überhaupt unentschieden zu sein; nicht die Beziehung ist für ihn das Problem, sondern seine Angst vor Bindung.
- Einer meditiert stundenlang allein und versucht alle Gedanken aus seinem Kopf zu verbannen, damit ein unmißverständliches Zeichen auftauchen kann, das ihm sagt, was am besten ist.

- Ein anderer probiert es mit der superrationalen Methode und weist jedem negativen und jedem positiven Aspekt einen Zahlenwert zu. Dann addiert er die Zahlen und erhält eine Summe, die ihm Auskunft darüber geben soll, welche Lösung die beste ist. Er kommt immer auf irgendeine Zahl, aber er wird ihr niemals vertrauen und sein Handeln niemals nach ihr ausrichten.
- Viele schließlich versuchen es mit Kurzzeit-Trennungen, nicht unbedingt aus Überzeugung, sondern weil sie sich davon eine Klärung versprechen. Wieder zurück, fängt die Beziehung wieder da an, wo man sie verließ.

Alle hier geschilderten Beispiele haben eines gemeinsam: Ambivalenz im Herzen geht einher mit Distanz in der Beziehung. Wenn man für den Partner nur noch ambivalente Gefühle aufbringt, distanziert man sich von ihm. Man verbringt weniger Zeit miteinander, man redet weniger und über unwichtigere Dinge. Die Beziehung erstarrt in kühlen, förmlichen und ritualisierten Routinen. Man distanziert sich vom Partner, weil man eine emotional intensive Beziehung zur eigenen Ambivalenz hat.

Und wie alle anderen Dinge, die aus Unschlüssigkeit entstehen, macht auch die Distanz alles nur schlimmer. Die Ambivalenz entfaltet ihre eigene Gesetzmäßigkeit, die uns zu beherrschen droht.

Die Waage-Methode

Was hat es mit der Beziehungsambivalenz auf sich, daß sie eine solche Macht über uns gewinnen kann, und warum ist es so schwer, sich aus ihren Klauen zu lösen? Das ist eine gute Frage! Die Menschen, mit denen ich im Laufe der Jahre gearbeitet habe, waren alle sehr gescheit, und lange Zeit konnte ich mir nicht erklären, wie es möglich ist, daß sich so vielseitige und begabte Frauen und Männer in eine derart verfahrene Situation verstricken.

Als Forscherin gelangte ich zu dem Schluß, daß diese Menschen trotz aller Unterschiede tief in sich drinnen etwas gemeinsam haben mußten; etwas, das dafür sorgte, daß sie nicht nur unzufrieden mit dem Partner waren – denn das sind wir alle von

Zeit zu Zeit –, sondern daß sie von dieser Unzufriedenheit geradezu gelähmt wurden.

Ich fand heraus, daß alle Menschen, die mit ihrer Beziehung hadern, ein Bild vor ihrem inneren Auge haben, von dem sie fast völlig beherrscht werden, nämlich: das Bild einer Waage. Sie wissen schon, eine Waage, wie Justitia sie hält, mit zwei Schalen, bereit, alle Vor- und Nachteile gerecht abzuwägen. Dieses Bild von einer Waage hat eine so ungeheure Wirkungsmacht, daß es beinahe alle Menschen, die vor der Entscheidung stehen, sich zu trennen oder zu bleiben, nachhaltig beeinflußt. Ich spreche deshalb von der Waage-Methode. Man versucht, sich für oder gegen eine Trennung zu entscheiden, indem man alle Für und Wider der Partnerschaft auf eine riesige Waage legt und darauf wartet, zu welcher Seite hin sie sich auspendelt:

In einer Schale sammelt man die Gründe, die *für das Bleiben und gegen eine Trennung* sprechen – alle guten Dinge an der Beziehung, alle Hoffnungen, alles, was einen vor einer Trennung zurückschrecken läßt.

In der anderen Schale häufen sich die Gründe, *die für eine Trennung und gegen das Bleiben* sprechen – alle schlechten Seiten der Partnerschaft, alle Ängste, alle Hoffnungen für das Alleinleben.

Und ganz allein versuchen Sie das zu tun, was bei einer Gerichtsverhandlung normalerweise die beiden Anwälte von zwei streitenden Parteien tun: Sie interpretieren die Fakten im Interesse der einen und der anderen Seite. Dabei übernehmen Sie auch die Rolle der Geschworenen, indem Sie zu entscheiden versuchen, welche Beweislast schwerer wiegt. Das alles passiert fast von alleine, es ist eine universelle Methode, die Sie garantiert in den Wahnsinn treibt.

Das Für und Wider einer Beziehung abzuwägen ist nicht das gleiche, wie eine Dose Tomaten mit einer Schachtel Cornflakes zu vergleichen. Es ist so, als ob man Hundewelpen auf eine Wippe setzt: Ständig ist alles in Bewegung, permanent verlagert sich der Schwerpunkt, und ein Stillstand ist nicht abzusehen.

Für Beziehungen ist die Waage-Methode das Problem und

nicht die Lösung. Sie verursacht mehr Schwierigkeiten, als sie beseitigt. Wie sollte es auch möglich sein, die Qualität der gegenwärtigen Beziehung abzuwägen gegen eine völlig unsichere Zukunft? Wer könnte die Dringlichkeit des eigenen Problems abwägen gegen die Erfahrung von Menschen, die in der gleichen Krise steckten und ihre Beziehung nicht aufgaben? Wie kann man ein Problem, das einen heute zum Schreien bringt, gegen die Möglichkeit abwägen, daß es einem in Zukunft völlig egal sein wird?

Bei der Waage-Methode gleiten die verschiedenen Beweisstücke immer wieder aus dem Bild. Man versucht, Dinge zu addieren, die sich nicht addieren lassen, und man stellt dort Vergleiche an, wo sich nichts vergleichen läßt.

Carlas Geschichte

Hier ein Beispiel für die Wirkungsweise der Waage-Methode. Carla beschrieb sie so:

> Vor zwei Wochen war Tom sehr nett zu mir. Ich wünschte, er wäre immer so. Aber letzte Woche war er wieder wie immer: Ganz unangenehm, er kritisierte alles an mir, behandelte mich herablassend und machte mich unglücklich. Wie paßt das nur zusammen? Er läßt mich ständig allein, um zum Fußball zu gehen, und schreit mich an, wenn ich über unsere Probleme reden will, aber Sex ist jederzeit in Ordnung. Wie paßt das nur zusammen? Noch verwirrender ist, daß mir manchmal, wenn alles andere bei mir gut läuft, die Dinge, die mich sonst so an ihm stören, überhaupt nichts ausmachen…

Schon dieser kurze Ausschnitt macht deutlich, wie sehr Carla damit beschäftigt war, das Für und Wider ihrer Beziehung in den Griff zu kriegen. Wissen Sie, wie Sie sich an ihrer Stelle verhalten hätten? Ich glaube, daß es niemand wissen kann. Solange wir uns damit aufhalten, das Für und Wider gegeneinander aufzuwiegen, finden wir auch neue Argumente, die wir in die Waagschale legen, und so wird das Bild von Mal zu Mal nur verwirrender.

Therapeuten tun manchmal das gleiche. Wir werden oft in die Waage-Methode hineingesaugt, weil wir uns große Mühe geben, ohne Schuldzuweisungen auszukommen. Immer wenn uns Klienten berichten, daß ihnen «Schlechtes» angetan wird, suchen wir nicht nach dem Schuldigen, sondern nach dem Auslöser. Zum Beispiel: Wenn Sie sagen, daß Sie die Nörgelei Ihres Partners wahnsinnig macht, dann sagen wir, okay, vielleicht nörgelt der Partner, aber vielleicht hören Sie nicht hin.

Wenn man aber jemand bei der Entscheidung helfen will, ob es besser ist, sich zu trennen oder zu bleiben, bringen solche Gegenüberstellungen nichts. Man muß vorstoßen zum eigentlichen Problem, und dabei ist es völlig egal, durch wen es ursprünglich verursacht wurde. Dabei nützt die Waage-Methode nichts. Ich glaube nicht, daß Sie diese Zeilen lesen würden, wenn Sie damit Erfolg gehabt hätten.

Also fangen wir gleich an: Nie wieder Beziehungsambivalenz. Nie wieder «private Gerichtsverhandlungen». Kein Abwägen von riesigen, unüberschaubaren Beweisstapeln mehr. Nie wieder auf die Stimmen von beiden Seiten hören, die endlose Argumente vorbringen und nur wenig Klarheit erzeugen.

Glücklicherweise gibt es eine viel bessere Alternative, die einem hilft, die Wahrheit über seine Beziehung zu erfahren.

Teil II
Die Lösung

3

Genug ist genug

Thema: Gefährliche Anzeichen

Diagnose

Der Weg aus der Beziehungsambivalenz: Stellen Sie Ihre Beziehung nicht vor Gericht, wie Anwälte das tun, sondern verfahren Sie wie ein Arzt und stellen Sie eine Diagnose.

Und genau das werden wir hier gemeinsam tun. Sorgfältig und Schritt für Schritt werden wir uns eine Frage nach der anderen vornehmen und sie einzeln beantworten. Irgendwann im Verlauf dieses Prozesses finden Sie den entscheidenden Hinweis, der Ihnen Klarheit über Ihre Beziehung verschafft und Ihnen Gewißheit darüber vermittelt, was für Sie am besten ist. Sie können sich unbesorgt auf dieses Vorgehen einlassen, denn viele Menschen haben damit bereits sehr gute Erfahrungen gemacht.

Es ist genau so, als ginge man mit Bauchschmerzen zum Arzt. Wenn er nach ein paar Fragen und Tests eine Blinddarmentzündung diagnostizieren kann, weiß man Bescheid und kann sich jede weitere Untersuchung sparen. Wenn die Antwort auf seine ersten Fragen noch keine Diagnose erbringt – «Nein, da tut es nicht weh» –, wird er weitere Fragen stellen und andere Tests durchführen, bis er die Krankheit findet, die die Bauchschmerzen verursacht.

Um zu einer Diagnose über Ihre Beziehung zu gelangen, werden wir ganz ähnlich vorgehen. Nacheinander beantworten Sie einzelne Fragen zu unterschiedlichen Themenbereichen, die für Ihre Partnerschaft relevant sein könnten. In den meisten Fällen können Sie ganz einfach mit einem klaren «Ja» oder «Nein» antworten. Je nachdem, wie Ihre Antwort ausfällt, nehmen Sie sich entweder die nächste Frage vor, oder aber Sie haben den entscheidenden Anhaltspunkt für Ihr Problem schon gefunden.

Schritt für Schritt

Die Reihenfolge der Fragen ist dabei keineswegs zufällig. Wie bei jedem echten Diagnoseprozeß werden wir zunächst die naheliegendsten Aspekte untersuchen und von dort aus fortschreiten zu immer feineren Verästelungen. Auch ein Elektriker, der wegen eines kaputten Fernsehers herbeigerufen wird, prüft zuerst, ob alle Kabel richtig angeschlossen und eingesteckt sind, bevor er tief in die Eingeweide des Apparats vordringt und sich mit den Feinheiten beschäftigt.

Am Schluß des Buches haben Sie sich mit allen wesentlichen Themen befaßt, die Ihre Beziehung möglicherweise beeinträchtigen – von der Intimität bis zu Machtfragen, von Affären, Lügen über Sex bis hin zu Geld, von vergangenen Verletzungen bis zu den Hoffnungen für die Zukunft, von den Anzeichen für abgründigen Haß bis zu den Anzeichen für ein tiefes Zusammengehörigkeitsgefühl. Wir durchleuchten alle Aspekte einer Beziehung – immer geleitet von der Fragestellung, was sie zu schlecht macht, um zu bleiben, oder zu gut, um sich zu trennen.

Am Ende wissen Sie, was für Sie selbst zutrifft.

Beim Lesen brauchen Sie nichts weiter zu tun, als sich selbst zu vertrauen. Jede einzelne Frage bringt Sie Ihrer Wahrheit näher. Oft fällt Ihnen das Antworten leicht, aber manchmal müssen Sie schon gründlich überlegen und Ihre Gefühle und Erinnerungen genau durchforsten.

Das alles ist kaum schwieriger als ein Besuch beim Optiker, wo einem verschieden scharfe Linsen vor die Augen gehalten werden und man jedesmal gefragt wird, ob es jetzt oder vorher besser war. Entweder ist die eine Linse besser als die andere, oder man sieht keinen Unterschied. Jede Antwort ist gültig, aber es kann immer nur *eine* geben.

Die diagnostischen Fragen hier decken alle Bereiche ab, die wesentlich sind, um sich für oder gegen die Fortsetzung einer Beziehung zu entscheiden. Wenn Ihnen noch ein weiterer Aspekt einfällt, der in den Fragen nicht aufgegriffen wird, ist er für Ihre Entscheidungsfindung nur von geringer Bedeutung, und Sie brauchen sich deswegen keine Sorgen zu machen. Fangen wir an:

Schritt Nr. 1: Schön war die Zeit

Sie haben vermutlich schon eine Menge Energie in die Überlegung gesteckt, warum Ihre Beziehung nicht so toll ist, aber hier, in diesem ersten Schritt, fordere ich Sie auf, einen Moment lang an die guten Zeiten zu denken – genauer gesagt – an die besten. Erinnern Sie sich ganz bewußt an die Zeit, in der Sie sich am wohlsten fühlten und am glücklichsten waren. Denken Sie zurück, wie es war, als Sie sich die Zukunft Ihrer Beziehung noch in rosigen Farben ausmalten. Vielleicht war es der Tag, an dem Sie sich kennenlernten, das erste Ausgehen, ein bestimmtes verregnetes Wochenende im ersten Ehejahr oder eine Phase, in der Sie beide gearbeitet haben, um ein gemeinsames Ziel zu erreichen. Wenn Sie schon lange zusammen sind, sorgen Sie sich nicht allzusehr um Genauigkeit – lassen Sie Ihren Gedanken freien Lauf, dann gelangen Sie wie von selbst zu den Schauplätzen Ihrer «besten» Zeit.

Und dann fragen Sie sich:

••

Diagnostische Frage Nr. 1:

Denken Sie an die Zeiten zurück, als es zwischen Ihnen und Ihrem Partner zum besten stand. Würden Sie rückblickend auch noch sagen, daß damals zwischen Ihnen beiden wirklich alles sehr gut war?

••

Scheinbar eine sehr einfache Frage, aber was meine ich mit «sehr gut»? Manche Menschen wissen, auch wenn sie in Beziehungen leben, die gegenwärtig richtig schlimm sind, daß es in ihrer Vergangenheit eine Phase gab, in der alles wunderbar war. Sie waren verliebt, sie waren wirklich glücklich, sie fühlten sich wohl, wenn sie zusammen waren – es herrschte eine Art Zauber aus Wärme und Verbundenheit. Sie beantworten die Frage Nr. 1 mit einem klaren «Ja».

Andere Menschen hingegen bemerken, daß auch die beste Zeit eigentlich nie richtig gut war. Irgend etwas war schon immer verkehrt, und von Anfang an haftete ihrer Beziehung ein vages Gefühl von Distanz, Unglück oder Unzufriedenheit an. Ihre Antwort auf Frage Nr. 1 lautet «Nein».

Hier ein paar Antworten von Menschen, die ihre «besten» Zeiten als nicht besonders gut beschrieben:

- «Ich war am Anfang sehr verliebt in ihn und dachte, wir seien uns sehr nahe, aber dann hatten wir alle paar Tage heftigen Krach, der mich völlig fertigmachte und alles verdarb.»
- «Unsere beste Zeit waren unsere Flitterwochen. Wir waren da schon irgendwie glücklich, aber heute weiß ich, daß es eher die Freude an unseren Unternehmungen war, als daß wir wirklich miteinander glücklich gewesen wären. Es war ein toller Urlaub mit einem Fremden.»
- «Es gab eine Phase, in der wir nie stritten, aber da haben wir auch nicht viel Zeit miteinander verbracht und standen uns auch nicht nahe.»
- «In den ersten paar Jahren war der Sex großartig – so sind wir überhaupt zusammengekommen –, aber sonst hatten wir nichts gemein, und eigentlich interessierten wir uns auch nicht füreinander.»

Sie haben vermutlich ein ziemlich genaues Gefühl dafür, ob die Beziehung in ihren besten Zeiten wirklich sehr gut war oder nicht. Für die meisten Menschen, deren Beziehungen heute versauert sind, war sie an irgendeinem Punkt ziemlich gut. Aber für zehn Prozent war sie eigentlich nie besonders.

Jennifers Geschichte

Sie ahnen vermutlich schon, welche Bedeutung Ihrer Antwort auf Frage Nr. 1 zukommt. Ich möchte es Ihnen am Beispiel von Jennifers Geschichte veranschaulichen.

Jennifer war sechsunddreißig – eine attraktive Frau, die den Eindruck vermittelte, als könnte sie mit jedem Problem rasch fertig werden. Als sie zu mir kam, war sie seit acht Jahren verheiratet. In den letzten sechs Jahren dieser Ehe hatte sie jedoch ständig mit sich gerungen, ob sie bei ihrem Mann bleiben sollte oder nicht.

Trotz aller Zeit und Gehirnaktivität, die sie für eine Entscheidung aufgewendet hatte – indem sie jede Faser ihrer Gefühle, jede Nuance im Verhalten, jeden Hinweis, was die Zukunft bringen würde, untersucht hatte –, war für sie in den vergangenen sechs Jahren alles immer nur verschwommener geworden, und sie fühlte sich innerlich zerrissen.

Bei einer Frau wie Jennifer mit ihrem Bildungsstand und ihren Talenten erwartet man eigentlich, daß sie clever genug sein sollte, um ein solches Dilemma zu vermeiden. Sie hatte als eine der Besten ihr Medizinstudium abgeschlossen und eine vielversprechende Karriere als Onkologin begonnen. Als sie es nicht mehr ertragen konnte, so viele Menschen sterben zu sehen, wechselte sie in die Psychiatrie über.

Das Gleichgewicht finden. Man sollte annehmen, daß Jennifer als Psychiaterin erst recht in der Lage hätte sein müssen, ihre eigene Beziehung zu verstehen. Aber auch das half ihr gar nicht. Jennifer konnte sich nicht mehr erinnern, wann es mit ihrer Unentschlossenheit angefangen hatte; vielleicht hatte es keinen besonderen Anlaß dazu gegeben. Aber seit sechs Jahren wurde ihr Herz immer stärker durch Überlegungen belastet, die sich anstauten, ohne daß sich etwas löste oder sie zu einem Entschluß kam.

Ich will die Masse der Überlegungen, die Jennifer umhertrieben, hier nicht in aller Ausführlichkeit wiedergeben und fasse deshalb die wichtigsten Aspekte zusammen:

- *Auf der Haben-Seite stand*: Don, ihr Mann, konnte gut mit den Kindern umgehen, er war charmant, wenn er wollte, und er verfügte über ein gutes Einkommen. Sie hatten ein paar innere Werte gemein; er sagte, er liebe sie, und er gab Jennifer genügend Freiraum für ihre Arbeit und Freunde. Sie glaubte, noch immer Liebe für ihn zu empfinden.
- *Auf der Soll-Seite stand*: Er war die meiste Zeit wütend auf sie, brach Streit mit ihr vom Zaun, zeigte sich immer wieder ent-

täuscht von ihr und versuchte, sie zu ändern; einmal hatte er eine Affäre gehabt, und einmal hatte er Jennifer in einem heftigen Streit gestoßen, nachdem sie ihn angegriffen hatte. Jennifer glaubte, daß sie ihn nicht genug liebe.

Vielleicht könnten Sie Jennifer jetzt schon raten, welchen Weg sie einschlagen sollte, aber ihr war das damals noch überhaupt nicht klar. Manchmal fühlte sie sich so hin- und hergerissen, daß sie ihre Entscheidung innerhalb von einer Minute mehrmals verwarf. Es gab aber auch lange Phasen, in denen sie vorgab, sich innerlich endgültig entschieden zu haben – in der Praxis allerdings erwiesen sich alle diese Entscheidungen als vorläufig.

Suche nach Hilfe. Jennifer hatte eine ganze Reihe von Therapeuten aufgesucht, und es war mein Vorsatz, ihr letzter zu sein.

Außerdem hatte sie unzählige Stunden mit Freunden darüber beraten, was sie tun sollte. Die meisten ihrer Freunde verhielten sich wie ihre beste Freundin Sarah: Sie hörten ihr endlos lange zu, nahmen Anteil und versuchten, ihr mit Rat und Tat zur Seite zu stehen. Sarah, die keine Bedenken hatte, Jennifer ihre ehrliche Meinung zu sagen, hatte jedoch kaum die Chance, sich ein richtiges Urteil zu bilden. Zwar war sie eine kluge und aufrichtige Freundin, aber da sie in allem auf Jennifers Schilderungen angewiesen war, konnte sie sich kein wirkliches Bild über die Beziehung machen. Dies um so weniger, weil Jennifer äußerst selektiv mit den Dingen umging, über die sie sprach. Wenn sie Mitgefühl brauchte, klangen ihre Berichte schlimmer, als es in Wirklichkeit war; und wenn sie über etwas keine Auskunft geben wollte, hörte sich alles gleich viel unproblematischer an.

Jennifer hatte noch mehr getan, als nur mit Freunden und Therapeuten zu reden. Sie und Don waren häufig miteinander in Urlaub gefahren, um die Flamme der gegenseitigen Zuneigung und Anziehung neu zu entfachen. Sie gewährten einander den notwendigen Raum, um manchmal auch Abstand zu gewinnen. Und schließlich hatte Jennifer von Zeit zu Zeit einen Anwalt aufgesucht, um mit ihm über die möglichen Konsequenzen einer Scheidung zu reden.

Jennifers Antwort. Bald nachdem Jennifer mich aufgesucht hatte, stellte ich ihr die Frage Nr. 1. Ich war überrascht, wie spontan sie darauf antwortete:

> «Oh, nein, gut war es eigentlich nie. Wir waren eins von diesen Paaren, die auf einem Fragebogen gut aussehen. Sie wissen schon: Wir mögen die gleichen Sachen – Bücher, Musik, Filme – und haben ähnliche Meinungen über Politik, Kindererziehung und Spiritualität. Es war keine Ehe, die im Himmel geschlossen wurde, eher im Computerhimmel. Wir hatten nie viel Spaß aneinander. Wir glaubten, uns über unser Zusammensein zu freuen, weil wir gemeinsam Dinge taten, an denen wir beide Spaß hatten. Wir gingen oft segeln und fanden es toll, aber wenn ich mit dem Hund loslief, hatte ich oft das Gefühl, daß mir Champ viel näher stand, als Don und ich uns je gestanden hatten. Aber ich gab mir die Schuld daran. Ich hatte das Gefühl, daß ich mein Herz immer vor ihm verschlossen gehalten hatte, und ich wartete darauf, daß es sich eines Tages öffnen würde, um meine Liebe freizugeben. Aber es sind schon so viele Jahre vergangen, und ich frage mich, auf was ich eigentlich warte.»

Als Jennifer sich diese Worte sagen hörte, traf sie ein emotionaler Schock. Alles war plözlich klar für sie: Sie hatte die ganze Zeit versucht, das Für und Wider ihrer Beziehung abzuwägen, und dabei nicht bemerkt, daß es im Grunde nie eine Beziehung gegeben hat. Es gab eine Ehe, gemeinsamen Besitz, eine gemeinsame Vergangenheit, Kinder und Freunde sowie den Traum, daß sich eines Tages ihr Herz öffnen würde. Aber eine Beziehung war das nie! Sie begann zu weinen um all die Jahre, die sie mit dem Versuch vergeudet hatte, eine Entscheidung über etwas zu fällen, das es gar nicht gab.

Und wenn das, was für Jennifer wahr war, auch für Sie wahr ist? Die Forschungsergebnisse sind hier sehr eindeutig:

Richtlinie Nr. 1

Wenn Ihre Beziehung auch zu ihren «besten» Zeiten schon nicht ganz in Ordnung war, dann ist die Prognose schlecht. Ich kann mit gutem Gewissen behaup-

ten, daß Sie es nicht bereuen werden, wenn Sie sich in dieser Situation für eine Trennung entscheiden.
Kurzfassung: Wenn die Beziehung nie sehr gut *war*, dann wird sie auch nie sehr gut *sein*.

Wenn Sie auf Frage Nr. 1 mit «Nein» geantwortet haben, gehören Sie zu den zehn Prozent Menschen, auf die die Richtlinie Nr. 1 zutrifft. Es ist allein Ihre Entscheidung, aber ich kann Ihnen versichern, daß die meisten Menschen, die sich in Ihrer Situation getrennt haben, später froh darüber waren.

«Wie können Sie mir so einfach raten, mich zu trennen?»

Wenn Sie ehrlich darüber nachdenken, ist dieser Ratschlag eigentlich gar nicht so ungeheuerlich. Man muß sich doch fragen, woher die guten Zeiten kommen sollen, wenn Ihre Beziehung bereits zu ihren besten Zeiten schon nicht richtig gut war?

Meine Jahre als klinische Psychologin und eine ganze Tonne an Forschungsergebnissen stützen die Behauptung, daß es zwar oft gelingt, etwas zu reparieren, was kaputt ist, daß man aber nur selten etwas in Gang bringen kann, was noch nie funktioniert hat. Ihrer Partnerschaft fehlte von Anfang an ein Mindestmaß an Übereinstimmung, so daß sie eigentlich nie die Chance hatte, sich zum Guten zu entwickeln. Selbst wenn es ursprünglich ausbaufähige Seiten in Ihrer Beziehung gegeben hat, war Ihnen der Blick darauf verstellt. Was auch immer die Ursache gewesen sein mag, Ihrer Beziehung fehlte der lebenswichtige Kern, von dem aus sie hätte Wurzeln schlagen können.

Meine berufliche Integrität verlangt von mir, daß ich die Wahrheit ausspreche, so wie ich sie wahrnehme. Und die Wahrheit lautet in diesem Fall, daß es sich aller Wahrscheinlichkeit nach nicht lohnt, darauf zu warten, daß eine Beziehung, die niemals sehr gut war, irgendwann einmal besser wird. Wenn Ihre Antwort auf Frage Nr. 1 eindeutig «Nein» lautet, dann wissen Sie jetzt bereits, ob es besser für Sie ist, zu gehen oder zu bleiben.

Betrachten wir die Kehrseite: Wenn Sie erkannt haben, daß Ihre Beziehung zu ihren besten Zeiten wirklich sehr gut war, heißt das allerdings noch lange nicht, daß Sie sich auch heute noch zu Ihrer Partnerschaft bekennen sollen. Ehe ich Ihnen diese Entscheidung nahelege, wird es noch einiges mehr zu bedenken geben.

Perspektiven: Was hat das mit Liebe zu tun?

Die Fragen in diesem Buch sind alle darauf angelegt, herauszufinden, ob eine Beziehung grundsätzlich noch lebensfähig oder bereits abgestorben ist.

Hier eine Analogie: Ich wohne seit fast zwanzig Jahren in einem großen, alten Haus in Boston. Als der Makler es mir zum ersten Mal zeigte, wohnten dort Studenten, es sah chaotisch und fürchterlich heruntergekommen aus. Ich warf nur einen kurzen Blick hinein und lehnte dankend ab. Als ich aus irgendeinem Grund noch einmal mit einer Freundin zu dem Haus ging, sagte sie: «Mensch, dieses Haus ist eigentlich phantastisch, man muß es nur von Grund auf putzen und entrümpeln.» Sie sollte recht behalten. Nach den Räumungs- und Renovierungsarbeiten war das Haus phantastisch.

Genauso ist es mit vielen Beziehungen. Tagtäglich halten sie den unterschiedlichsten Anfechtungen stand, die zum Teil wirklich belastend sind, und dennoch bleibt ihr Fundament unversehrt. An der Oberfläche mag eine solche Beziehung Schrammen, Risse und Beulen davontragen, ihr innerer Kern – das Bewußtsein von einer grundsätzlichen Übereinstimmung – nimmt an all dem keinen Schaden. Ein solcher Kern ist so solide wie ein gutgebautes Haus, dem Schmutz und Unordnung nichts anhaben können. Wenn eine Beziehung über diesen Kern von innerer Übereinstimmung verfügt, ist sie tatsächlich zu gut, um sie aufzugeben.

Andererseits: Wir alle kennen Häuser, die von außen gut aussehen, aber aufgrund schlechter Fundamente, Wurmbefalls, Fäule oder anderer Mängel strukturell anfällig sind. Es gibt Häuser, die eine Menge mehr Arbeit brauchen, als die meisten Leute bereit sind hineinzustecken. Sie sehen vielleicht gut aus, sind aber eigentlich nicht die Mühe wert. Sie fangen als Kopfschmerz an und enden als Herzanfall.

Auch dieses Bild kann man auf viele Beziehungen übertragen. Jeder Paartherapeut wird einem von Partnerschaften berichten können, deren auf den ersten Blick nette, höfliche und scheinbar freundliche Oberfläche nicht darüber hinwegtäuschen konnte, daß zwischen diesem Paar eine grundsätzliche Unstimmigkeit bestand. Damit meine ich eine unüberwindliche emotionale Barriere oder psychologische Bruchstelle, eine Ausrenkung, eine Unverbundenheit. Das Fundament einer solchen Partnerschaft ist brüchig, und ganz gleich, wie sie sich nach außen darstellt, sie wird zur Brutstätte von Feindseligkeit und Distanz. Wenn in einer Beziehung grundsätzliche Unstimmigkeit herrscht, ist sie tatsächlich zu schlecht, um zu bleiben.

Die Wahrheit der Liebe und die Liebe zur Wahrheit

Welchen Platz nimmt zwischen all diesen Überlegungen die Liebe ein? Dieses Buch handelt von Liebe, aber jetzt sollten wir uns darauf konzentrieren, was unsere Aufgabe hier ist, nämlich: die Liebe in die richtige Perspektive zu rücken. Liebe ist ein Geheimnis, das wir respektieren müssen. Aber ich weiß eines (und ich hoffe, daß Sie alle mit mir übereinstimmen): *Wenn Liebe eine Funktion hat, dann als unser Diener, nicht als unser Herr.* Liebe ist ein wichtiger Teil unseres Lebens, aber wir sind keine Sklaven der Liebe. Und Narren aus Liebe sind wir schon gar nicht.

Um zu erkennen, wie Liebe aus der richtigen Perspektive aussieht, muß man an eine Situation denken, die viele von uns aus persönlicher Erfahrung kennen und mit der ich als Therapeutin sehr häufig konfrontiert bin. Ich rede von Fällen, in denen ein Mann oder eine Frau auf schreckliche Weise mißbraucht, vernachlässigt oder schlecht behandelt wird und dennoch an der Beziehung festhält. Warum? «Ich kann nicht anders», sagen sie. «Ich liebe ihn/sie doch.» Und wir alle kennen Fälle, in denen jemand in einer scheinbar perfekten Beziehung mit einem außerordentlich netten Partner lebt und trotzdem geht. Warum? «Ich konnte nicht anders. Ich liebte ihn/sie einfach nicht mehr.»

Die Liebe wird in einer Beziehung oft wie ein Joker eingesetzt, der je nach Umständen und ohne ersichtlichen Grund einen beliebigen Wert annimmt. Wenn wir die Liebe nicht in die richtige Relation rücken, hält sie uns schnell zum Narren.

Es ist aber an der Zeit, die Wahrheit über die Liebe zu sagen. Liebe macht weder blind noch dumm. Wer liebt, kann sehen und auch lernen. Liebe verhindert nicht, daß Sie die Wahrheit über Ihre Beziehung erkennen, und sie nimmt auch keinen Schaden, wenn Sie für Ihre eigenen Interessen eintreten.

Wollen Sie wirklich Ihr Herz für eine Liebe öffnen, die Ihnen den Blick auf die Wahrheit verstellt? Wenn diese Wahrheit lautet, daß in der Beziehung grundsätzlich Unstimmigkeit herrscht, daß sie tot ist und niemals klappen wird – was nützt Ihnen da eine Liebe, die sich weigert, das zu sehen?

Die nächste Frage untersucht eine Situation, in der manche Menschen ihre Bereitschaft, sich in blinder Liebe zu versklaven, mit dem Leben bezahlen mußten. Wenn Ihnen anhand der nächsten Frage nicht klar wird, warum wir die Liebe in die richtige Perspektive rücken müssen, dann ist das durch nichts zu erreichen.

Schritt Nr. 2: Wenn es um Leben und Tod geht

Auch dieser Schritt bringt Sie weiter auf Ihrem Weg zur Erkenntnis, was für Sie am besten ist. Beantworten Sie die folgende Frage:

●●

Diagnostische Frage Nr. 2:
Hat es in Ihrer Beziehung öfter als einmal körperliche Gewalt gegeben?

●●

Bitte beachten Sie, daß ich nicht frage, ob es einen einzigen Fall von Gewalt gab. Ich frage, ob es mehr als einmal vorkam. Selbstverständlich, ich rede hier nicht von einem einzigen Vorfall körperlicher Gewalt, durch den Sie schwer verletzt wurden oder der für Sie ein hinreichender Anlaß ist, sich ständig von Verletzung oder Tod bedroht zu fühlen. In diesem Fall brauchen wir hier nicht weiter zu diskutieren. Sie müssen die Beziehung sofort abbrechen, um Ihre körperliche Unversehrtheit zu bewahren.

Ansonsten aber bin ich fest davon überzeugt, daß jeder das Recht auf einen Fehler hat, und man kann nur schwer die Bedeutung von etwas erkennen, wenn es nur ein einziges Mal vorkommt. Mir ist oft von Situationen berichtet worden, in denen der Mann (meistens ist es der Mann) in der Hitze des Gefechts zum ersten Mal seine Aggression körperlich ausdrückte. Das war vorher noch nie geschehen, und er war entweder selbst entsetzt darüber, oder die Frau machte ihm anschließend unmißverständlich klar, daß alles vorbei sein würde, sollte das nochmal passieren. Und es passierte auch nie wieder. Erst wenn sich körperliche Aggression wiederholt, kann das auf ein bestimmtes Verhaltensmuster hinweisen.

Die Realität erkennen

Sie fragen sich vielleicht, ob die Frage Nr. 2 nicht überflüssig ist. Schließlich widmen die Medien dem Thema Gewalt in Beziehungen eine solche Aufmerksamkeit, daß doch eigentlich jeder, der Opfer von Gewalttätigkeit wird, weiß, daß er so schnell wie möglich «Reißaus» nehmen muß.

Es ist richtig, den meisten Menschen ist diese Konsequenz unmittelbar einsichtig, und dennoch, wenn plötzlich das eigene Leben betroffen ist, sieht die Realität oft ganz anders aus. Plötzlich steht man vor ungeahnten Hindernissen. Viele davon sind eher praktischer Natur, denn es ist oft schon aus organisatorischen Gründen schwierig, eine sofortige Trennung durchzusetzen. Die Frauen, die vor diesen Hindernissen zurückscheuen, fürchten zwar um ihr Leben und wissen auch, daß sie gehen müssen, aber sie bleiben wegen der Kinder, aus finanziellen Gründen, weil sie keine andere Wohnmöglichkeit haben, aus Angst, den Mann zu Schlimmerem zu provozieren, oder wegen anderer Überlegungen. Sie gehören zu den Menschen, die zwar genau wissen, was am besten für sie ist, die aber den Weg dorthin noch nicht gefunden haben.

Doch die Mehrheit der Frauen und ein paar Männer, die trotz

der Drohung von Gewalt bleiben, werden von einem ganz anderen Hindernis zurückgehalten, von dem in den Medien kaum die Rede ist. Sie sitzen in der Klemme, weil sie sich – so erstaunlich das vielleicht klingen mag – nicht entscheiden können, was sie tun sollen. Sie wissen zwar, daß sie in einer Beziehung leben, die zu schlecht ist, um daran festzuhalten, und haben dennoch das Gefühl, daß sie auch zu gut ist, um sich daraus zu lösen.

Von innen heraus

Wie kann man eine solche Unentschiedenheit erklären? Von außen sehen wir nur jemanden, der körperlich mißhandelt wurde, und damit erscheint die Sachlage geklärt. Doch was Ihnen völlig offenkundig scheint, gewichten die Betroffenen selbst oft ganz anders – sie beginnen die eine Seite gegen andere abzuwägen und verstricken sich dabei immer tiefer in eine entsetzliche Beziehungsambivalenz. Sehen Sie selbst:

- «Ich gebe zu, ich habe manchmal vor ihm Angst, besonders, wenn es bei ihm mit der Arbeit nicht gut klappt, aber es kann auch alles sehr gut laufen, und dann sind wir sehr glücklich.»
- «Sicher, er hat mich ein paarmal geschlagen, und natürlich hasse ich das, und ich weiß auch, daß ich etwas Besseres verdiene, aber ich bekomme an anderer Stelle viel von ihm zurück, denn er kann auch sehr zärtlich und nachgiebig sein.»
- «Vergessen wir die paar Mal, die er mich schlug, was auch nicht so schlimm war, aber er hat mal seine Knarre auf mich gerichtet. Er ist nun mal Polizist, und ich traue ihm irgendwie auch. Man könnte sagen, ich verdränge das alles, aber er ist wirklich ein ganz zuverlässiger, anständiger Kerl, und ich fühle mich bei ihm sicherer als bei den meisten anderen Männern.»

Millionen von Menschen, die sich mit Gewalt in ihrer Beziehung auseinandersetzen müssen, fehlt eine Methode, die sie zu der Entscheidung führt, was wirklich für sie das Beste ist.

Auch hier sprechen Erfahrung und Forschungsergebnisse mit klarer Stimme: Schläge, Püffe, Stöße und andere Arten körperlicher Gewalt hören, wenn sie mehr als einmal vorkommen, nicht von selbst auf. Sie werden schlimmer. Die Ergebnisse sind ganz eindeutig. Hier die Richtlinie:

Richtlinie Nr. 2

Mißhandlungen, die mehr als einmal vorkommen, bedeuten, daß man die Beziehung verläßt. Ansonsten wird es immer wieder passieren und schlimmer werden. Ihre Selbstachtung verschwindet, und das Gefühl, in der Falle zu sitzen, wird stärker. Man wünscht sich, den Prozeß der Trennung bereits begonnen zu haben, egal, wie sehr man den Partner liebt und welche positiven Seiten die Beziehung aufweist. Die einzige Ausnahme hierfür ist, wenn der mißhandelnde Partner gegenwärtig aktiv und motiviert an einem Therapieprogramm teilnimmt und es mindestens ein Jahr lang fortsetzt, um seinen Hang zur Gewalttätigkeit in den Griff zu bekommen.

Kurzfassung: Körperliche Mißhandlung heißt, die Liebe ist tot.

Alle, die in Situationen wie dieser bleiben, bereuen es irgendwann. Alle, die sich daraus lösen, fühlen sich im Laufe der Zeit immer besser.

Zeit für ein Ultimatum

Und so setzt man diese Richtlinie um: Wenn man öfter als einmal mißhandelt worden ist, ist es an der Zeit, dem Partner ein Ultimatum zu stellen:

> Sagen Sie ihm, daß er sich innerhalb von zwei Wochen für ein entsprechendes Therapieprogramm entscheiden muß, mit dem er spätestens innerhalb der nächsten vier Wochen beginnen muß. Er muß ein volles Jahr aktiv und motiviert daran teilnehmen und mindestens zu einer Sitzung pro Woche gehen. Wenn er dazu nicht bereit ist oder es nicht durchhält, bedeutet das für Sie, daß er nicht ernsthaft daran arbeitet, alle Bedrohungen für Ihre körperliche Sicherheit auszuschalten. Wenn er die Therapie vor Ablauf eines Jahres verläßt oder Sie jemals wieder bedroht oder verletzt, bedeutet das, die Beziehung ist vorbei.

Sollten Sie sogar Angst haben, Ihrem Partner ein solches Ultimatum zu stellen, heißt das allein schon, daß die Beziehung vorbei ist und Sie sich trennen müssen. Nehmen Sie Kontakt zu einem Frauenhaus oder einer anderen Beratungsstelle auf und stellen Sie sicher, daß Sie schnell und heil aus Ihrer Beziehung herauskommen.

Einfache Wahrheiten

Wenn Sie gegenwärtig eine Beziehung führen, in der es gelegentlich zu körperlichen Übergriffen kommt, haben Sie vielleicht das Gefühl, daß die Wirklichkeit doch etwas komplexer ist, als das hier klingt. Sie lieben Ihren Partner. Sie fragen sich, wie Sie eine solche Liebe aufgeben können. Ihr Partner beteuert vermutlich nach jedem Ausbruch von körperlicher Gewalt, wie sehr er Sie liebt und daß es ihm leid tut. Ein Teil von Ihnen möchte ihm Glauben schenken. Sie sind sich seiner guten Eigenschaften bewußt, und Sie wissen auch, welche Dinge ihn provozieren. Vielleicht hält ihn der Rest der Welt für einen tollen Kerl, und deshalb sind Sie verunsichert, wenn Sie denken, daß mit ihm etwas ernsthaft nicht stimmen kann.

Womöglich denken Sie auch, daß ein guter Mensch wie Sie keinen schlechten Menschen lieben könne, Sie reden sich gut zu, daß Ihr Partner eigentlich gar nicht das Ungeheuer sein kann, das er zu sein scheint, und das würde bedeuten (wie Sie hoffen), daß er jeden Moment aufwachen kann und der Alptraum vorbei wäre. Sie setzen darauf, daß Ihre Liebe ausreicht, um ihn aufzuwecken.

Ich begreife, was Ihre Liebe Ihnen bedeutet (einige der folgenden Fragen werden Ihnen helfen, mit einer Liebe umzugehen, die es einem so schwer macht, zu einer Entscheidung zu gelangen). Und ich erkenne auch an, daß die meisten Dinge im Leben schwieriger und komplizierter sind, als sie bei oberflächlicher Betrachtung aussehen. Aber wenn Sie auf Frage Nr. 2 mit «Ja» geantwortet haben, ist es sicher, daß Sie die richtige Entscheidung treffen, wenn Sie sich zur Trennung entschließen.

Perspektiven: Das Selbstvertrauen wiedergewinnen

In diesem Buch geht es nicht nur darum, herauszufinden, ob man in seiner Beziehung bleiben soll oder nicht – es geht auch um die Heilung von Schäden, die eine solche Beziehungsambivalenz anrichten kann. Eine der folgenschwersten Wunden, die sie einem zufügen kann, ist der Verlust des Selbstvertrauens.

Denken Sie daran, was geschieht, wenn Sie an einer Beziehung festhalten, zu der Sie sich innerlich nicht bekennen. Jeden Tag müssen Sie sich von neuem eingestehen, daß Sie nicht herausfinden können, was für Sie selbst am besten ist. Ein solcher Zustand zerstört jegliches Selbstvertrauen, und dadurch wird es immer schwieriger, ihm zu entkommen. Denn wie kann jemand, der kein Vertrauen in sich selbst hat, Vertrauen in seine Entscheidungen haben?

Erinnern wir uns nochmal an Jennifer: Sechs Jahre der Unentschlossenheit hatten Jennifer – eine Ärztin! – schließlich so verunsichert, daß sie sich die Fähigkeit absprach, überhaupt jemals zu einer Entscheidung zu gelangen. Diese Selbsteinschätzung hatte verheerende Auswirkungen auf ihr Selbstvertrauen.

Da sich Jennifer ihre innere Zerrissenheit nicht anders erklären konnte, befürchtete sie, daß die Ursache für ihre Krise ein irgendwie gearteter seelischer Schaden sein könnte. Sie fragte sich: «Wenn ich keine Angst vor Intimität habe, die viele Menschen veranlaßt, aus einer Beziehung zu fliehen, und mich auch keine Angst vor dem Verlassenwerden quält, die andere Menschen daran hindert, eine Beziehung aufzugeben – was sonst, wenn nicht ein seelischer Schaden, kann dann die Ursache für meine Entscheidungsunfähigkeit sein?»

Wie viele psychologisch gebildete Menschen siebte sie alle Ereignisse aus der frühen Kindheit durch und hoffte dort den Schlüssel für ihr Dilemma zu finden. Da sie aber auch damit nicht weiterkam und sich weiterhin handlungsunfähig fühlte, war sie schließlich davon überzeugt, daß ihr Unvermögen die Folge eines schweren, ihr selbst unerklärlichen psychischen Schadens sein müsse – aber sie irrte sich.

Von Ambivalenz zu Selbstzweifeln

Ich glaube nicht, daß Jennifer unter einer psychischen Beeinträchtigung litt, die es einem Menschen tatsächlich unmöglich macht, eine Entscheidung über eine Beziehung zu treffen. Manchmal ist eine Zigarre nur eine Zigarre – meistens sogar –, und manchmal ist eine Beziehungsambivalenz nichts anderes als eben eine Beziehungsambivalenz – man kann sie verstehen, erklären und überwinden, ohne dafür nach schweren seelischen Verletzungen in der Vergangenheit suchen zu müssen.

Aussagen wie «Ich bin dumm», «Ich habe einen seelischen Schaden», «Ich habe Angst vor dem Verlassenwerden», «Ich kann nicht mit Nähe umgehen» untergraben das Selbstvertrauen und sind nicht gerade hilfreich, wenn es darum geht, die richtige Entscheidung zu fällen.

Nicht Sie selbst sind das Problem. Das Problem ist vielmehr, daß Sie bisher die falsche Methode verwendet haben, um Gewißheit über Ihre Beziehung zu erhalten. Jeder Versuch, das Für und Wider abzuwägen, schadet Ihrem Selbstvertrauen, weil er zu keinem Ergebnis führt und zusätzliche Verwirrung stiftet. Die Schritt-für-Schritt-Diagnose hingegen, die wir hier anwenden, führt Sie zur Erkenntnis Ihrer eigenen Wahrheit, ohne Sie dabei zu überfordern, weil sie sich den verschiedenen Aspekten der Problematik einzeln zuwendet.

Die Ambivalenz-Falle. Schauen wir, was der Verlust von Selbstvertrauen in einem Menschen anrichtet. Als Jennifer Don kennenlernte, gab es einen Kampf in ihr zwischen Liebe und Zweifeln – wie wohl bei uns allen in der Phase, ehe wir uns ernsthaft auf jemanden einlassen. Gewöhnlich siegt die Liebe – ansonsten würde man sich nicht fester binden. Aber der Sieg der Liebe löscht die Zweifel nicht aus. Sie lauern weiter im Gebüsch und warten nur auf das Ende der Flitterwochen.

Bei Jennifer, wie bei vielen Menschen, schlichen sich die Zweifel ein, als sie allmählich auch die schlechten Seiten von Don kennenlernte. Anfangs hatte sie noch ihrer Erkenntnis vertraut, daß die Liebe ihr die Wahrheit sagte, und jetzt wünschte sie sich verzweifelt, darauf bauen zu können, was sie damals erkannt hatte, um zu wissen, was sie jetzt tun sollte.

Aber sie wußte nicht, was sie tun sollte. Und je unsicherer sie wurde, um so weniger vertraute sie sich selbst – je weniger sie sich vertraute, um so schwerer wurde es, Gewißheit zu erlangen, und ohne Gewißheit konnte sie auch den Mut zum Handeln nicht aufbringen. Diesen psychologischen Prozeß nennt man die Ambivalenz-Falle.

Der Ausweg. Stellen Sie sich vor, Sie würden in eine tiefe Sandgrube geworfen und hätten nichts als eine kleine Schaufel, um sich aus diesem Gefängnis zu befreien. Mit der Schaufel jedoch würden Sie sich immer tiefer in die Grube hineingraben und dabei die Wände unterhöhlen, die Sie zum Herausklettern brauchen. Genau das bewirken Selbstzweifel: Sie untergraben allen festen Boden, den wir unter den Füßen haben. Um herauszuklettern, braucht man andere Werkzeuge. Mit einer heruntergelassenen Leiter kann man Schritt für Schritt wieder hinaufsteigen.

Dieses Buch ist eine Leiter, an deren Ende die Gewißheit wartet. Vielleicht hat Ihr Selbstvertrauen viele Nackenschläge erhalten, aber richtig beschädigt ist es noch nicht. Sie haben einfach nur das falsche Werkzeug benutzt.

Eine Woche nachdem sie Frage Nr. 1 beantwortet und die Wahrheit über ihre Beziehung erkannt hatte, wirkte Jennifer auf mich glücklicher als je zuvor. Ihr war nun klar, daß sie die Beziehung mit Don beenden wollte, und mit jedem Tag wurde sie sich ihrer Entscheidung sicherer. Jennifer lebt nun seit vier Jahren allein, und sie hat ihre Entscheidung nicht einen einzigen Moment bereut.

Nächste Schritte

Es ist möglich, daß Sie die Wahrheit, die Sie suchten, durch die Beantwortung von Frage Nr. 1 und Nr. 2 bereits gefunden haben. Mit dieser Wahrheit können Sie sich nun sicher fühlen. Nichts wird sich daran ändern. Die hier gegebenen Richtlinien widersprechen sich nicht.

Wahrscheinlicher aber ist es, daß Sie Ihre Wahrheit erst finden, wenn ich weitere Fragen gestellt und Ihnen erläutert habe, was Ihre Antworten bedeuten. Einige Antworten, wie diejenigen, die ich bisher besprochen habe, hatten zur Folge, daß ich Ihnen zur Trennung geraten habe. Sicher werden Sie gerne hören, daß andere Antworten Anlaß für mich sind, Sie auf die Stärken in Ihrer Beziehung hinzuweisen, die Sie vielleicht übersehen haben. Diese Stärken erlauben mir, mit gutem Gewissen zu sagen, daß es Ressourcen in Ihrer Beziehung gibt, die eine Menge Risikofaktoren überwinden können.

Und wenn Sie die Wahrheit bereits gefunden haben? Wenn wir in einem meiner Workshops säßen, würde ich Ihnen das folgende Angebot machen: «Wenn Ihnen bereits klar ist, was für Sie am besten ist, fühlen Sie sich frei zu gehen.» Es ist aber ebenso angemessen zu bleiben. Manchmal sieht man die Wahrheit zwar mit dem rationalen Verstand, aber fühlt sie noch nicht im Herzen. Manchmal fühlt man die Wahrheit, braucht aber noch Bestätigung. Die findet man, wenn man weiterhin die Fragen und Ratschläge durcharbeitet. Daher werden Sie selbst dann, wenn Sie Ihre Wahrheit schon kennen, von der Beantwortung der weiteren Fragen profitieren.

Nehmen Sie sich dazu soviel Zeit, wie Sie brauchen, und seien Sie zuversichtlich. Sie befinden sich auf einem Weg, der Sie ganz sicher – jedenfalls solange Sie ehrlich zu sich selbst sind – zu einer verantwortungsbewußten und zu der für Sie besten Entscheidung führt.

4

Das Spiel ist aus, Liebling

Thema: Wenn der Entschluß zur Trennung schon gefallen ist

Jeder kennt wohl Paare, die, kaum daß sie verheiratet waren, feststellten, daß alles nicht so lief, wie sie sich das vorgestellt hatten, und *peng* – da waren sie auch schon wieder geschieden. Menschen, die eine solche Kurzehe mit anschließender Blitzscheidung hinter sich haben, gelten oft als leichtfertig, weil allgemein die Ansicht vorherrscht, daß eine Scheidung die *ultima ratio* für eine Beziehung ist, die erst dann in Betracht gezogen werden sollte, wenn alle anderen Versuche, die Ehe zu retten, gescheitert sind.

Neben denen, die ihre Entscheidung blitzartig fällen, gibt es aber auch ausgesprochene Spätzünder. Und genau mit denen wollen wir uns hier jetzt befassen. Ich rede von Menschen, die sich nicht zu leichtfertig, sondern zu schwerfällig lösen. Menschen, die ihre Scheidung auf die lange Bank schieben, obwohl sie sich innerlich längst entschieden haben, die Beziehung aufzugeben. Wenn sie es offen zugäben, würden sie zu ihrem Partner sagen: «Das Spiel ist aus, Liebling – diese Beziehung ist schon eine ganze Weile nicht mehr gut genug für mich, und jetzt ist sie vorbei.»

Diese «Bleiber» stellen unter den Menschen mit Beziehungsambivalenz eine Minderheit dar, doch wenn Sie zu dieser Minderheit gehören, verdienen Sie rasche Hilfe, denn eigentlich sind Sie überhaupt nicht ambivalent.

Es gibt viele Gründe dafür, daß man sich das Ende einer

Beziehung nicht eingestehen will. Vielleicht fühlen Sie sich schuldig. Vielleicht glauben Sie auch, noch immer verliebt zu sein. Vielleicht ist es einfach bequemer so. Vielleicht haben Sie Angst vor der Freiheit oder auch vor dem Verlust. Es ist auch möglich (das gilt übrigens für Männer wie für Frauen), daß Sie die Vorstellung bedrohlich finden, mit dem Gefühl, das Sie für Ihre Beziehung haben, in Kontakt treten zu müssen...

Die nächsten beiden Fragen zielen darauf ab, derartige Hindernisse zu überwinden.

Schritt Nr. 3: Taten, nicht Worte

Manchmal kommen Sie Ihrer Wahrheit näher, wenn Sie sie an Ihren Taten und nicht an Ihren Worten messen. Hier ein Beispiel:

Wir kennen wohl alle das Gefühl, wenn man sich den ganzen Freitag lang darauf freut, am Abend auszugehen. Doch wenn wir von der Arbeit nach Hause kommen, trödeln und faulenzen wir herum und können uns nicht entscheiden, was genau wir mit dem Abend anfangen wollen. Bald ist es neun, zehn, elf Uhr, und irgendwann wird uns sonnenklar, daß wir schon seit dem Nachhausekommen genau gewußt haben, daß wir viel zu müde waren, um auszugehen. Die Entscheidung, zu Hause zu bleiben, haben wir in genau dem Augenblick gefällt, als wir ankamen, aber es hat den ganzen Abend gedauert, bis wir uns eingestanden haben, daß wir dieser Entscheidung auch folgten.

Genauso läuft es für viele Menschen in Beziehungsambivalenz. Hier die Frage, die man sich stellen sollte:

Diagnostische Frage Nr. 3:
Sind Sie bereits eine Verpflichtung eingegangen, oder verfolgen Sie eine Handlungs- oder Lebensweise, die Ihren Partner eindeutig ausschließt?

Hier ein Beispiel, um zu verdeutlichen, was ich mit dieser Frage meine:

Ruths Geschichte

Ruth war seit zehn Jahren mit dem gleichen Mann verheiratet. Spike war ein Rock-'n'-Roll-Musiker, und die ersten Beziehungsjahre waren voller Erwartungen für seine Karriere. Er spielte in einer Band, die tagtäglich auf den ganz großen Durchbruch und den ersten Plattenvertrag wartete. Ruth arbeitete in dieser Phase als Krankenschwester, und die Familie lebte im wesentlichen von ihrem Einkommen.

Ruth war stolz darauf, Krankenschwester zu sein. Sie mochte ihre Arbeit vor allem deshalb, weil sie gerne anderen Menschen half. Aber nach einigen Jahren empfand sie die Arbeit im Krankenhaus bloß noch als Routine. Sie sehnte sich nach etwas Neuem, nach mehr Abwechslung und nach einer Arbeit, die sie stärker fordern würde. Spike der Rocker war inzwischen immer älter und grauer geworden. Seine Hoffnungen auf eine steile Karriere hatten sich nicht erfüllt, was ihn zunehmend verbitterte und deprimierte.

Es kam so, wie Sie es sich wahrscheinlich schon gedacht haben. Spike ließ seine Frustration an Ruth aus. Da unglückliche Menschen gern Gesellschaft haben, schien er entschlossen, Ruth mit sich zu ziehen.

Ruth war eine sehr selbstbewußte Frau und erkannte sofort, was da ablief. Aber sie war auch freundlich, großzügig und liebevoll. In all den Jahren hatte sie eine tiefe emotionale Bindung aufgebaut, die man nicht einfach so über Bord werfen kann. Zwar dachte sie gelegentlich an Trennung, drohte Spike sogar einmal damit, aber sie glaubte selbst nicht an diese Drohung.

Trennungsübungen

Mit Ruth geschah folgendes: Auf ihrer Suche nach einer sinnvolleren Arbeit meldete sie sich bei einer Organisation, die sich um kranke Flüchtlinge kümmerte, die gerade erst in den Staaten angekommen waren. Es waren Menschen aus Thailand, Kampuchea, Guatemala, Haiti, dem ehemaligen Jugoslawien, Rußland, Liberia und Ruanda. Ruth sprach keine dieser Sprachen, aber sie hatte abgesehen von ihrer Schwesternausbildung eine besondere Qualifikation: Sie war selbst die Tochter von Flüchtlingen.

Hauptziel der Organisation war es, Menschen wie Ruth zu rekrutieren, die ohne oder mit nur geringer Bezahlung lange Phasen im Ausland verbrachten, um in Flüchtlingslagern zu arbeiten – an den wohl schlimmsten Orten der Welt. Die Ausbildung, die Ruth erhielt, sollte sie auf solche Situationen vorbereiten.

Ruth tat so, als sei die Arbeit mit Flüchtlingen in der Heimat alles, was sie vorhatte. Aber über zwei Jahre lang intensivierte sie ihre Bindung an die Organisation so sehr, daß es nur noch eine Frage der Zeit sein konnte, bis sie aus Spikes Leben verschwinden würde.

Als Ruth mich aufsuchte, quälte sie sich mit der Frage ab, ob sie bei Spike bleiben oder ihn verlassen sollte. Als ich ihr die Frage Nr. 3 stellte, antwortete sie mit «Nein». Als sie mir dann ihre Geschichte ausführlicher schilderte, bat ich sie, genauer zu betrachten, für was sie sich seit zwei Jahren intensiv engagierte, und sich dann nochmal Frage Nr. 3 vorzunehmen.

Sie blieb lange stumm und sagte dann: «Wie soll ich das Spike sagen?» Sie erkannte, daß sie ihre Entscheidung schon vor anderthalb Jahren getroffen hatte.

Hier also die Richtlinie:

Richtlinie Nr. 3

Wenn Sie bereits eine konkrete Verpflichtung eingegangen sind, eine bestimmte Handlungs- oder Lebensweise zu verfolgen, die den Partner ausschließt, dann haben Sie in gewisser Weise auch bereits entschieden, daß Sie glücklicher sind, wenn Sie Ihre Beziehung aufgeben. Die meisten Menschen, die so handeln, sind nicht glücklich, wenn sie in der Beziehung bleiben. Es ist so, als habe man sich selbst den Rat erteilt, zu gehen.

Kurzfassung: Wenn es so aussieht, als würde man die Beziehung verlassen und sich auch so verhält, dann verläßt man sie auch. Das wissen Sie selbst am besten.

Schauen wir uns genau an, was diese Richtlinie besagt und was nicht. Die Betonung liegt darauf, daß Sie *konkrete* Schritte einleiten, um Ihr Leben in einer Weise zu verändern, die den Partner ausschließt. Damit ist *nicht* gemeint, daß Sie nichts Neues ausprobieren dürfen, und es bedeutet auch nicht, daß Sie sich keine andere Lebensweise vorstellen oder ausmalen dürfen. Hier ein paar Beispiele, um den Unterschied zu verdeutlichen:

- Wohnungen ansehen, in die man vielleicht einziehen möchte, bedeutet nicht, daß man sich bereits zur Trennung entschlossen hat. Eine Wohnung anmieten und die Kaution hinterlegen bedeutet allerdings, daß das der Fall ist.
- Sich um eine Stelle an einem weit entfernten Ort bewerben, obwohl man genau weiß, daß der Partner nicht leicht umziehen kann, bedeutet nicht, daß man sich bereits zur Trennung entschlossen hat. Das Angebot für eine solche Stelle anzunehmen bedeutet allerdings, daß man sich entschieden hat (es sei denn, Sie stimmen beide einem solchen Arrangement für eine bestimmte Zeit zu).
- Einen Scheidungsanwalt aufsuchen oder selbst zu einer Reihe von Beratungen zu gehen bedeutet nicht, daß man sich bereits zur Trennung entschlossen hat. Die Scheidung nach ausführlicher Beratung einreichen bedeutet dies allerdings.

Einige dieser Fälle erscheinen Ihnen vielleicht ganz eindeutig, aber die «Bleiber» tun sich manchmal sehr schwer mit diesen Unterscheidungen.

Nur Taten zählen, keine Zufälle

Und was ist mit Affären? Sind sie auch ein «konkretes» Zeichen für eine innerlich bereits vollzogene Trennung? Ich will an dieser Stelle nur kurz auf das Thema Verhältnisse eingehen, da ich mich an anderer Stelle ausführlich damit befassen werde. Hier möchte ich Affären nur mit Blick auf Richtlinie Nr. 3 betrachten.

Ich habe aufgrund jahrelanger Arbeit mit Paaren gelernt, niemals voreilige Schlüsse zu ziehen, was es psychologisch bedeutet, wenn jemand ein außereheliches Verhältnis hat. Sicher, der betrogene Partner hält die Beziehung oft für beendet, wenn herauskommt, daß der andere ein Verhältnis hat. Aber nur, weil es für den Betrogenen vorbei ist, heißt es nicht, daß der «Betrügende» das ebenso empfindet. Ganz egal, wie sich der Betrogene fühlt, es war nicht unbedingt die Absicht des Betrügenden, diese Gefühle hervorzurufen.

In einer instabilen Beziehung kann die Tatsache, daß man eine Affäre hat, eine Menge bedeuten. Es kann heißen, daß man herumexperimentiert, um herauszufinden, ob es mit einem anderen Partner besser geht. Es kann sein, daß man einfach einen dummen Fehler beging. Es kann heißen, daß man sehr wütend war. An und für sich gesehen gilt nicht unbedingt, daß man nun eine Kette von Ereignissen in Gang setzt, die einen aus der Beziehung herausführen.

Ein Verhältnis ist dann ein «konkretes» Anzeichen für eine innerlich vollzogene Trennung, wenn es dem betrügenden Partner egal ist, ob sein Lebensgefährte das Verhältnis entdeckt oder nicht. In einem solchen Fall kann man die neue Beziehung als Handlungs- oder Lebensweise interpretieren, mit der sich die Absicht verbindet, den Partner eindeutig auszuschließen. Ich rede hier von leicht durchschaubaren Lügen wie Kurzreisen, für die man keine Erklärung anbietet, geheimnisvolle späte Anrufe, Geschenke oder Lippenstiftflecken, die man nicht zu verbergen sucht.

Falls Sie auf die Frage Nr. 3 mit «Ja» geantwortet haben, wissen Sie, was ich meine. Es ist nicht etwa so, daß Sie einfach «irgend etwas» getan hätten – es ist vielmehr so, daß Sie etwas Bestimmtes getan haben, um die Brücken hinter sich einzureißen. Wenn Sie ehrlich sind, müssen Sie jetzt nicht mehr darüber nachdenken, ob Sie sich trennen wollen – Sie haben es bereits getan.

Eine Frau fragte mich einmal: «Ich habe mit einem Kollegen geschlafen. Das ist jetzt vorbei, aber mein Problem ist, daß ich mich schuldig fühle und mich über mich selbst ärgere, weil ich diese Erinnerung nicht überwinden kann. Und ich frage mich, ob ich dadurch meine Ehe zerstört habe.»

Meine Antwortet lautete: Man muß Gefühle mit Sorgfalt behandeln. Sie sind echt, und sie sind wichtig, aber sie können auch kompliziert und irreführend sein. Wenn Ihre Ehe tatsächlich vorbei ist, finden Sie das durch die Antworten auf diese Fragen heraus. Aber eine Affäre kann in einem Gefühle der Schuld, des Kummers, der Angst, der Wut, der Befriedigung, der Ermächtigung und vieles mehr verursachen, die einen vielleicht auf den Gedanken bringen, man habe etwas getan, was die Hauptbeziehung zerstört, obwohl das gar nicht der Fall ist. Man hat nur etwas getan, um die Beziehung zu beenden, wenn man etwas tut, das die Beziehung tatsächlich beendet. Auf eine Affäre an und für sich trifft das nicht unbedingt zu.

Perspektiven:
Wie verwindet man den Verlust der Liebe

Wir reden hier von der Situation, daß Ihre Beziehung in Wahrheit schon vorbei ist und Sie sich das nur nicht eingestehen wollen, weil Sie sich schwer damit tun, die anstehende Trennung auch durchzuziehen.

Wie kann man so blind sein?

Es ist schwer, Liebe aufzugeben, sich von der Liebe zu verabschieden, in eine Zukunft zu treten, in der man mit Sicherheit nicht die Liebe haben wird, an die man so gewöhnt ist. Immerhin ist auch in der schlechtesten Beziehung irgendwo noch ein Rest Liebe übrig. Und für Menschen mit Beziehungsambivalenz ist gewöhnlich mehr als nur ein kleiner Rest vorhanden. Eine Trennung bedeutet, sich von dieser Liebe zu verabschieden, und davor schrecken viele Menschen zurück.

Dieses Thema betrifft insbesondere Frauen. In vielen Lebensbereichen – von der Liebe bis zum Geld – scheuen Frauen das Risiko eher als Männer. Die Angst vor Verlust sitzt bei ihnen tiefer, und deshalb entscheiden sie sich im Zweifelsfall auch eher für den Spatz in der Hand als für die Taube auf dem Dach. Ich möchte diesen Unterschied aber nicht überbetonen – so riesig ist er auch nicht. Nicht alle Männer lieben das Risiko, und nicht alle Frauen fürchten es.

Das letzte, was Menschen, die eine Trennung – aus welchen Gründen auch immer – vor sich herschieben, gebrauchen können, sind leere Versprechungen. Deshalb erspare ich Ihnen hier Sprüche wie die folgenden: «Wenn Sie einmal jemanden gefunden haben, klappt das auch beim zweiten Mal» oder «Wenn

Sie einmal geliebt haben, dann werden Sie auch wieder lieben, und je mehr Liebe Sie zu geben haben, um so wahrscheinlicher werden Sie jemanden Neues finden».

Ich berichte Ihnen statt dessen lieber das, was die meisten Menschen in Ihrer Situation sagen, wenn sie es schließlich doch geschafft haben, ihre Beziehung zu verlassen. Immer wieder bringen sie zum Ausdruck, wie erleichtert und hoffnungsvoll sie sich fühlen. Viele sind glücklich, weil sie ihre Selbstachtung und ihr Selbständigkeit zurückerobert haben.

Besonders Frauen geben oft an, wie überrascht sie sind, daß ihnen das Leben allein so gut gefällt, daß sie endlich tun können, was sie wann und wie auch immer tun wollen. Natürlich, die meisten von Ihnen würden sich gern wieder verlieben, aber es kommt fast nie vor, daß sich eine zurück nach ihrer alten Beziehung sehnt.

Ich denke, die Menschen, die nach der Richtlinie Nr. 3 gehandelt haben, würden Ihnen das folgende sagen: Mach dir nicht zuviel Sorgen, wenn du deine Entscheidung verantwortungsbewußt getroffen hast, dann kommst du über den Verlust der Partnerschaft hinweg. Und in der Zwischenzeit ist der Schlüssel zum Glück, die Dinge zu tun, an denen dir liegt, und mit anderen Menschen verbunden zu bleiben.

Schritt Nr. 4: Wenn Gott es entscheiden müsste …

Manche Menschen haben bereits die Entscheidung zur Trennung getroffen, auch wenn sie noch nichts unternommen haben, um zu gehen. Sie sind sich völlig im klaren darüber, daß ihre Beziehung nicht mehr gut genug ist, um zu bleiben, und dennoch steht ihnen ein schier unüberwindliches emotionales Hindernis im Weg, das sie davon abhält, Tatsachen zu schaffen.

Irgendwie haben sie das Gefühl, daß sie nicht die Erlaubnis haben zu gehen. Sie fühlen sich vielleicht schuldig, einen Partner zu verlassen, der sie braucht. Sie schämen sich womöglich dafür, daß ihre Beziehung in die Brüche ging. Sie sorgen sich, was eine Trennung für die Kinder bedeutet. Sie fürchten vielleicht das Gefühl, gescheitert zu sein, das sich am Ende einer Beziehung oft einstellt, weil vielleicht schon frühere Beziehungen so endeten.

Sie wollen vielleicht nicht den Tod der Liebe anerkennen. Sie empfinden all dies und noch mehr in einer einzigartigen Kombination. Jeder Teil in ihnen weiß, daß es das beste ist, zu gehen – aber sie brauchen eine Erlaubnis, ehe sie zu ihrer Wahrheit stehen können.

Michaels Geschichte

In meinem Therapiezimmer haben schon viele Menschen geweint, aber ich habe noch nie eine solche Tränenflut gesehen wie bei Michael. Er war ein stadtbekannter Paartherapeut, der zu mir kam, weil er Hilfe brauchte. Nachdem ich eine Weile mit ihm gearbeitet hatte, spürte ich, daß etwas faul war. Dieser begabte, gebildete, hochmotivierte Typ sollte sich doch eigentlich nicht so schwer damit tun, herauszufinden, was in seiner Beziehung los war, die von großen Problemen nur so strotzte.

Ich fragte Michael daher folgendes:

Diagnostische Frage Nr. 4:
Wenn Gott oder ein anderes höheres Wesen sagen würde, es sei in Ordnung, sich zu trennen, würden Sie sich dann ungeheuer erleichtert fühlen, und könnten Sie Ihre Beziehung dann endlich beenden?

Und da brachen die Tränen aus ihm hervor.

Sie alle kennen bestimmt aus Filmen über in der Wildnis lebende Schimpansen dieses herzzerreißende Bild einer Affenmutter, die ihr totes Junges stunden- und tagelang mit sich herumschleppt. Genauso war es für Michael gewesen: Er hatte seine tote Beziehung so lange mit sich herumgeschleppt, weil er sich einfach nicht die Erlaubnis geben konnte, zu akzeptieren, daß sie vorbei war. Vor plötzlich aufwallender Trauer um den Verlust, mit dem er schon so lange lebte, schluchzte er heftig auf.

Warum war es so schwer für ihn gewesen, sich diese Erlaubnis zu erteilen? Teilweise lag es daran, daß er selbst Therapeut war: Wenn *seine* Beziehung scheiterte, hieß das dann, daß er ein

Scharlatan und Versager war? Aber viele Menschen mit ganz anderen Berufen haben das gleiche Gefühl. Frauen empfinden es häufig, weil sie überzeugt sind, es obliege letztlich ihrer Verantwortung, ihrem Geschick und sogar ihrem Talent, eine Beziehung funktionsfähig zu erhalten. Freilich gibt es auch Männer, die sich diesen Schuh anziehen.

Es gab noch andere Gründe, warum es für Michael so schwer war, sich die Erlaubnis zur Trennung zu geben. Am wichtigsten war wohl das Gefühl, daß er bleiben würde, wenn er wirklich ein guter Mensch wäre. Er würde sich dann mehr Mühe geben. In seinem Innersten war er davon überzeugt, daß nur ein schlechter Mensch einen Partner verlassen und damit alle Hoffnungen auf eine gemeinsame Zukunft zunichte machen würde – ganz zu schweigen davon, was er damit seinen Kindern antun würde.

Dieser Faktor des «Kein-schlechter-Mensch-sein-Wollens» wird heutzutage häufig unterschätzt, weil Scheidungen so alltäglich geworden sind, daß sie allgemein nicht mehr als Anzeichen für einen Charakterfehler gewertet werden. Demgegenüber gibt es jedoch auch noch sehr viele Menschen, die eine Scheidung aufgrund ihrer Wertvorstellungen von einer Ehe nur unter Vorbehalt akzeptieren können. Diese Menschen haben vielleicht recht, wenn sie meinen, daß es zu viele Scheidungen gibt – sie sollten jedoch auch bedenken, daß auf jede Ehe, die geschieden wird, weil die Partner vielleicht nicht genug Verantwortung für sich und füreinander übernommen haben, eine Beziehung kommt, die nicht endet, weil sich einer der beiden Partner zu verantwortlich fühlt.

Befassen wir uns mit Frage Nr. 4 selbst. Hier die Richtlinie dazu:

Richtlinie Nr. 4

Stellen Sie sich vor, daß Gott oder ein anderes höheres Wesen Ihnen die Erlaubnis gäbe, Ihre Beziehung zu verlassen, falls Sie das wollen. Wenn diese Vorstellung in Ihnen unvermittelt und unzweifelhaft das Gefühl auslöst, daß es unter diesen Umständen in

Ordnung wäre, die Beziehung aufzugeben, dann haben Sie höchstwahrscheinlich entdeckt, daß eine Trennung für Sie am besten ist.
Kurzfassung: Wenn Gott sagt: «Alles, was du machst, ist für mich in Ordnung», und das ist alles, was Sie brauchen, um sich mit dem Gedanken an eine Trennung wohl zu fühlen, dann ist es in Ordnung, sich zu trennen.

Bei den Antworten auf die anderen Fragen braucht man kein so eindeutiges, überwältigendes «Ja» wie in diesem Falle. Wenn Sie bei dem Gedanken an die uneingeschränkte Erlaubnis zur Trennung nicht spontan von einem Gefühl völliger Erleichterung erfaßt werden, können Sie nicht sicher sein, daß Ihre Trennung bereits eine beschlossene Sache war. Dann brauchen Sie noch andere Informationen, um der Ambivalenzfalle zu entkommen.

Meine Welt ist so leer ohne dich, Liebling

Gelegentlich kommt es bei der Frage Nr. 4 auch in umgekehrter Richtung zu einer ungewöhnlich heftigen Reaktion. Es stellt sich keine maßlose Erleichterung, sondern eher eine große Verärgerung ein. Manche Menschen empfinden die Frage als völlig verfehlt und spüren ein starkes «Nein!» in sich aufsteigen. Sie betonen, daß sie es überhaupt nicht gern hören wollen, daß eine Trennung in Ordnung sei. Vielmehr sehnten sie sich nach einem Zeichen dafür, daß es in der Beziehung noch verborgene Schätze gäbe, derentwegen es nicht recht wäre, sie aufzugeben.

Was hat das zu bedeuten, wenn Sie so empfinden? Es könnte heißen, daß Sie eine Menge Hoffnung in Ihre Beziehung gesteckt haben und davon überzeugt sind, ohne sie nicht leben zu wollen. Wenn das bei Ihnen der Fall sein sollte, müssen Sie sich jedoch auch das folgende vergegenwärtigen: Wenn Sie in bezug auf Ihre Beziehung so starke Hoffnungen hegen und sich dennoch ambivalent fühlen, muß es in Ihrer Beziehung auch sehr viel Negatives geben – jedenfalls mehr als bei anderen Menschen, die aufgrund ihrer ambivalenten Gefühle nicht solche Hoffnungen in ihre Beziehung setzen können. Anders ausgedrückt: Wenn Sie trotz zwiespältiger Gefühle inständig darauf hoffen, daß Ihre Beziehung überlebt, muß es irgendwo schwerwiegende Probleme geben.

Daher mein Tip für die Bearbeitung des nachfolgenden Materials: Lassen Sie sich von Ihren Hoffnungen nicht den Blick auf die Realität Ihrer Beziehung verstellen. Wenn Sie erkennen, daß Ihre Beziehung zu gut ist, um sie aufzugeben, dann – und nur dann – sollten Sie bleiben. Es nützt Ihnen nichts, diese Erkenntnis zu *wollen*, Sie müssen sie finden.

Andererseits könnte Ihre unglaubliche Hoffnung trotz der Beziehungsambivalenz bedeuten, daß Sie ein geeigneter Kandidat für eine Paartherapie sind, falls Sie das nicht schon ausprobiert haben. In diesem Fall finden Sie vermutlich die folgenden Perspektiven sehr hilfreich:

Perspektiven: Bemerkungen über Paartherapie

Ich sehe nur selten Menschen mit Beziehungsambivalenz, die sich nicht schon sehr darum bemüht haben, alles besser zu machen. Und das heißt, es besteht eine große Wahrscheinlichkeit, daß sie es bereits mit irgendeiner Art Eheberatung oder Paartherapie versucht haben. Ich zögere daher, Menschen, die bereits viel für ihre Beziehung getan haben, zu drängen, weiter daran zu arbeiten. Irgendwann ist es genug.

Wenn Sie noch nicht an Ihrer Beziehung gearbeitet haben, ändert das die Sachlage. Alle Empfehlungen, die ich hier gebe, beziehen sich auf die gegenwärtige Situation Ihrer Partnerschaft. Damit meine ich: Wenn eine bestimmte Realität momentan für Sie zutrifft, dann hatten andere, für die das gleiche gilt, das Gefühl, es ginge ihnen nach einer Trennung besser. Ich sage aber *nicht*, daß dies wahr sein muß und daß es sich nicht ändern kann.

Ein wirklich guter Paartherapeut kann manchmal eine Lage ändern, die entsetzlich und unverrückbar erscheint. Wenn also einige Punkte in Ihrer Beziehung auf eine Trennung hindeuten, hat man noch immer die Wahl, zu einem Therapeuten zu gehen und zu versuchen, das zu ändern.

Aber Sie sollten es in jedem Fall vermeiden, wieder zurückzufallen in den unerträglichen Zustand der Beziehungsambivalenz. Hier die Testfrage dazu: Wenn Ihre Erfahrung mit dem Therapeuten wirklich gut ist, sich aber trotzdem nach neun Monaten nichts an dem geändert hat, was die Beziehung zu schlecht macht, um zu bleiben, kann man sich in dem Sinn bestätigt fühlen, daß man alles Menschenmögliche getan hat. So kann man vielleicht leichter akzeptieren, daß eine Trennung das beste ist.

Wenn ich als Therapeutin mit einem Paar arbeite, gehe ich davon aus, daß mein Auftrag stets lautet, die Beziehung nach Möglichkeit zu retten, sie niemals vorschnell aufzugeben und ständig nach Lebenszeichen zu suchen. Ein Arzt gibt auch erst auf, wenn er sieht, daß der Tod den Sieg davontragen wird, weil es ihm nur mit dieser Hartnäckigkeit gelingen kann, ihm wenigstens hin und wieder ein Schnippchen zu schlagen. Das gleiche empfinde ich hinsichtlich einer absterbenden Beziehung.

Aber als Therapeutin arbeite ich auch für Individuen, die Entscheidungen darüber treffen wollen, was für sie als Einzelperson das beste ist. Genau das ist meine Funktion in diesem Buch mit Ihnen: Ich will Ihnen helfen, die Qual und Vergeblichkeit einer Beziehungsambivalenz zu überwinden. Wenn Sie also noch nicht probiert haben, die Beziehung zu verbessern, dann tun Sie das unter allen Umständen. Aber wenn Sie es schon mit einem guten Therapeuten versucht haben und sich nach neun Monaten nichts geändert hat und die Antworten auf die Fragen in diesem Buch auf eine Trennung hinweisen, dann haben Sie eine kluge und verantwortliche Entscheidung gefällt, wenn Sie sich zur Trennung entschließen.

5

Komm, wir wollen uns verlieben

Thema: Vorbedingungen für die Liebe

Liebe gehört dazu

Noch nie bin ich jemandem im Zustand von Beziehungsambivalenz begegnet, der nicht auf die eine oder andere Weise versuchte, bei dieser Gleichung auch die Liebe zu berücksichtigen. Eine der wichtigsten Fragen, auf die ich dabei immer wieder stoße, ist die, ob überhaupt Liebe zwischen den Partnern besteht. Dieses Problem stellt sich den meisten Menschen schon seit der Oberschule: «Liebe ich sie/ihn?», «Liebe ich sie/ihn *wirklich*?», «Woher weiß ich, daß ich sie/ihn wirklich liebe?», «Ist es wirklich Liebe, die uns verbindet, oder haben wir uns nur aneinander gewöhnt?», «Kann ich ihn/sie überhaupt lieben, wenn ich so oft so wütend und frustriert bin?» Das kann einen sehr verunsichern.

Aber es gibt mehrere Auswege aus dieser Verunsicherung. Wir wollen hier die Frage untersuchen, ob in Ihrer Beziehung noch Liebe herrscht. Dieses Thema ist unendlich und geheimnisumwoben, aber es hilft sicher, zu wissen, ob Liebe überhaupt möglich ist. Wenn sie nicht einmal möglich ist, dann kann sie mit Sicherheit nicht existieren.

Sie kennen bestimmt die Karikaturen oder Comics, in denen eine Figur sich einen Abgrund hinabstürzt, dann aber mitten in der Luft hängenbleibt, weil sie nach unten geblickt hat. Erst wenn die Figur sieht, daß sie keinen Boden mehr unter den Füßen hat, beginnt sie zu fallen. So geht das vielen von uns in unsicheren Beziehungen. Wir hängen in der Luft, und nur weil wir noch nicht nach unten geschaut haben, haben wir auch noch nicht erkannt, daß da nichts mehr ist, was unsere Liebe hält. Wir leben mit einem Menschen zusammen, weil wir uns zufällig einmal in diese Person verliebt haben.

Wenn wir daher versuchen wollen, die Wahrheit darüber herauszufinden, ob man mit oder ohne Trennung glücklicher wird, sollte man die Grundlagen der Liebe in der Beziehung genauer untersuchen. Wäre es nicht großartig, zu wissen, daß Liebe möglich ist? Wäre es nicht wunderbar, zu wissen, daß Ihre Liebe eine sichere Grundlage hat?

Schritt Nr. 5: Lebendig bleiben

Manches, was schon leblos wirkt, ist noch lange nicht tot. Ich weiß noch, wie vor Jahren, als ich in New York heranwuchs, vor unserer Haustür ein Baum stand, der aussah, als sei er schon lange abgestorben. Ich muß damals einen gewissen Instinkt für das Leben und den Tod gehabt haben, denn als eine Nachbarin verkündete, sie wolle den Baum fällen lassen, bestand ich darauf, daß er noch Leben in sich hätte. Ich habe mit ihr gewettet: ein Jahr lang Kinderhüten umsonst, wenn der Baum nicht im nächsten Frühjahr neu ausschlagen würde. Natürlich bekam der Baum wieder Blätter. Irgendwo unter der trockenen, abblätternden Rinde und den dürren Zweigen war noch Lebenssaft.

Manchmal denke ich an diesen Baum, wenn Menschen zu mir kommen und Rat dabei suchen, was sie mit ihrer Beziehung anfangen sollen. Wie meine Nachbarin sind sie manchmal ziemlich sicher, daß die Beziehung tot ist, und sie wollen meinen Rat, wie sie sich aus ihr lösen können. Dann fragen sie mich um meine Meinung. Das verrät mir, daß sie immer noch Zweifel haben. Sie vermuten, daß die Beziehung vielleicht doch noch lebensfähig sein könnte, daß es irgendwo noch Liebe gibt. Sie hoffen, daß ich ihnen diese Lebensader zeigen kann, ihnen den Beweis für ihre Liebe direkt unter die Nase halte.

Jacks Geschichte

Vor ein paar Jahren kam ein Mann zu mir, weil eine Reihe von Dingen in seinem Leben nicht recht klappten. Jack war Firmenberater, Ausbilder und leitete Workshops. Sein Leben war sehr geschäftig und vollgepackt, und im Würgegriff eines anstrengenden Alltags hatte er sich emotional von seiner Frau entfremdet. Das machte ihm zu schaffen, und er sehnte sich zurück nach der vertrauten Nähe, die sie beide früher einmal miteinander verbunden hatte. Jack war sich ganz sicher, daß die besten Zeiten seiner Ehe wirklich glückliche Zeiten waren. Jetzt aber, wo er spürte, daß sich zwischen ihm und seiner Frau ein Graben aufgetan hatte, fragte er sich, ob er es nicht sich selbst und ihr schulde, die Beziehung aufzugeben. Sie war zwar nicht schlecht genug, um sich leicht zu trennen, aber er konnte auch nicht erkennen, ob sie gut genug war, um zu bleiben. «Was soll ich tun?» fragte er. Ich hatte den Eindruck, er wollte von mir erfahren, ob die Beziehung noch Lebenszeichen aufwies. Ich stellte Jack die Frage, die Sie jetzt bitte auch für sich selbst beantworten:

Diagnostische Frage Nr. 5:
Gibt es zwischen Ihnen und Ihrem Partner trotz aller Probleme noch eine gemeinsame Aktivität, an der Sie beide Vergnügen haben, oder ein gemeinsames Interesse (abgesehen von Kindern), dem Sie auch in Zukunft nachgehen wollen, etwas, das Sie beide miteinander verbindet, das Ihnen zumindest vorübergehend ein Gefühl von Nähe vermittelt?

Statt geradeheraus zu antworten, ließ sich Jack jeden Teil der Frage genau erklären. Ehrlich gesagt hatte ich den Eindruck, daß er damit Zeit schinden wollte. Vielleicht wollte er es mir aber auch nur schwerer machen, weil er fürchtete, daß ich ihm eine illusorische und letztlich enttäuschende Beschwichtigung anbieten würde.

Zunächst hakte er nach: «Was meinen Sie mit ‹abgesehen von den Kindern›? Ist es nicht in Ordnung, wenn Kinder ein Paar zusammenbringen?»

Die kurze Antwort darauf lautet, daß Kinder kein Klebstoff sind und Mußehen nicht halten. Jeder kennt Paare, die Kinder in die Welt gesetzt haben, um die brüchigen Fundamente ihrer Ehe zu kitten. In Einzelfällen hat das vielleicht sogar funktioniert, aber wir alle wissen ebensogut, daß es oft nicht klappt. Kinder halten einen ganz sicher miteinander verbunden, aber nicht in einer Bindung, die viel mit gegenseitiger Liebe zu tun hat. Menschen verlieben sich und gehen eine Bindung ein, ehe sie Kinder haben, und sie müssen ihre Liebe auch für die Zeit bewahren, wenn die Kinder aus dem Haus sind. Wenn man nach einem Lebens- oder Liebeszeichen sucht, muß man über die Kinder hinausblicken.

Mehr als Sex

Jack schwieg einen Moment. Er und seine Frau hatten Kinder; sie hatten ähnliche Wertvorstellungen und verbrachten auch Zeit als Familie miteinander. Aber nun fragte ich ihn nach einer anderen eindeutig positiven Verbindung zwischen ihm und seiner Frau. Er hatte Mühe, seine Gedanken auf das zu konzentrieren, was ich wollte. «Meinen Sie Sex?» fragte er schließlich. «Ich mag Sex. Zählt das?»

«Vielleicht», antwortete ich. «Orgasmen allein zählen jedoch nicht. Guter Sex allein zählt auch nicht. Sex zählt bei Frage Nr. 5 nur dann, wenn Sie beide der Gedanke daran mit Freude und Sehnsucht erfüllt. Es reicht in diesem Fall nicht, wenn Sie sich einfach nur wohl fühlen, Sie müssen einander wirklich nahe sein, und diese innige Nähe und tief empfundene Wärme muß eine Verbindung zwischen Ihnen schaffen, die Sie ein Stück weit tragen kann – auch über die Zeit hinaus, in der Sie miteinander schlafen.»

Ich konnte fast die Rädchen in seinem Kopf arbeiten sehen, als er versuchte, den Unterschied zwischen Sex zu bestimmen, der einem gut tut, und Sex, der einen innerlich erfüllt und beglückt. Dann sah ich, wie sich Enttäuschung auf seinem Gesicht breitmachte.

«Sehen Sie», begann er, «schlechten Sex hatte ich noch nie. Aber ich kann nicht ehrlich behaupten, daß Laura und ich uns dann sehr nahe sind. Sex kommt vor, er findet statt, ohne daß wir uns sehr darum bemühen, und wenn wir miteinander schlafen, dann erwarte ich in erster Linie davon nicht mehr als eben Sex. Heißt das nun, daß ich die Frage verneinen muß?»

«Nein, ganz und gar nicht», gab ich zurück. «Wir haben doch gerade erst angefangen. Es muß nicht Sex sein, der eine Nähe zwischen Ihnen herstellt, es kommt darauf an, daß es überhaupt etwas gibt, das Sie teilen können, das Ihnen beiden gut tut und Sie glücklich macht. Ich sage damit auch nicht, daß zwischen Ihnen alles vorbei ist, wenn Ihnen nichts einfällt, aber wenn es so etwas gibt, dann ist das ein Anzeichen für Leben in Ihrer Beziehung, eine Grundlage für die Liebe.»

«Helfen Sie mir doch», sagte Jack. «Was genau meinen Sie?»

Ich erklärte Jack, daß das jedes Paar für sich alleine herausfinden muß, aber um ihm zu helfen, zählte ich einige Aktivitäten auf, die von anderen Klienten an dieser Stelle genannt worden sind. Ich will das hier wiederholen, um auch Ihnen auf die Sprünge zu helfen:

- Im Bett zusammen schmusen, ehe das Licht ausgeschaltet wird
- Freunde zum Essen einladen
- Über Freunde klatschen, wenn sie gegangen sind
- Zusammen über die gleiche verrückte Komödie lachen
- Tanzen gehen
- Ausgehen
- Über Politik reden
- Tennis spielen
- Den ganzen Sonntagmorgen Tee trinken und die Zeitung lesen
- Küssen
- Antiquitätenläden aufsuchen
- Zusammen im Garten arbeiten
- Von der Kirche nach Hause gehen
- Händchenhaltend einen langen Spaziergang über Felder oder am Strand machen
- Mit dem Hund und einem Ball im Park herumtollen

Sie sehen, es handelt sich bei diesen Aktivitäten um nichts Großartiges oder gar Außergewöhnliches, aber jede der hier genannten Beschäftigungen vermittelte mindestens einem Paar das Gefühl von Zusammengehörigkeit. Immer wenn sie etwas Derartiges machten – und das kam mindestens einmal im Monat vor –, fühlten sie sich wie frisch verliebt und hatten ein tiefes Vertrauen darein, daß dieses Gefühl aufrichtig war. Ein paar Augenblicke lang konnten sie alles vergessen, was ihre Beziehung scheinbar zu schlecht machte, um sie zu erhalten.

Da funkte es

Jack schloß die Augen und ließ seine Gedanken schweifen, um in seinem Leben mit Laura nach etwas Derartigem zu suchen. «Zählt Kochen?» fragte er dann.

«Je nachdem. Wie meinen Sie das?»

«Es ist so», antwortete er, «daß wir eigentlich überhaupt nicht zu kochen brauchen, nicht zusammen jedenfalls, wie wir das tun, aber alle zwei, drei Wochen bereiten wir irgendeine besondere Mahlzeit vor. Dann gehen wir in die Küche und arbeiten richtig Hand in Hand. Dabei reden wir, wir singen oder sagen auch mal eine ganze Weile nichts. Ich kenne Paare, die zu streiten anfangen, sobald sie in der Küche zusammen sind, aber für uns ist das eine sehr spannungsfreie Zone. Ich habe keine Ahnung, warum das so ist, aber dann fühlen wir uns richtig nah, als genössen wir etwas zusammen, an dem wir eigentlich gar keinen Spaß haben dürften.»

Jack hatte es gefunden: Die ganze Zeit lag es zum Greifen nahe. So läuft das oft mit dieser Frage und auch mit anderen, die ebenfalls auf die Möglichkeit hinweisen, daß die Beziehung zu gut ist, um sie zu verlassen. Schmerz und Kummer nehmen wir wahr, aber die Quelle, die unsere Liebe nährt, kennen wir nicht. Kein Wunder, daß sie so oft wegen Vernachlässigung austrocknet.

Hier die Richtlinie, die ich Jack geben konnte:

Richtlinie Nr. 5

Wenn es nur eine einzige Aktivität gibt, abgesehen von den Kindern, die Sie und Ihr Partner gerne zusammen unternehmen und auf die Sie sich freuen, etwas, bei dem Sie sich stets wohl fühlen und das Ihnen ein Gefühl von Nähe vermittelt, besteht die Chance, daß Sie die Probleme in Ihrer Beziehung überwinden und eine lebendige Partnerschaft führen können. Wenn Sie sich gerade erst kennengelernt haben, besteht die Möglichkeit, daß Sie sich ineinander verlieben.

Kurzfassung: Echte Liebe braucht echt liebevolle Erfahrungen.

Vielleicht ergeht es Ihnen jetzt wie Jack, der nicht gerade überwältigt war von der Erkenntnis, die er durch die Frage Nr. 5 gewonnen hatte. Etwas enttäuscht fragte er mich: «Was fange ich damit an, wenn ich nun weiß, daß meine Beziehung potentiell lebensfähig ist? Das löst doch meine Probleme nicht!»

Damit hatte er recht, aber jedes Lebenszeichen ist kostbar. Ein «Ja» auf Frage Nr. 5 ist ein Zeichen dafür, daß Liebe möglich ist. Es besteht Anlaß zur Hoffnung und Grund zum Weitermachen. Sie wissen jetzt, daß es sich lohnt, die Beziehung zu pflegen und nach weiteren Lebenszeichen zu suchen. Mag sein, daß Sie später in diesem Buch etwas über Ihre Beziehung erfahren, das Ihnen klarmacht, daß Sie mit einer Trennung glücklicher werden, doch im Moment ist klar, daß Sie noch nicht soweit sind.

Perspektiven: Bemerkungen über die Richtlinien

Da dieses Buch wie eine ärztliche Diagnose vorgeht, haben die positiven und negativen Ratschläge nicht unbedingt gleichen Wert. Eine einzige Richtlinie, die besagt, daß Ihre Beziehung zu schlecht ist, um zu bleiben, überlagert alle anderen, die die Möglichkeit in Aussicht stellen, daß Ihre Beziehung zu gut ist, um sie aufzugeben.

Warum? Ich weiß, das klingt sehr radikal, aber es ist das ganz normale Vorgehen bei einer Diagnose. Ich will es Ihnen an einem anderen Beispiel erläutern:

Nehmen wir an, Sie stehen vor der Entscheidung umzuziehen oder nicht. Wegen des phantastischen Blicks oder der idealen Raumaufteilung ist Ihr Haus zu gut, um es aufzugeben, und das wiegt schwerer als eine ganze Reihe von Nachteilen. Aber es gleicht nicht die Tatsache aus, daß Ihr Haus zwischen einem Schlachthof und einer Zementfabrik liegt. Es gleicht nicht aus, daß die Fundamente Ihres Hauses völlig von Termiten zerfressen sind. Es gleicht nicht aus, daß Sie in einer häufig überfluteten Talsohle wohnen.

Es ist eine allgemeingültige Lebensregel: Wenn wir an einer Sache wirklich gute Seiten entdecken, sind wir bereit, eine Menge Nachteile in Kauf zu nehmen. Aber ein einziger wirklich schwerwiegender Negativfaktor stellt eine fast beliebige Summe von Vorteilen in den Schatten.

Jede Richtlinie, die Ihnen nahelegt, sich nicht zu trennen, kann daher nur eine vorläufige Gültigkeit haben. Sie stimmt nur so lange, solange Sie nichts entdecken, was Ihre Beziehung definitiv zu schlecht macht, um zu bleiben.

Richtlinie Nr. 5 ist sehr grundlegend. Selbst Paare in der schlimmsten vorstellbaren Beziehung, die versuchen, die ungeheuersten Schwierigkeiten zu überwinden, haben entdeckt, daß sie auf diese Frage mit «Ja» antworten können, und dieser kleine Hoffnungsschimmer reichte aus, um ihrer Beziehung eine neue Basis zu geben.

Aber Richtlinie Nr. 5 hat auch eine besondere Bedeutung für Menschen, die in einer «toten» Beziehung leben, die einzig und allein deshalb wirklich schlimm ist, weil sich einfach absolut nichts Gutes über sie sagen läßt. Richtlinie Nr. 5 ist ein Test, ob das wirklich der Fall ist. Manche Beziehungen sind kühler und distanzierter als andere. Aber wenn Sie etwas herausfinden, was Sie mit Ihrem Partner gemein haben und für das Sie sich beide einsetzen, dann steckt in Ihrer Beziehung vielleicht noch mehr Leben, als Sie ahnen.

Und wenn die Antwort «Nein» lautet?

Wenn Sie die ganze Zeit über auf heißen Kohlen gesessen haben, weil Ihre Antwort auf Frage Nr. 5 «Nein» lautete, können Sie sich jetzt entspannen. Bei diagnostischen Fragen ist gewöhnlich eine der Antworten wichtiger als die andere. Auch das ist ganz leicht nachvollziehbar: Wenn man zum Beispiel fünf Kilometer lang joggen kann, ohne völlig außer Atem zu geraten, ist das ein Zeichen dafür, daß man ziemlich fit ist. Aber wenn man das nicht kann und unterwegs stehenbleiben und nach Luft schnappen muß, heißt das noch nicht unbedingt, daß man krank ist – man ist nur einfach nicht in Bestform.

Ähnlich ist es hier bei Frage Nr. 5: Wenn Sie mit «Nein» geantwortet haben, heißt das nicht, daß Ihre Beziehung nicht lebensfähig ist. Allerdings sollten Sie sich gemeinsam mit Ihrem Partner darum bemühen, etwas zu finden, auf das Sie sich beide freuen, bei dem Sie sich beide wohl fühlen und das Sie einander näher bringt. Es könnte etwas sein, das Sie früher zusammen unternommen haben; vielleicht ist es auch etwas, das Sie noch nie zusammen gemacht haben. Wenn Ihnen sonst nichts Ernsthaftes im Weg steht, ist es nicht schwer, eine solche Gemeinsamkeit zu entwickeln.

Schritt Nr. 6: Der «Mir graut vor dir»-Faktor

Für Liebe gibt es sogar eine noch viel grundsätzlichere Vorbedingung als gemeinsame Aktivitäten. Es handelt sich dabei um etwas so Offensichtliches, daß es mir fast schon peinlich ist, es überhaupt zu erwähnen. Da ich jedoch die Erfahrung gemacht habe, daß sich auch die nachfolgende Frage für viele Menschen als hilfreich erwiesen hat, will ich sie Ihnen nicht vorenthalten. Sie können sich in niemanden verlieben, der Sie abstößt, anwidert oder den Sie gar verachten. Wenn Sie also wissen wollen, wie es um Ihre Beziehung steht, sollten Sie in Ihrer Diagnose auch prüfen, ob Sie sich von Ihrem Partner irgendwie abgestoßen fühlen.

Diagnostische Frage Nr. 6:
Würden Sie sagen, daß Ihr Partner grundsätzlich nett, hinreichend intelligent und nicht allzu neurotisch ist und daß er ganz gut aussieht und die meiste Zeit nicht unangenehm riecht?

Das ist eine ganz einfache Frage. Ich bin sicher, daß Sie – wie die meisten Menschen, die in einer Beziehungsambivalenz festsitzen – Ihre unerfüllten Bedürfnisse und ungelösten Probleme kennen. Aber trotz all dieser Schwierigkeiten sollten Sie ein viel grundlegenderes Thema nicht aus den Augen verlieren. Nehmen wir an, Sie haben alles, was Sie sich wünschen, und alle Probleme wären gelöst – würde der Anblick Ihres Partners dann noch immer und trotzdem Widerwillen in Ihnen auslösen?

Für die Beantwortung dieser Frage gibt es keine allgemein verbindlichen Kriterien; es ist allein Ihr Maßstab, der zählt. Es geht nicht darum, daß Ihr Partner irgendwelchen hochgeschraubten Erwartungen entsprechen müßte, sondern allein darum, daß er Ihnen grundsätzlich entspricht. Schließlich suchen Sie nicht den wunderbarsten Menschen auf diesem Erdball, sondern einfach nur eine animalisch-körperliche Entsprechung – wobei ich den Begriff «animalisch» im eigentlichen Sinne des Wortes verstanden wissen will.

Würden Sie also sagen, daß Ihr Partner ein grundsätzlich netter Mensch ist? Ich frage damit nicht danach, ob er das größte Herz aller Zeiten hat und stets zuvorkommend ist, vielmehr meine ich damit, ob Sie das Gefühl haben, daß er nicht zu den Menschen gehört, die sich ständig das letzte Stück Kuchen schnappen?

Und würden Sie auch sagen, daß Ihnen Ihr Partner in puncto Klugheit entspricht? Dafür muß er weder ein Genie sein noch muß er sich durch überragende Fähigkeiten in einem bestimmten Gebiet auszeichnen. Es ist ausreichend, wenn er über einen gesunden Menschenverstand verfügt, der ihn zu einem verläßlichen Partner macht, den Sie respektieren können.

Und würden Sie sagen, daß Ihr Partner eine einigermaßen gesunde und normale Persönlichkeit hat (oder zumindest nicht verdrehter als die meisten anderen Menschen ist)? Natürlich, wir haben alle unsere Macken, und daher frage ich hier auch nicht, ob der Partner frei von emotionalem Ballast oder psychologischen Eigenarten ist. Wenn Sie allerdings an Jack Nicholson in «The Shining» oder an Glenn Close in «Fatal Attraction» denken, sollten Sie sicher sein, daß Ihr Partner so nicht ist.

Würden Sie außerdem sagen, daß Ihr Partner immer noch ganz gut aussieht? Natürlich geht es bei den meisten Menschen, wenn sie die Vierundzwanzig überschritten haben, immer nur bergab. Aber das menschliche Herz ist sehr großzügig, und das menschliche Auge findet überall Schönheit. Würden Sie daher alles in allem sagen, daß Ihnen Ihr Partner äußerlich gefällt?

Und schließlich: Können Sie Ihren Partner – im wahrsten Sinne des Wortes – riechen? Es ist vielleicht schwer vorstellbar, aber der Geruchssinn ist der emotional stärkste aller Sinne. Ihr Partner muß nicht stets frisch parfümiert herumlaufen, aber Sie sollten seinen Geruch mögen.

Nehmen wir an, Ihre Antwort auf Frage Nr. 6 lautet «Ja», dann reden wir jetzt über diese Antwort. Ein «Ja» ist ein gutes Zeichen.

Richtlinie Nr. 6

Wenn Sie sagen können, daß Sie Ihren Partner einigermaßen nett, klug, vernünftig und nicht gerade häßlich finden und er darüber hinaus für Sie angenehm riecht, dann steht Ihrem Miteinander ein schier unüberwindliches Hindernis weniger im Weg. Wenn Sie auf diese Frage mit «Ja» antworten, ist eine wichtige Vorbedingung für die Liebe erfüllt.

Kurzfassung: Man kann einfach niemanden lieben, der geizig, dumm, verrückt und häßlich ist und der stinkt.

Wir verlieben uns in jemanden, weil der andere etwas Bestimmtes und Besonderes an sich hat, was uns in seinen Bann zieht. Wir fühlen uns zueinander hingezogen und voneinander angezogen, als seien wir Elemente eines magischen chemischen Prozesses. Dieser Prozeß findet jedoch nur dann statt, wenn gewisse Vorbedingungen erfüllt sind, die wir ganz instinktiv erfassen. Bevor wir uns verlieben, auch wenn scheinbar der berühmte erste Blick gereicht hat, haben wir von unserem Instinkt das Signal erhalten, daß der andere sich für uns grundsätzlich eignet. Das ist eine so grundlegende Sache, daß wir sie meist vergessen. Frage Nr. 6 ist eine Erinnerung daran.

Und wenn die Antwort «Nein» lautet? In den meisten Fällen erweist sich dieses Nein als ein nicht notwendigerweise schlechtes Zeichen für die Partnerschaft, denn viele «Nein»-Antworten meiner Klienten auf diese Frage sind irreführend. Immerhin stekken sie ja mitten in einer Beziehungsambivalenz. Oft haben sie ein riesiges Arsenal an negativen Aussagen über den Partner zusammengetragen und dennoch bisher ihre Liebe nicht aufgegeben. In dieser Situation stürzen sie sich häufig auf jedes weitere Argument, mit dem sie belegen können, daß ihre Beziehung zu schlecht sei, um zu bleiben.

Wenn man auf Frage Nr. 6 daher mit «Nein» antwortet, ist das oft ein sehr wütendes, enttäuschtes, vorwurfsvolles «Nein» – ein «Nein», das von Verletztheit und Enttäuschung gefärbt ist. Man hat vielleicht das Gefühl, der andere sei nicht nett, weil er so wütend ist und man gerade furchtbar gestritten hat. Man meint, er sei dumm, weil er nicht begreift, wie man sich fühlt, man hält ihn für verrückt, weil seine Gefühle keinen Sinn ergeben, und für häßlich, weil er – verdammt nochmal – versprochen hat, er würde abnehmen und es doch wieder nicht geschafft hat. Und außerdem stinkt er, weil er … nun, weil sein Benehmen zum Himmel stinkt. Ein solches «Nein» ist Ausdruck von Kummer und Wut, aber diagnostisch wenig sinnvoll. Es entspringt einer momentanen Stimmung und kann nicht als ein zuverlässiger Indikator für den Zustand der Beziehung gewertet werden.

Ein absolut sicheres «Nein»

Ab und zu wird die Frage Nr. 6 aber auch so beantwortet: Die Betroffenen denken eine Weile nach, nehmen sich genügend Zeit, um sicherzugehen, daß sie nicht aus einer momentanen Laune heraus handeln, und plötzlich ist es ihnen ganz klar. Sie geben ein resigniertes, aber absolut sicheres «Nein» von sich. Es geschieht selten, aber wenn man diese unmißverständliche Antwort erhält, dann ist das ein sicheres Zeichen für grundsätzliche Unstimmigkeit. Wenn Sie der eigenen Beziehung ins Gesicht blicken und Sie dann – ungetrübt von oberflächlichen Verletzungen und Wut – das Grauen packt, dann werden Sie sich vermutlich besser fühlen, wenn Sie sich für eine Trennung entscheiden.

Lindas Geschichte

Lassen Sie mich die Geschichte von Linda erzählen: Ich habe mit ihr gearbeitet, als sie mit einem sehr reichen Mann verheiratet war. Kraß gesagt, der Junge hatte so viel Knete, daß eine Menge Leute wie die Kletten an ihm hingen, obwohl die Beziehungen alle völlig unbefriedigend waren. Linda gehörte zu diesem Personenkreis. Ich stellte Linda Frage Nr. 6, und sie wußte ohne den geringsten Zweifel, daß dieser Typ ein geiziger, dummer, beknackter und häßlicher Bastard war, der außerdem stank. Sie war sehr unglücklich mit ihm, aber er hatte einfach zuviel Geld, um ihn einfach sausenzulassen. Als ihm eines Tages ein größeres Geschäft platzte und sein Nettowert unter fünf Millionen sank, verließ ihn Linda schließlich. Sie meinte dazu, jetzt sei er einfach nicht mehr reich genug, um sich mit ihm abzufinden. Man braucht mehr als fünf Millionen, um das Leben mit jemandem erträglich zu machen, wenn man auf diese Frage mit «Nein» antwortet.

Zugegeben – eine krasse Geschichte, aber die Klarheit daran ist großartig.

6

Du hast mich fest im Griff

Thema: Macht – wenn der andere herrschsüchtig ist, rechthaberisch, dominierend, anspruchsvoll …

«Ich werde einfach nicht mit ihr fertig…», «Er ist aber auch unmöglich…», «Jeden Tag, wenn ich darauf warte, daß er von der Arbeit nach Hause kommt, krampft sich mir der Magen zusammen…»

Das sind Sätze, die ich sehr häufig von Menschen höre, deren Beziehung zu schlecht ist, um sie aufrechtzuerhalten. Etwas an ihrem Partner frustriert sie, verwirrt und überfordert sie, und das macht ihr Leben unerträglich. Dieses Etwas hat mit Macht zu tun. Man versteht wohl instinktiv, daß es Beziehungen gibt, in denen der eine eine so überwältigende und destruktive Macht ausübt, daß man einfach nur noch gehen kann. Damit befassen wir uns in diesem Kapitel.

Die Wirbelsturm-Saison

Haben Sie schon einmal einen Wirbelsturm miterlebt? Ich kann darauf mit «Ja» antworten: Der Wind blies so stark, daß ich nicht in die Richtung gehen konnte, in die ich wollte. Es gelang mir kaum oder überhaupt nicht, aufrecht zu bleiben, und ich konnte es kaum verhindern, vom Wind in die Richtung getragen zu werden, in die er blies. Ich wollte den Sturm nicht besiegen, ich wollte bloß in die von mir gewählte Richtung gehen. Aber es fühlte sich an, als wolle der Sturm mich besiegen.

Stellen wir uns vor, man verliebt sich in einen solchen Wind, ehe er so stark anschwillt und solange er noch eine milde kleine

Tropenbrise ist – so verlaufen nämlich viele Beziehungen. Fast keine zeigt gleich von Anfang an ihre wahre Kapazität für Macht. Selbst junge Frauen, die sich mit wohlhabenden, einflußreichen älteren Männern einlassen, finden, daß die Typen in den Anfangstagen sehr vorsichtig mit ihrer ungeheuren Durchsetzungsfähigkeit umgehen. Alles ist noch sehr angenehm. Doch das ist die Ruhe vor dem Sturm.

Wenn ich Klienten mit Beziehungsambivalenz frage, was sie am stärksten zum Gehen bewegen würde, höre ich häufig etwas über Macht – aber oft, ohne daß dieses Wort überhaupt erwähnt wird. Menschliche Erfahrungen sind natürlich verschieden, aber hören wir uns die folgende Stimme eines Mannes an, der genau den Kern dessen trifft, mit dem sich eine Menge Menschen abmühen:

> «Meine Freunde haben mir erzählt, daß ich vor Jahren einmal gesagt hätte, ich wollte nur eine starke Frau heiraten, und das ist mir mit Sicherheit auch gelungen. Aber Gwendolyn ist mehr, als ich bewältigen kann. Sie ist in allem absolut leidenschaftlich – was manchmal in Wahnsinn oder grenzenlose Wut ausufert. Außerdem hat sie jede Menge Tricks auf Lager. Damit meine ich, daß sie einem vielleicht eine öffentliche Szene macht, wenn sie merkt, daß die Dinge nicht nach ihrem Plan laufen. Oder sie gewinnt, indem sie mich dastehen läßt wie einen Idioten, nur weil ich etwas anderes will. Sie hat außerdem immer so viele Argumente für ihre Seite, daß ich mir stets wie ein Narr vorkomme, wenn ich überhaupt etwas anmelde.»

Es kann sehr erschöpfend und demoralisierend sein, mit so einem Partner zu leben. Aber wenn Sie sich selbst im Zustand der Beziehungsambivalenz befinden, wissen Sie, wie schwer man sich damit tut, zu erkennen, wann der Partner die Grenze vom Einfach-nur-schwierig-Sein zum Unerträglich-Werden überschreitet. Nicht zu wissen, daß eine solche Trennungslinie existiert und wo sie verläuft, sowie das Gefühl, kein Recht darauf zu haben, eine solche Grenze festzulegen, verstärkt Ihre Unentschiedenheit jedoch nur.

Genau dieses Problem wollen wir uns hier vornehmen: Sie

werden herausfinden, ob es Ihnen möglich ist, mit dem Machtanspruch Ihres Partners umzugehen, oder ob das Machtproblem in Ihrer Beziehung so schwerwiegend ist, daß eine Trennung angeraten erscheint.

Fangen wir mit einem Beispiel an, das uns den Bezugsrahmen liefert, an den wir immer wieder anknüpfen können.

Rosemaries Geschichte

Als Rosemarie und Winfried zum ersten Mal zu mir kamen, beschrieben sie ihr Problem selbst als «Winfrieds Unwilligkeit, Rosemarie angemessen zu berücksichtigen». Dem ersten Anschein nach sah es so aus, als seien sie eines jener Paare, bei denen ein unsensibler Mann und eine übersensible Frau zusammentreffen. Aber Winfried war eine Dampfwalze – und was heißt es im Vergleich *dazu*, übersensibel zu sein? Wenn Winfried etwas wollte, dann passierte es auch. Wenn er etwas nicht wollte, gab es das auch nicht. Winfried war ein Naturereignis.

Rosemarie hatte sich das eine ganze Weile lang gefallen lassen. Sie hielt Winfrieds Machtansprüche für typisch männlich und nahm sie sozusagen als naturgegeben hin. Als erfolgreicher Unternehmer verdiente er gutes Geld und war daran gewöhnt, das Sagen zu haben. Da er durch sein Geschäft stark beansprucht war, konnte er, was immer er auch wollte, durchsetzen, indem er darauf verwies, daß es «für das Restaurant» unbedingt notwendig sei. Oberflächlich betrachtet behandelte Winfried Rosemarie durchaus mit Respekt. Er schätzte sie als eine gebildete, verständige und kultivierte Frau. Rosemarie hingegen fühlte, daß die unausgesprochene Bedingung für seinen Respekt ihre Bereitschaft war, sich seinem Willen anzupassen. Sobald sie es wagen würde, ihn herauszufordern und mit ihm in den Ring zu steigen, würde sie seine Wertschätzung aufs Spiel setzen. Erschwerend kam hinzu, daß Winfried nicht nur der Ehemann von Rosemarie, sondern in gewisser Hinsicht auch ihr Chef war, weil sie als Steuerberaterin auch die Bücher seines Restaurants führte.

Das also war Rosemaries Dilemma: War Winfried einfach nur ein hartnäckiger, zäher und scheinbar unbeugsamer Verhandlungspartner, der im Grunde nur für das Wohl seines Betriebes einstand, oder aber ging in ihm etwas ganz anderes vor? War es denkbar, daß Winfried von einem unstillbaren Verlangen beherrscht wurde, das ihm keine Ruhe ließ, solange er nicht alles und jedes seinem Willen unterworfen hatte? War Winfried wirklich der Sklave seines Restaurants, oder war er der Tyrann von Rosemarie? Würde sie an seiner Seite jemals die Chance erhalten, frei zu atmen?

Schauen wir uns an, wie selbstherrlich Winfried mit Rosemarie umsprang. Ein Vorfall sticht für Rosemarie besonders hervor, weil sie durch ihn die Wahrheit über Winfrieds Charakter erkannte.

Im Verlauf der Beratung hatten wir eine überlange Sitzung, in der Rosemarie versuchte, Winfried klarzumachen, wie alles in ihrer Beziehung darauf hinauslief, daß er stets das bekam, was er wollte, während sie nichts von dem erreichte, was *sie* wollte. Vielleicht stimmte das nicht hundertprozentig, aber so fühlte sich Rosemarie zumindest.

Winfried wollte sich rechtfertigen und sagte: «Zum Beispiel Sex. Wir haben nie miteinander geschlafen, wenn du es nicht wolltest.»

«Ich will dich hier nicht der Vergewaltigung bezichtigen», antwortete Rosemarie, «ich sage nur, daß du am Ende immer gewinnst. Ich wollte eigentlich auch nicht über Sex reden, aber wenn wir schon dabei sind, du dominierst auch diesen Bereich. Unser Sexualleben ist abhängig von deinen Launen, deinem Tagesablauf und deiner Fähigkeit, bei mir Schuldgefühle zu erzeugen. Wenn du entschieden hast, daß du Sex haben willst, ergreifst du die Initiative, und gleichzeitig vermittelst du mir das Gefühl, irgendwie komisch zu sein, wenn ich den ersten Schritt dazu tue. Selbst jetzt, in diesem Augenblick, geht es nach dir. Wir reden über Sex, obwohl ich gar nicht über Sex reden wollte. Woher nimmst du die Macht, mir ein Gespräch über Sex aufzuzwingen, obwohl Sex überhaupt nicht unser Thema war, es ging doch eigentlich darum, daß du immer alles bekommst, wann und wie du es willst.»

Vielleicht wollte Winfried in meinen Augen nicht ganz so

schlecht dastehen, denn er war plötzlich ganz begierig, all das zu erfahren, was er bisher immer «falsch» gemacht hatte. Also zählte Rosemarie eine ganze Litanei von Vorfällen auf, in denen Winfried sie gedrängt und überredet hatte. Sie ließ nichts ungesagt: Von der Frage, warum sie immer noch keine Kinder hatten, obwohl Rosemarie welche wollte, bis hin zu Winfrieds Eigenart, ihre Arbeit als Steuerberaterin zu kontrollieren.

Es schien, als würden Winfried die Schuppen von den Augen fallen. Er wirkte regelrecht zerknirscht und schlug vor: «Sag mir in Zukunft jedesmal, wenn ich Druck ausübe, und ich will versuchen, mich zu bessern. In Ordnung?»

Rosemarie hoffte, sie sei endlich zu ihm durchgedrungen. Immer noch in der Sicherheit des therapeutischen Raums, sagte sie: «Gut. Anschließend an diese Sitzung will ich sofort nach Hause, um mich umzuziehen und mich für das erste Treffen mit einem neuen Klienten zurechtzumachen. Ist das für dich ein Problem?» Es war für Winfried in Ordnung.

Doch ich erfuhr später, daß Winfried im Auto auf der Heimfahrt angefangen hatte, sie zu drängen, schnell noch im Restaurant vorbeizuschauen, um nach dem Rechten zu sehen. «Außerdem», hatte Winfried gesagt, «brauchst du dich doch gar nicht umzuziehen.» Da beschlich Rosemarie das unheimliche Gefühl, daß er ihr absichtlich etwas vorgemacht hatte. Es ging ihm nicht wirklich darum, noch schnell einen Blick in das Restaurant zu werfen, sondern allein darum, nicht nachgeben zu müssen. Wenn sie wirklich gleich nach Hause gefahren wären, hätte Rosemarie «gewonnen», und Winfried reagierte wie eine Maschine, die ausschließlich darauf programmiert war, einen solchen Sieg um jeden Preis zu verhindern.

Versteckte Macht

Aber gibt man eine Beziehung auf, nur weil der andere eine Verabredung «abändert»? Rosemarie hatte sich Fragen wie diese wohl schon hundertmal gestellt. Macht ist eben ein bißchen wie der Wind – sie ist nicht sichtbar, auch wenn sie die Beziehung umweht.

Wir müssen verstehen lernen, wie Macht im verborgenen

wirkt, wenn wir sie erkennen wollen. Es gibt mehrere Gründe, warum wir die Spiele der Macht in einer Beziehung wie ein anstößiges kleines Geheimnis verdecken, warum wir sie vor dem anderen und vor uns selbst geheimhalten.

Macht contra Liebe. Erstens, Macht scheint die völlige Antithese zum Konzept von Liebe zu sein. Wir meinen, daß Macht kaum besser in den Liebeskontext hineinpaßt als Sex in die Kirche. Wenn zwei Menschen sich näherkommen und der Himmel voller Geigen hängt – wer mag dann schon daran denken, daß der Kampf um die Macht eines Tages zu einem realen Problem werden könnte?

Kein Wunder, daß wir im Reich der Liebe der Macht gegenüber so blind sind. Es ist ein erschreckender Gedanke: «Wenn ich an Macht auch nur denke, heißt das, daß die Liebe tot ist, und dem kann ich mich nicht stellen.» Zwar behalten wir uns das Recht vor, uns endlos über den Partner zu beklagen, ihn sogar kontrollierend zu nennen, aber wir würden uns niemals eingestehen, daß wir mit diesen Vorwürfen auch unsere Machtansprüche verteidigen – viel zu sehr haben wir verinnerlicht, daß Macht und Liebe einander ausschließen.

Aber wenn wir ehrlich sind und die Welt so betrachten, wie sie wirklich ist – und nicht so, wie wir sie vielleicht gerne hätten –, dann erkennen wir, daß es in Beziehungen sehr oft um Macht geht.

Macht und Scham. Der andere Grund, warum man nur selten über Macht redet, ist Scham. Stellen wir uns nur vor, wie sich Rosemarie – eine kluge und eigenständige Frau – gefühlt haben muß, als sie sich eingestand, daß sie Winfrieds Willen nichts entgegenzusetzen hatte. Abgesehen vom Umgang mit einem Neugeborenen, einem Teenager oder einem Chef, gibt wohl niemand gerne zu, daß er sich machtlos fühlt. Ein solches Eingeständnis ist peinlich, weil es zum einen bedeutet, daß man selbst gerne mächtiger wäre, und zum anderen demütigend, weil es die eigene Schwäche bloßlegt.

Deswegen reden Männer schon mal gar nicht darüber, wenn

sie sich ihren Frauen gegenüber machtlos fühlen. Aber auch Frauen stellen sich heutzutage nur widerstrebend als hilflose Opfer dar.

Leider sitzen aber die Frauen hier wirklich in der Klemme. Wir schämen uns zwar, machtlos zu sein, aber wir schämen uns auch, wenn wir Macht haben, Macht wollen oder schätzen. Auch das Frauenbild der heutigen Gesellschaft ist noch immer davon geprägt, daß eine Frau kooperativ und ausgleichend zu sein hat. Das bedeutet, daß jede Frau, die ihren Machtanspruch offensiv verteidigt und die von ihrer Macht Gebrauch macht, nicht der Norm entspricht. Wenn einen aber sowohl Machtlosigkeit als auch Macht mit Scham erfüllt, dann gibt es aus psychologischer Sicht nur noch eine Ausweichstrategie, nämlich: den Gedanken an Macht gänzlich zu verdrängen.

Wenn es dann innerhalb einer Beziehung zu Problemen kommt, die durch das Machtstreben des Partners verursacht sind, bleibt vielen Frauen die eigentliche Wurzel ihrer Enttäuschung, Verwirrung und ihres Unglücks verborgen.

Aber es gibt auch etwas Gutes über die Macht zu sagen. Wenn Sie ihr ins Auge blicken, können Sie nicht verlieren: Entweder entdecken Sie eine unversöhnliche Gegensätzlichkeit zwischen Ihrem Selbstbehauptungswillen und dem Machtanspuch Ihres Partners – dann wissen Sie, daß Sie glücklicher werden, wenn Sie sich trennen; oder aber Sie erkennen, daß das zwischen Ihnen bestehende Machtverhältnis keineswegs so unausgewogen ist. In diesem Fall lernen Sie, daß das bloße Vorhandensein von Machtansprüchen Ihre Beziehung noch keineswegs zu schlecht macht, um zu bleiben. Im Gegenteil, Sie werden feststellen, daß auch Machtprobleme lösbar sind.

Schritt Nr. 7: Machtmenschen

Wie um alles in der Welt dringt die Macht in unser Liebesnest ein? Ganz einfach: Sie ist immer um uns. Es gibt keine Möglichkeit, eine Beziehung ohne Machtkämpfe zu leben; es sei denn, man verhielte sich wie Marty und sein Kumpan in der berühmten Szene aus dem Fünfziger-Jahre-Film *Marty*, wo es zu folgendem Dialog kommt:

«Was willst du machen?»
«Weiß nicht. Was willst du machen?»
«Weiß nicht. Was willst du machen?»
«Weiß nicht. Was willst du...?»
Alles klar?

Tatsache ist, daß man von dem Tag an, an dem man seinem Partner begegnet, Entscheidungen treffen muß, wie und was man tut. Jede einzelne Entscheidung ist ein fruchtbarer Boden für einen Machtkampf, weil bei jeder einzelnen Entscheidung geklärt werden muß, wer etwas anpackt und wessen Bedürfnisse berücksichtigt werden.

Die Machtfrage ist bei allen Entscheidungen involviert, sie stellt sich, wenn es darum geht, wo man sich bei der ersten Verabredung trifft, wann und wie man miteinander schläft, wer unter welchen Umständen brüllen darf, ob und wohin man in Urlaub fährt, wieviel Geld man auf die hohe Kante legt, wie lange das Baby schreien darf, bis es Trost braucht, und wie spät man von der Arbeit nach Hause kommen darf, ohne sich rechtfertigen zu müssen... *Einfach alles und jedes ist ein potentieller Auslöser für einen Machtkampf.*

Kein Wunder, daß sich auch Menschen in den stabilsten Beziehungen streiten: Zwischen ihnen ist das Machtverhältnis gut ausbalanciert, und von Zeit zu Zeit ringen sie einfach darum, wer von beiden sich durchsetzen kann. Wenn man den Prozeß der Entscheidungsfindung bei einem durchschnittlichen Paar beobachtet, sieht man häufig, daß die Bereiche, für die sich der einzelne verantwortlich fühlt, klar abgegrenzt sind. Das kann zum Beispiel so aussehen: Einer verwaltet das Geld, und der andere ergreift die Initiative, wenn es um die Liebe geht.

Manchmal regeln Partner dies auch auf der Grundlage von Einzelbedürfnissen: Wer sich am meisten für etwas einsetzt, trifft auch die Entscheidung.

Wieder andere Paare balancieren das Gleichgewicht untereinander immer wieder neu aus: Weil der eine am Donnerstagabend entschieden hat, was im Fernsehen angeschaut wurde, kann der andere es am Sonntagabend bestimmen.

In manchen Fällen beeinflussen auch besondere Kenntnisse

oder Fähigkeiten die Entscheidung: Wer etwas am besten erledigen kann, trifft auch Entscheidungen darüber.

Die meisten Menschen lösen ihre Machtkonflikte, indem sie auf eine oder mehrere der hier vorgestellten Methoden zurückgreifen. Ein solch faires Vorgehen schließt auch Streit nicht aus, denn es geht ja darum, herauszufinden, was für wen am wichtigsten ist.

Es gibt jedoch auch Menschen, die sich keiner dieser Regeln unterwerfen. Mit ihnen – ich nenne sie Machtmenschen – kann man keine Beziehung führen, die gut genug wäre, um zu bleiben. Machtmenschen unterscheiden sich ganz grundsätzlich von allen anderen. In einer gewöhnlichen Beziehung bemühen sich beide Seiten, den jeweiligen Bedürfnissen des Partners gerecht zu werden. Nicht so in einer Beziehung mit einem Machtmenschen. Er läßt keines Ihrer Bedürfnisse gelten, weil jedes einzelne eine Bedrohung für seine Macht darstellt. Er hat nie den Ausgleich von Interessen im Sinn, weil sein einziges Interesse die Durchsetzung des eigenen Willens ist.

Hier die Frage, mit der man diesen Unterschied erkundet:

••

Diagnostische Frage Nr. 7:
Macht Ihr Partner jedesmal ein Problem daraus, wenn Sie auch nur eine Kleinigkeit für sich beanspruchen; und fallen Ihre Bedürfnisse fast immer unter den Tisch; und erfordert die Durchsetzung Ihrer Bedürfnisse immer einen solchen Kraftakt, daß Sie schließlich das Gefühl bekommen, das alles sei die Sache nicht wert?

••

Man muß bei dieser Frage vieles bedenken und vorsichtig sein, denn Menschen, die sich in einer Beziehungskrise befinden, neigen dazu, sich so sehr über ihren Partner zu ärgern, daß sie schnell einmal eine starke Persönlichkeit mit einem echten Machtmenschen verwechseln. Im Folgenden will ich die Unterschiede nochmals deutlich herausarbeiten:

Perspektiven: Machtmenschen

Wer also sind diese Machtmenschen, um die es in Frage Nr. 7 geht? Woher kommen sie, und was macht sie zu dem, was sie sind?

Machtentstehung

Es gibt zwei wesentliche Faktoren, die häufig die Kindheit und Jugend von Machtmenschen prägen. Einmal kann es sein, daß ihre eigenen Eltern oder andere einflußreiche Angehörige auf die eine oder andere Weise große Macht auf sie ausgeübt haben. Die Kinder wachsen dann mit dem Gefühl heran, daß die Anhäufung von eigener Macht die einzige Chance ist, um zu überleben. Sie lernen die Regel: Tu alles, was nötig ist, um zu gewinnen. Die Macht der Eltern beruht dabei nicht notwendigerweise darauf, daß sie ihre Kinder einem strengen Regiment unterwerfen. Sie können auch Macht ausüben, wenn sie unaufhörlich intensiv emotional sind, wenn sie die Persönlichkeitsrechte ihrer Kinder verletzen, wenn sie einfach nur exzentrisch sind oder wenn sie ihrem Kind das Gefühl vermitteln, ein Idiot zu sein. Die Kinder solcher Eltern realisieren schnell, daß Kooperation unmöglich ist. Die einzigen Alternativen, die dann noch bleiben, sind Sieg oder Flucht.

Es kann jedoch auch sein, daß sich Kinder und Jugendliche zu ausgeprägten Machtmenschen entwickeln, weil ihnen ständig die Wirksamkeit von Macht vorgelebt wurde. Die Kinder lernen am Beispiel von Eltern, Lehrern und anderen, wie man sich mächtig verhält, und daß man immer gewinnt, wenn man sich so verhält. Diese Lektion gibt ihnen einen Vorteil. Wir alle betonen unsere Stärken im Leben – Intelligenz, Charme, Schönheit, Energie oder was auch immer. Das bedeutet, daß wir beim Übergang von der Kindheit ins Erwachsenenleben diejenigen Stärken ausbauen, mit denen wir anfingen. Und Machtmenschen begannen damit, daß sie lernten, mächtig zu sein. Da sie sich ihre Lektionen gut gemerkt haben, entwickeln sie schnell weitere Machtstrategien.

Ein Talent für Machtspiele

Damit sich ein Mensch wirklich zum Machtmenschen entwikkelt, bedarf es neben den erlernten Fähigkeiten jedoch auch einer persönlichen Prädisposition. In der bekannten Debatte «Veranlagung versus Umwelt» heißt die richtige Antwort stets: beides. Das trifft auch auf Machtmenschen zu. Ihnen wurde ein gewisses Talent zur Macht in die Wiege gelegt.

Ich arbeite seit Jahren mit Einzelpersonen in verschiedenen Konstellationen, in denen es auch um Macht geht, und ein Talent zur Macht ist in einer Beziehung ebenso spürbar wie ein musikalisches Talent in einem Schulorchester. Jeder, der in einer größeren Organisation arbeitet, weiß genau, wer im Kollegenkreis ein Talent für Macht hat und wer nicht.

Menschen, die über dieses Talent verfügen, zeichnen sich dadurch aus, daß sie die Macht ergreifen können, wenn es die Situation zuläßt, während Menschen, die dieses Talent nicht haben, in keiner Situation fähig sind, Macht zu übernehmen und auszuüben. Dieses Talent allein macht jedoch noch niemand zu einem beziehungsunfähigen Machtmenschen. Erst wenn das Talent den Menschen beherrscht und versklavt, dann gibt es für ihn selbst und seine Mitmenschen Ärger. Machtmenschen haben keinen Kontakt zu ihrem Bedürfnis, Kontrolle auszuüben.

Die Umstände

Zu Talent und Fähigkeiten gesellen sich dann häufig noch Umstände, die Machtmenschen begünstigen. Manchmal sind es ganz einfach die praktischen Lebensumstände, die Menschen eine Macht verleihen, über die sie andernfalls innerhalb ihrer Beziehung nicht verfügen würden. Meist gründet sich diese Macht auf ihre Arbeit.

Wenn der Partner beispielsweise in einer Funktion arbeitet, in der er Nothilfe leistet – sei es als Feuerwehrmann oder Notarzt –, dann sind die beruflichen Anforderungen stets ein überzeugendes Argument, um alles durchzusetzen, was man will. «Du mußt dieses oder jenes tun, weil ich es für meine Arbeit brauche» oder «Du mußt darauf verzichten, weil ich es mit meiner Arbeitssituation nicht vereinbaren kann». Solche Arbeits- und Lebensbedingungen belasten jede Beziehung, aber in einer Partnerschaft mit einem Machtmenschen vermehren sie dessen Macht.

Es gibt eine überraschend hohe Zahl von Umständen, die Menschen Macht verleihen: der Besitz einer Firma, eine einflußreiche Position in der Finanzwelt, politische Verantwortung oder die Ausübung von zwei Berufen, weil das Geld sonst nicht reicht. Manchmal ist es schon ausreichend, wenn nur der Chef des Partners ein ausgeprägter Machtmensch ist und solchen Druck ausübt, daß man schließlich das Gefühl bekommt, selbst mit einem Machtmenschen verheiratet zu sein.

Ich habe einmal mit einer Frau gearbeitet, die durch ihre Schwangerschaft zu echter Macht gelangte. Sie war mit einem Kriminellen verheiratet, der sie gewöhnlich ignorierte und sich kaum um sie kümmerte, aber als sie schwanger wurde, stellte sie zu ihrem größten Erstaunen fest, daß er ihr beinahe jeden Wunsch erfüllte. Leider dauerte ihre neue Macht nur bis zu dem Tag, als sie ein gesundes Baby aus der Klinik nach Hause brachte.

Es ist allerdings sehr wichtig, zwischen äußeren Umständen, die eine Machtdynamik in Gang setzen, und einer Machtperson zu unterscheiden, die die Umstände nutzt, um weitere Macht zu erringen.

Eine andere Verhaltensweise, die typisch für einen Machtmenschen ist, ist seine unermüdliche Bereitschaft, sich für alles einzusetzen. Das klingt vielleicht komisch, bis man darüber nachdenkt.

Nehmen wir an, es geht um die Entscheidung, was es zum Abendessen gibt. Dem einen in der Beziehung ist es ziemlich egal, dem anderen hingegen unendlich wichtig. Er verlangt mit Nachdruck bestimmte Gemüsesorten, die auf eine spezielle Art zubereitet werden müssen, und verabscheut bestimmte Milchprodukte. Raten Sie mal, was es am Ende zu essen gibt?

Der eine in der Beziehung schert sich nicht groß darum, wie der Liebesakt ausfällt. Der andere hingegen hat eine ganze

Liste von Dingen parat, die zu geschehen haben oder tabu sind. Raten Sie mal, wer bestimmt, wie geliebt wird?

Der eine in einer Beziehung geht mit den Kindern sehr locker um, der andere vertritt leidenschaftlich eine ganze Reihe von Regeln und Einschränkungen. Raten Sie mal, wer Einfluß auf die Kindererziehung ausübt?

Auch jemand, der in einer Beziehung kein Machtmensch ist, kann sehr mächtig sein, je mehr Meinungen er vertritt und je leidenschaftlicher diese vertreten werden. Aber mit einer solchen Person kann man immerhin darüber reden, welche Dynamik er in Gang setzt, wenn alles und jedes für ihn eine solche Wichtigkeit hat. Ein Machtmensch setzt sich nicht nur entschieden für eine bestimmte Sache ein, sondern er nimmt sie zum Anlaß, um seine Macht auszubauen.

Alle diese Beispiele sollen Ihnen ein Gefühl dafür geben, was damit gemeint sein kann, wenn ich von einer Beziehung mit einem Machtmenschen spreche. Leben Sie mit einem Partner, der mit einem Hunger nach Macht aufwuchs, der schon als Kleinkind von seinen Eltern erfuhr, was Macht bedeutet, der ein Talent für Macht hat, der viel weiter geht, als Sie jemals gehen würden, um Macht zu erlangen, der sich ununterbrochen leidenschaftlich für etwas Bestimmtes einsetzt?

Für so jemanden kann man leicht völlig unsichtbar werden.

Machtmenschen in Aktion

Sie wissen jetzt, daß es bei der Beantwortung von Frage Nr. 7 darum geht, ob Sie mit einem Machtmenschen zusammenleben oder nicht.

Für Rosemarie war das mit Sicherheit zutreffend. Die Tatsache, daß Winfried ganz plözlich noch beim Restaurant vorbeischauen mußte, obwohl es für Rosemarie sehr wichtig war, gleich nach Hause zu fahren, ist für sich allein genommen vielleicht nicht besonders signifikant, aber sie erkannte durch diesen Vorfall eine Wahrheit, die für jeden Tag ihres Lebens mit Winfried Gültigkeit hatte: Winfried setzte sich nicht nur dafür ein, seine Bedürfnisse zu befriedigen, sondern vor allem dafür, seine Macht aufrechtzuerhalten.

Das Vorbeischauen im Restaurant schien völlig unnötig. Aber Machtmenschen kämpfen oft für Dinge, die scheinbar belanglos sind, denn aus der Perspektive ihres Bedürfnisses nach Macht ist einfach nichts ohne Belang.

Für Sie als Nicht-Machtmensch ergibt sich daraus folgendes Problem. Sie können zwar sehr leicht begreifen, daß Ihr Partner ein bestimmtes Bedürfnis hat, aber Sie tun sich schwer damit, zu erkennen, daß er Macht braucht. Und genau aus diesem Grund ist es so kompliziert, zu durchschauen, was eigentlich geschieht, wenn man mit einem Machtmenschen zusammenlebt.

Nehmen wir einmal an, Sie leben mit einem Machtmenschen zusammen und versuchen, sich selbst durchzusetzen. Sie wollen eigentlich nur, daß ein paar Ihrer Bedürfnisse erfüllt werden, wie Rosemarie, die auf dem schnellsten Weg nach Hause wollte, um sich noch umziehen zu können. Wenn Sie verstehen wollen, was jetzt passiert, müssen Sie sich zunächst vorstellen, wie der Verstand eines Machtmenschen funktioniert. Da ihm selbst soviel an Macht liegt, kann er sich nicht vorstellen, daß der andere nicht genauso denkt. Da alles, was er will, Macht ist, nimmt er an, daß auch alles, was Sie wollen, Macht ist. Er deutet Ihre Handlungen auf der Grundlage des eigenen Verhaltensmusters. Und das heißt mit anderen Worten: Ein Machtmensch interpretiert jede Anstrengung, die Sie unternehmen, um ein ganz normales Anliegen durchzusetzen, als einen Versuch, die eigene Machtbasis zu erweitern.

Während Rosemarie sich also dafür einsetzte, die Beziehung so zu gestalten, daß auch sie zu ihrem Recht kommen würde, fühlte sich Winfried zu einem Machtkampf herausgefordert. Er konnte nicht anders, er war einfach so. Nicht anders als ein Skorpion, der den Frosch, der ihn über den Fluß trägt, sticht und dann gemeinsam mit ihm untergeht, sind Machtmenschen in gewisser Weise zur Dummheit verdammt. Anstatt sich auf einen Kompromiß einzulassen, der beiden Seiten gerecht wird, konzentrieren sie sich allein darauf, ihre Macht nicht zu verlieren, und dabei verlieren sie schließlich alles.

Schauen wir uns an, was die Antwort auf Frage Nr. 7 bedeutet: Ich wette, Sie wissen schon, wie die Richtlinie dazu aussieht:

Richtlinie Nr. 7

Wenn Ihr Partner jedesmal, wenn Sie nur eine Kleinigkeit für sich beanspruchen, ein riesiges Problem daraus macht und wenn fast alle Ihre Bedürfnisse ignoriert werden und wenn jeder Versuch, Ihre Bedürfnisse durchzusetzen, einen solchen Kraftakt voraussetzt, daß Sie schließlich das Gefühl haben, es sei die Sache nicht wert – dann sind Sie langfristig glücklicher, wenn Sie sich trennen, und unglücklich, wenn Sie bleiben.

Kurzfassung: Machtmenschen vergiften die Liebe.

Sind Sie sich noch immer nicht sicher, ob Ihr Partner wirklich eine machtbesessene Person ist? Sie stecken ja vielleicht nicht in seinem Kopf, aber Sie können sehen, was er tut und wie Sie sich dabei fühlen.

Zeichen für Macht

Die Dinge, die Machtmenschen anstellen, um ihre Macht zu behalten, fallen in verschiedene Kategorien, von denen ich hier die wichtigsten nenne:

Angriff ist die beste Verteidigung. Egal, welches Bedürfnis Sie artikulieren, ein Machtmensch wird versuchen, Sie davon zu überzeugen, daß etwas mit Ihnen nicht stimmt, wenn Sie ein solches Bedürfnis haben. Er tut, was er kann, um bei Ihnen Schuld- oder Schamgefühle zu erzeugen. Ein Machtmensch verhöhnt Sie und Ihre berechtigten Ansprüche, er nutzt jede Gelegenheit, um Ihnen das Gefühl zu geben, minderwertig zu sein. Zu diesem Zweck ist ihm jedes Etikett recht, von «defensiv» über «neurotisch» bis hin zu «koabhängig» – die Liste ließe sich endlos fortsetzen.

Machtmenschen können einen dabei so sehr verunsichern, daß Sie sich am Ende nicht mehr darüber im klaren sind, ob Ihr Bedürfnis nicht vielleicht wirklich abwegig oder gar *krank* ist.

Diese Taktik ist anfangs manchmal schwer zu durchschauen, weil Sie so mit Ihren eigenen Gefühlen beschäftigt sind, daß Sie nicht erkennen, was Ihr Partner mit seinen Vorwürfen eigentlich bezwecken will.

Macht-Judo. Warum auf die schwere Tour? Eine Menge Machtmenschen entdecken, daß es viel einfacher ist, wenn man scheinbar Zugeständnisse macht. Winfried zum Beispiel benutzte Macht-Judo, um Rosemarie zu besänftigen. Er versprach, auf ihre Bedürfnisse einzugehen, und sie glaubte, damit sei die Sache erledigt. So traf es sie völlig unvorbereitet, als er trotz der bereits getroffenen Vereinbarung wieder versuchte, sie von ihrem Willen abzubringen. Wenn Ihr Partner sich der Technik des Macht-Judos bedient, wird er sich Ihnen nicht offensiv widersetzen, sondern sich scheinbar mit allem stets einverstanden erklären, aber halten wird er nicht ein Versprechen.

Schneegestöber. Damit meine ich keine Schmeicheleien: Ich rede von einem überwältigenden, ablenkenden Blizzard aus Komplikationen und Verwirrung, der Sie so herumwirbelt und verwirrt, daß Sie schließlich gewillt sind, dem Machtmenschen alles zu geben, was er verlangt, wenn er Ihnen nur ein kleines Stück Ruhe und Frieden gönnt. Vielleicht veranstaltet er einen emotionalen Aufruhr, eine Schimpftirade, einen politischen Aufruhr oder einen intellektuellen. Es kann auch sein, daß er einen Wirbelwind aus Geschäftigkeit und praktischen Einzelheiten auslöst, der Ihre eigenen Bedürfnisse völlig auslöscht. Es muß nicht einmal wie ein Aufruhr wirken. Sie können auch in einem verwirrenden Schneegestöber aus höflichen Überlegungen untergehen, die alle scheinbar zum eigenen Vorteil sind.

Die endlose Kampagne. Sie wollen eigentlich nur etwas ganz Einfaches. Aber der Machtmensch möchte es Ihnen ausreden. Er kommt immer und immer wieder auf Sie zu, in jedem passenden und unpassenden Moment, zäh um jeden Millimeter ringend und bei jedem Rückschritt seine Energie verdoppelnd – ohne Ende. Diese erschöpfende Hartnäckigkeit – wie bei einem kleinen

Kind, das mit einem zum Einkaufen geht und immer wieder verlangt, eine bestimmte Sorte Frühstücksflocken in den Einkaufswagen zu legen, die es im Fernsehen gesehen hat – führt dazu, daß Sie am Ende bedauern, überhaupt jemals einen Wunsch geäußert zu haben. Sie geben nicht bloß auf, sondern Sie verspüren auch für sehr lange Zeit danach kein Bedürfnis mehr, etwas zu wollen.

Mit harten Bandagen. Machtmenschen schüchtern uns ein und machen uns angst. Sie vermitteln uns das Gefühl, daß ihnen kein Weg zu weit und kein Hindernis zu groß ist, wenn sie ihren Willen nur durchsetzen können. Sie verhalten sich buchstäblich verrückt, falls das nötig ist, auch wenn sie es nicht sind. Ein Typ sagte, immer wenn seine Frau ihn ermahnte, doch nicht so schnell zu fahren (er fuhr wirklich zu schnell): «Das findest du schnell? Ich zeige dir, was schnell ist!» Und dann trat er das Gaspedal durch und raste mit einer Höllengeschwindigkeit über die Straßen, daß seine Frau vor Angst beinahe umkam. Einmal sagte er mitten im dichtesten Feierabendverkehr: «Du willst, daß ich langsamer fahre? Warum halte ich nicht gleich ganz an?» Und blieb einfach mitten auf der vierspurigen Straße stehen. (Als diese Frau mich zum ersten Mal aufsuchte, waren ihre ersten Worte: «Mein Mann meint, ich bräuchte eine Therapie, weil ich so emotional bin.»)

Tricks. Die Bedürfnisse anderer machen Machtmenschen ganz krank. Im wahrsten Sinne des Wortes. Den Eindruck vermitteln sie einem zumindest. So funktionieren Machtmenschen eben. Eine Frau lernte dies schon als Kleinkind: Als sie als junges Mädchen zu ihrer Mutter sagte, daß sie nicht mehr in die Kirche gehen werde, fiel diese zu Boden und täuschte so überzeugend einen Herzanfall vor, daß die Tochter den Notarzt rief. Später, in ihrer eigenen Beziehung und nun selbst zum erfolgreichen Machtmenschen herangewachsen, versuchte sie alles – von hysterischen Schreianfällen über schwere Migräneattacken bis hin zur akuten Atemnot –, um sich durchzusetzen.

Da gegen Machtmenschen kein Kraut gewachsen ist, halten die meisten Partner von Machtmenschen früher oder später nach Möglichkeiten Ausschau, das, was sie wollen, hinter dem Rücken des Partners zu tun.

Sie werden jedoch glücklicher, wenn sie sich trennen. Dies nicht nur deshalb, weil ihnen soviel angetan wurde, sondern auch, weil alle ihre Versuche, mit diesem Problem fertig zu werden nicht fruchten können. Ihr Partner wird alles, was sie versuchen, als einen Angriff auf seine Macht mißdeuten und deshalb mit seinen eigenen Taktiken dagegenhalten. Nie werden sie einen Zustand erreichen, den andere Paare mit anderen Beziehungsproblemen herbeiführen können: «Ja, es ist nicht alles perfekt, aber wir wollen beide daran arbeiten, daß es besser wird.»

Alle, mit denen ich gesprochen habe und die einen Machtmenschen als Partner hatten, haben mir unmißverständlich klargemacht, daß sie mit ihm niemals hätten glücklich werden können.

Der Gerechtigkeits-Test

Wenn Sie immer noch nicht sicher sind, ob Sie es mit einem ausgewachsenen Machtmenschen zu tun haben oder nicht, probieren Sie es mit dem Gerechtigkeits-Test.

Erklären Sie Ihrem Partner ein ganz bestimmtes Bedürfnis von Ihnen, ohne ihm dabei Vorwürfe zu machen, ihn anzugreifen oder zurechtzuweisen. Weisen Sie ihn einfach darauf hin, daß Sie etwas als ungerecht empfinden. Sagen Sie beispielsweise: «Es ist nicht gerecht, daß wir immer die Sendungen im Fernsehen anschauen, die du sehen willst, und nie diejenigen, die mich interessieren.» Reagiert der Partner auf diesen Gerechtigkeits-Appell?

Wenn er darauf nur mit einer weiteren Machttaktik reagiert, gleich wie verwirrend oder irreführend sie auch sein mag, dann wissen Sie, daß Sie es mit einem unheilbaren Machtmenschen zu tun haben. Es gibt jede Menge starke Persönlichkeiten und eine Menge nicht besonders sensibler Menschen, die aber trotzdem gerecht sind und produktiv auf diesen Test reagieren. Machtmenschen werden das nicht tun und können es auch nicht.

Machtmenschen verhalten sich so, wie sie sind, weil sie sich sehr unsicher fühlen, wenn sie die Zügel der Macht aus den Händen geben sollen. Ohne Macht fühlen sie sich so, wie sich andere Menschen fühlen würden, wenn man sie nackt und allein auf den Straßen Manhattans aussetzen würde. Es hilft Ihnen aber nichts, Verständnis für das Sicherheitsbedürfnis Ihres Partners aufzubringen, denn seine Sicherheit ist Ihr Alptraum.

Daher trifft Richtlinie Nr. 7 zu.

Schritt Nr. 8: Das Recht, nicht gedemütigt zu werden

Das Thema Macht in Beziehungen ist von solcher Wichtigkeit, daß ich ganz sichergehen möchte, auch all jenen zu helfen, die sich aus irgendwelchen Gründen noch nicht dazu durchringen konnten, auf Frage Nr. 7 mit «Ja» zu antworten, aber dennoch in einer Beziehung mit einem unmöglichen Machtmenschen festsitzen. Vielleicht fragen Sie sich, wie das möglich sein soll? Sie glauben, daß Sie es ganz sicher merken würden, wenn Ihr Partner Ihre Bedürfnisse nicht anerkennen würde.

Nicht unbedingt. Im Laufe der Jahre sind mir immer wieder fast tragische Konstellationen begegnet. Männer und Frauen, die von der Bewunderung für ihren machtversessenen Partner geradezu überwältigt waren. «Ja», sagen sie, «mein Partner ist sehr dominant und anspruchsvoll, aber oh, er ist auch so wunderbar, so klug und so begabt. Ja, meine Bedürfnisse zählen nicht, aber ich bin im Vergleich zu ihm auch ein Schwächling. Vielleicht sollte ich diese Bedürfnisse wirklich gar nicht haben.»

Verwirrend wird das alles auch dadurch, daß Machtmenschen einem zwar das Leben verderben und dominant sind, aber es geschieht nicht selten, daß kontrollierende Menschen auch tatsächlich alles unter Kontrolle haben, und dafür bewundern wir sie, und deswegen fühlen wir uns in ihrer Nähe sehr sicher.

Wie können Sie daher unterscheiden zwischen (1) einem Machtmenschen, der uns die Luft zum Atmen nimmt und uns vorgibt, daß er einfach alles im Griff habe, und (2) einem anderen Menschen, der nicht wirklich ein Machtmensch ist, sondern einfach nur eine sehr starke und kompetente Persönlichkeit hat, die Macht ausstrahlt? Wenn es Ihnen darum geht, eine Entscheidung zu fällen, ob es besser ist, sich zu trennen oder nicht, brauchen Sie Unterstützung.

Manche Machtmenschen gehen ausgesprochen subtil vor, sie wissen genau, wann sie aufhören müssen, damit es ihrem Partner nicht unmittelbar ins Bewußtsein dringt, daß seine Bedürfnisse nichts zählen. Wenn Ihr Partner in diese Kategorie fällt, antworten Sie auf Frage Nr. 7 wahrscheinlich mit «Nein», weil Sie sich daran erinnern, daß das eine oder andere Ihrer Bedürfnisse erfüllt wurde – dennoch sind Sie unglücklich.

Lassen Sie mich versuchen, Ihnen zu helfen.

Diagnostische Frage Nr. 8:
Haben Sie grundsätzlich ein immer wiederkehrendes, nie ganz verschwindendes Gefühl von Demütigung oder «Unsichtbarkeit» in Ihrer Beziehung?

In dieser Frage geht es darum, wie Sie die Machtkonstellation in Ihrer Beziehung empfinden. Denken wir nochmals an Winfried und Rosemarie. Grob gesagt gab Winfried Rosemarie das Gefühl, ein Nichts zu sein, ständig besiegt, unterworfen und frustriert.

Es gibt ein Gefühl der Demütigung, bei dem man rot anläuft; das Gefühl, für den Partner unsichtbar zu sein, hingegen verursacht einen stechenden Schmerz in der Brust, der in einer Beziehung mit einem Machtmenschen niemals ganz verschwindet. Fast jeden Tag erhält er neue Nahrung, weil Sie sich wie ein Nichts, ein Niemand behandelt fühlen. Aber so dramatisch braucht es gar nicht auszusehen. Vielleicht ist es Ihnen gar nicht so wichtig, daß Ihr Partner Ihnen zuhört, wenn Sie über Ihren Alltag reden oder Ihre Gedanken über die Kinder äußern. Wenn Ihr Partner Ihnen jedoch den Mund verbietet, dann ist das wie ein Schlag ins Gesicht, eine unerträgliche Demütigung.

Es gibt zwei Arten, wie Menschen auf eine solche Demütigung reagieren: Wut oder Depression. Entweder wollen sie ihren Partner zerstören oder sie zerstören sich selbst.

Vielleicht kennen und spüren Sie den Schmerz ganz deutlich, der einen innerlich fast zerreißt, wenn man wie ein Nichts behandelt wird. Ich meine nicht nur ab und zu – denn das kommt fast in jeder Beziehung vor –, sondern andauernd und immer. Wenn Sie nicht wissen, wie es sich anfühlt, «unsichtbar» zu sein oder «gedemütigt» zu werden, dann helfen Ihnen vielleicht die folgenden Beschreibungen von anderen Menschen, um für sich diese Frage zu klären:

- Ein friedlicher Mann, der von der machtvollen Persönlichkeit seiner Frau beherrscht wurde, ertappte sich schockiert dabei, daß er während oder nach fast allen längeren Auseinandersetzungen mit seiner Frau daran dachte, sie totzuschlagen (eine solche Phantasie ab und zu heißt nicht unbedingt, daß man gedemütigt wird, sondern vermutlich nur, daß man wütend ist).
- Ein Mann kam an den meisten Tagen von der Arbeit nach Hause, um festzustellen, daß seine Frau mit einer langen Liste von Problemen auf ihn wartete, die er zu lösen hatte, und sie versuchte nicht nur zu kontrollieren, was er tat, sondern auch, wie und wann er es tat und sogar, wie er sich dabei fühlte. Fast jeden Abend vor dem Einschlafen malte er sich aus, sie umzubringen.
- Der Partner einer Frau mußte immer alles übertreffen, was sie sagte. Wenn sie sagte, sie sei müde, war ihr Partner völlig erschöpft. Wenn sie darüber nachdachte, ob sie sich auf eine neue Stelle in ihrer Firma bewerben sollte, plante ihr Partner seinerseits, eine weitere Stufe in seiner Karriere zu erklimmen. In diesem ständigen Wettbewerb um die Macht fühlte sich die Frau immer unzulänglich und unterlegen. Ein Strom von depressiven Gedanken drückte sie nieder. Anfangs glaubte sie noch, einfach nur unwichtig zu sein, aber allmählich setzte sich in ihr die Überzeugung fest, ihr gesamtes Leben vergeudet zu haben.
- Eine Frau stellte fest, daß sie jedesmal, wenn sie für ihren dominanten Mann kochte, die lebhafte und immer wiederkehrende Phantasie hatte, sein Essen zu vergiften und ihn unter Schmerzen verenden zu sehen.

- Eine Frau kommandierte ihren Mann ständig herum, sie tat das auf eine so formvollendete, höfliche und scheinbar schon zärtliche Art, daß es ihn wütend machte, aber als er versuchte, dieser Wut Ausdruck zu verleihen, gab sie ihm das Gefühl, im Unrecht zu sein. So schluckte er jahrelang seine Wut hinunter, doch sie blieb in ihm stecken wie ein zu schnell gegessenes, klitschiges Kuchenstück.

Richtlinie Nr. 8

Wenn Ihr Partner Ihnen grundsätzlich ein wiederkehrendes, nie ganz verschwindendes Gefühl von Demütigung oder «Unsichtbarkeit» gibt, dann befinden Sie sich in einer Situation, in der die meisten Menschen glücklicher sind, wenn sie sich trennen, und unglücklich wären, wenn sie blieben.
Kurzfassung: Demütigung ist ein Barometer für Haß.

Demütigung ist ein wichtiger Schlüssel zu der Erkenntnis, daß die Fähigkeit Ihres Partners, Sie zu dominieren, Ihre Beziehung zu schlecht macht, um zu bleiben. Sie können den Grad Ihrer Demütigung daran ermessen, wie häufig Sie von Phantasien heimgesucht werden, in denen Sie Ihrem Partner oder sich selbst Gewalt antun, oder daran, wie oft Sie Ihre Tage entweder wütend oder deprimiert verbringen. Dabei sollten Sie darauf achten, ob sich solche Gedanken und Gefühle vor allem dann einstellen, wenn Sie versuchen, sich mit Ihrem Partner auseinanderzusetzen, und ob sie typischerweise kurz vor, während oder nach einer demütigenden Interaktion vermehrt auftreten.

Die Demütigungsfalle

Sie müssen sich hüten vor den Folgen von Demütigungen, die Ihnen innerhalb einer Beziehung mit einem Machtmenschen zugefügt werden können. Wenn Sie nicht erkennen, in welchem Ausmaß Ihr Glück und Ihr Seelenfrieden von Demütigungen bedroht sind, bleiben Sie in der Falle sitzen und damit auch in der Beziehung gefangen.

Gewalttätige Phantasien und Wut erzeugen in Ihnen Rachegelüste – wie bei einem besessenen Spieler ergreift der Gedanke von Ihnen Besitz, den erlittenen Verlust wieder auszugleichen. Solange Sie aber von dem krankhaften Verlangen getrieben werden, Ihren Stolz und Ihre Befriedigung dadurch wiederherzustellen, daß Sie den Partner, der Ihre Persönlichkeitsrechte schon so lange unterdrückt, beherrschen oder zumindest seine Autorität untergraben, verstricken Sie sich immer tiefer in die Demütigungsfalle. Anstatt sich aus dem Sumpf Ihrer Beziehung zu befreien, versacken Sie immer tiefer in ihm.

Genauso verhält es sich mit dem Gefühl von Unsichtbarkeit. Wenn Ihnen jemand fortwährend das Gefühl vermittelt, nicht existent oder ein Nichts zu sein, verstricken Sie sich vielleicht in das ganz und gar hoffnungslose Unterfangen, seine Aufmerksamkeit auf irgendeine Weise doch noch zu erringen. Leider ist es so, daß man Aufmerksamkeit am wirksamsten erlangt, wenn man entweder krank wird oder verrückt. Dieser Zusammenhang ist so verbreitet, daß ich immer, wenn ich jemanden in meiner Praxis sehe, der sich krank, verrückt oder selbstzerstörerisch verhält, um die Aufmerksamkeit auf sich zu lenken, nachfrage, ob er eine Beziehung führt, in der ihm das Gefühl vermittelt wird, ein Nichts zu sein.

Es ist ein Irrtum, zu glauben, daß unglückliche, unbefriedigende Beziehungen gewöhnlich mit Scheidung enden. Manchmal graben sich beide Partner nur noch tiefer in die Ehe ein. Es gibt viele lang anhaltende Ehen, in denen beide Partner Sklaven von Haß und Unglück sind – und viele davon begannen mit dem fesselnden Drama von Macht und Demütigung.

Die allermeisten von uns sind ohnehin in ihrem alltäglichen Leben außerhalb vom heimischen Herd einer Vielzahl von demütigenden Anfeindungen ausgesetzt – ganz gleich wie unbedeutend sie auch sein mögen. Bei fast allem, für das wir uns einsetzen, werden wir Tag für Tag daran erinnert, wie begrenzt unsere Macht ist und wie unbedeutend unsere Anliegen sind – wenigstens die Beziehung, in der wir leben, soll frei davon sein. Wenn auch sie zur Quelle für Demütigung und Erniedrigung wird, kann sie nicht gut genug sein, um zu bleiben.

Richtlinie Nr. 8 verdeutlicht, daß man nicht glücklich werden kann, wenn man in einer Beziehung bleibt, in der man sich häufig wie ein Nichts vorkommt. Ich habe hier die Demütigungsfalle so eingehend beschrieben, weil ich Sie vor den Kräften warnen will, die Sie möglicherweise in einer solchen Partnerschaft gefangenhalten, obwohl sie Ihnen Kummer bereitet. Sie können nicht gewinnen, wenn Sie bleiben. In diesem Sinne unterscheidet sich die Demütigungsfalle kaum von körperlicher Gewalt.

Das Gefühl von Erleichterung und Freiheit aber, das sich einstellt, wenn es Ihnen gelingt, sich aus einer solchen Beziehung zu lösen, ist ungeheuer.

7

Laß uns doch drüber reden

Thema: Kommunikation

«Zwischen uns gibt's einfach keine Kommunikation.»

«Wir haben einfach nichts, über das wir reden können.»

«Wir verstehen einander einfach nicht.»

Jeder Mensch weiß, daß Kommunikation so etwas wie der Lebenssaft einer Beziehung ist. Der Zusammenbruch der Kommunikation ist eines von jenen Symptomen – wie hohes Fieber bei einem Kind –, auf das die meisten Menschen sofort reagieren. Sie brauchen Hilfe, soviel ist ihnen klar.

Aber Kommunikation ist in vielerlei Hinsicht ein verwirrendes Thema, besonders dann, wenn man versucht herauszufinden, ob man glücklicher sein wird, wenn man sich vom Partner trennt oder wenn man bei ihm bleibt. Zum Beispiel: Wenn die Kommunikation in Ihrer Beziehung nicht richtig funktioniert, dann fragen Sie sich, ob das so ist, weil Sie nicht miteinander auskommen, oder ob Sie deshalb nicht miteinander auskommen, weil die Kommunikation so schlecht läuft?

Wenn Ihr Partner Ihnen nicht richtig zuhört, liegt es dann daran, daß Sie sich nicht vernünftig ausdrücken, oder an dem Thema, über das Sie reden? Ist Ihr Partner einfach unwillig, oder stimmt etwas anderes nicht?

Und wenn die Kommunikation ins Stocken geraten ist, kann man sie wieder in Gang bringen oder ist ein solcher Schaden irreparabel? Wann sieht es nur nach außen hin übel aus, und wann ist wirklich der innere Kern verletzt?

Es gibt so viele Arten von schlechter Kommunikation. Es gibt

Kommunikationsformen, die eine Beziehung umbringen, aber auch solche, die einfach nur unangenehm sind, aber der Beziehung nicht wirklich schaden. Und dann gibt es noch schlechte Kommunikation, die nichts weiter ist als eine schlechte Angewohnheit in einer ganz normalen Beziehung.

Kommunikationswirren

Kein Wunder also, daß das Thema Kommunikation uns alle so verwirrt. Was noch erschwerend hinzukommt – keiner von uns kommuniziert immer auf die gleiche Weise. Wir haben einen Teil in uns, der daran arbeitet, so klar und effektiv wie möglich zu kommunizieren, ein anderer Teil von uns, unser schlampiges Kommunikations-Ich, will uns jedoch einreden, daß wir ein Recht auf Entspannung hätten, und so lassen wir alles fahren. Ist es nicht so, daß wir alle manchmal zu müde sind, um ständig an unserer Beziehung weiterzuarbeiten?

Alle diese Aspekte sind im Zusammenhang mit dem Thema Kommunikation wichtig. Denn genauso wie ein Mensch, der eine schlimme Erkältung hat, manchmal kränker aussieht als ein anderer, der an einem unheilbaren Krebs leidet, ist es auch möglich, daß jemand in einer grundsätzlich gesunden Beziehung stärker von Kommunikationsproblemen beeinträchtigt wird als ein anderer, der in einer Beziehung steckt, die wirklich zu schlecht ist, um zu bleiben. Tatsächlich ist es nämlich so, daß viele Menschen dann, wenn die Dinge am schlimmsten stehen, alles daransetzen, Gespräche über Schwierigkeiten zu vermeiden, und auch sonst an nichts rühren, was irgendwie problematisch werden könnte. Dadurch entsteht nach außen hin der Eindruck, es sei alles viel besser, als es in Wirklichkeit der Fall ist.

Da Sie jedoch herausfinden wollen, was für Sie selbst wirklich am besten ist, sollten wir hier lieber versuchen, die Kommunikation in Ihrer Beziehung genau zu untersuchen und jeden Hinweis, der in Richtung Trennung deutet, ernst nehmen. Wohl jeder hat Probleme mit Beziehungskommunikation, doch Sie brauchen Gewißheit darüber, von welcher Art Ihre Probleme sind. Sind sie wirklich unlösbar? Zerstören sie Ihre Beziehung?

Fangen wir an.

Die diagnostische Nadel im Heuhaufen der Kommunikation

Wenn es um Kommunikation geht, sind wir alle splitternackt. Viele Aspekte einer Beziehung muß man im Verborgenen suchen, aber bei all den Paaren, mit denen ich im Laufe der Jahre gearbeitet habe, war die Kommunikation stets das einzige, was offen und klar zutage trat. Und das ist phantastisch. Wenn Paare schließlich zu dem Punkt kommen, an dem sie die Wahrheit sagen und hören können, wenn sie ihre Bedürfnisse ausdrücken und einander näher kommen können, ohne dabei Chaos zu schaffen und den anderen zu verletzen, dann weiß ich, daß sie auf dem Weg sind, ihre Schwierigkeiten auszuräumen.

Das Problem ist allerdings, daß Kommunikation – gute wie schlechte – jeden Moment stattfindet, so daß es sehr schwer ist, sozusagen vom Nullpunkt aus die wichtigen und kritischen Faktoren zu isolieren. Daher möchte ich Ihnen hier erzählen, wie ich die diagnostische Nadel im Heuhaufen der Kommunikation gefunden habe.

Kurz nachdem ich begonnen hatte, dieses Thema unter die Lupe zu nehmen, ordnete ich alle Kandidaten, bei denen ich sicher war, Anzeichen für eine unlösbar schlechte Kommunikation gefunden zu haben, zwei unterschiedlichen Gruppen zu. Die Kandidaten der ersten Gruppe zeichneten sich durch das aus, was ich *Exotische Kommunikation* nannte: Gemeint waren damit die Kommunikationsprobleme von zwei Menschen, die sich stark voneinander unterscheiden. Bei den Mitgliedern der zweiten Gruppe diagnostizierte ich eine *Verirrte Kommunikation*: Hier ging es also um Probleme, die durch wirre, vage, irreführende, falsch verstandene Worte und Gesten verursacht werden. Beide Gruppen repräsentieren wichtige Aspekte von Kommunikation, die auch vielen Menschen durchaus bewußt sind.

Aber die Zuordnung meiner Kandidaten zu einer dieser beiden Gruppen erwies sich für die Analyse von Beziehungen als viel weniger nützlich, als ich erhofft hatte. Trotzdem will ich mir hier einen Moment Zeit nehmen, um sie kurz zu erläutern, denn häufig wird ihnen ein bedeutsamer Platz als «Beziehungsvernichter» zugewiesen. Ich werde sie kurz beschreiben, bevor ich mich den Themen im Zusammenhang mit Kommunikation zuwende, die *wirklich* bedeutsam sind, wenn es um die Entscheidung geht, zu gehen oder zu bleiben.

Exotenkommunikation

Zwischen zwei Menschen tun sich oft mehr Abgründe auf, als man auf einem Weltatlas finden kann. Aber die meiste Aufmerksamkeit widmete man in letzter Zeit dem Abgrund, der sich zwischen den Geschlechtern auftut. Wir wenden uns hier diesen Geschlechtsunterschieden zu, aber meine These darüber gilt auch für alle anderen Unterschiede.

Es gibt im Moment eine Tendenz, sich endlos darüber zu verbreiten, wie grundsätzlich, unendlich und interplanetarisch verschieden Männer und Frauen sind. Neulich rief mich eine meiner Töchter ganz aufgeregt an, weil sie ein Buch las, das alle ihre Freunde auch schon gelesen hatten und das ihr endlich «alles erklärte»: In dem Buch wurden die unüberbrückbaren Abgründe zwischen Männern und Frauen erklärt. Jede Frau, die schon mal das Gefühl hatte, ihr Mann sei ihr ebenso unverständlich wie ein Marsmensch – und für welche Frau gilt das nicht? –, findet sich in diesem Buch bestätigt: Er stammt von einem anderen Planeten! Hier wurden eine Menge an Kommunikationsunterschieden wie die folgenden erläutert:

- Ein Mann versucht, den Wasserhahn zu reparieren. Die Frau macht dazu «hilfsbereite» Vorschläge. Sie versucht ihm klarzumachen, daß sie ihn schätzt, aber er vermutet dahinter den Vorwurf, daß er nicht kompetent genug ist, den Job ohne ihre Unterstützung zu erledigen.
- Eine Frau versucht, die Steuererklärung auszufüllen. Der Mann läßt sie damit völlig in Ruhe. Er versucht ihr zu vermitteln, daß sie das seiner Meinung nach sehr gut alleine kann und seine Unterstützung nicht braucht. Sie hingegen entnimmt daraus die Botschaft, daß sie ihm völlig egal sei.

Da so viele Menschen heutzutage Kommunikationsprobleme gerne mit Unterschieden zwischen den Geschlechtern erklären, findet man vermutlich unzählige Beispiele, um diese These zu belegen.

Ich habe zwar keinen Zweifel daran, daß Unterschiede zwischen den Menschen – wie auch die Unterschiede zwischen den Geschlechtern – das Zusammenleben erschweren können, *aber sie zerstören eine Beziehung nicht, noch sind sie Zeichen für eine abgestorbene Beziehung.*

Exotenkommunikation ist etwas, mit dem man leben kann. Wir leben mit den Unterschieden zwischen Mann und Frau, seit wir uns aus dem Amöbenstadium weiterentwickelten, und bislang sind wir irgendwie miteinander ausgekommen. Die Überbetonung der Geschlechtsunterschiede verschleiert, wie gut wir es eigentlich schaffen, genau diesen Unterschied zu überbrücken. Es gibt ebenso viele heterosexuelle Paare, die glücklich sind und nur wenig Kommunikationsprobleme haben, wie unglückliche heterosexuelle Paare mit Kommunikationsproblemen. Und homosexuelle Paare, die sich nicht um die geschlechtsspezifischen Unterschiede zu kümmern brauchen, fallen ebenso rasch in die Ursuppe der Fehlkommunikation wie alle anderen.

Ich meine, das wirkliche Problem in Beziehungen ist nicht, wie unbegabt wir darin sind, Brücken zu bauen, sondern wie unglaublich begabt wir vielmehr sind, Unterschiede, falls nötig, aus dem Nichts zu zaubern, nur um ein Gefühl für Unterschiedlichkeit, Einzigartigkeit, Besonderheit zu erzeugen. Abgesehen davon ist Kommunikation das einzige im ganzen Universum, das besonders dazu geschaffen wurde, den Abgrund zwischen unseren Unterschieden zu überbrücken. Wenn wir Probleme mit dieser Brücke haben, dann liegt das teilweise daran, daß wir ein so starkes Interesse daran haben, diese Unterschiede aufzubauschen. Aber Kommunikation ist hier die Lösung, nicht das Problem.

Aber zurück zum Kern: Ich bin noch nie einem Paar begegnet, bei dem die Unfähigkeit, eine Rettungsleine der Kommunikation über den Sexus-Abgrund zu werfen, so schwerwiegend und unüberwindlich war, daß sie allein deshalb aufgeben mußten. An dem Tag, an dem die Differenz zwischen den Geschlechtern selbst heterosexuelle Beziehungen unmöglich macht, steht die Menschheit tatsächlich vor einem Problem – doch da sind wir meiner Meinung nach noch nicht angelangt.

Das gleiche gilt für die Kommunikation über all unsere Unterschiede hinweg. Das Gerede über Unterschiede, wenn es eigentlich um Kommunikation geht, ist wie das Reden über Flüsse, wenn es eigentlich um Brücken geht. Flüsse sind der Grund, warum Brücken konstruiert werden. Und Unterschiede sind der Grund, warum wir überhaupt Kommunikation haben.

Verirrte Kommunikation

Immerhin macht es Spaß, über dieses Spiel «Er sagte – sie antwortete» zu reden, es ist ähnlich anregend wie das «Du bist Tarzan und ich bin Jane»-Spiel. Demgegenüber ist die Situation, in der sich die Kandidaten der anderen Gruppe befinden, viel ernsthafter. Es geht hier um das, was ich locker als «Verirrte Kommunikation» bezeichnet habe. Gemeint sind damit Probleme, die durch verworrene, unklare, irreführende, mißverstandene Worte und Gesten entstehen.

Ich rede hier nicht über Kommunikation von irren Menschen, sondern über eine Kommunikation, an der die Menschen irre werden. Stellen Sie sich vor, jemand sagt etwas, und Sie können nicht herausbekommen, was er damit sagen will. Oder jemand verhält sich so, als wolle er etwas preisgeben, aber bei Ihnen entsteht der Eindruck, er wolle etwas verbergen. Oder jemand gibt Ihnen eine Antwort, die nach Ihrer Einschätzung beim besten Willen keinen Bezug zu Ihrer Frage hat. Oder jemand spricht mit Ihnen, und Sie fassen seine Worte als Bitte auf, doch der andere bestreitet, Sie um irgend etwas gebeten zu haben.

Das ist etwas ganz anderes als Exotische Kommunikation. Der Unterschied ist wie folgt: Exotische Kommunikation ist, wenn der eine sagt, es säße ein Tiger im Gras, und der andere antwortet: «Nimm dein Gewehr.» Worauf der erste entgegnet: «Du brauchst mir nicht zu sagen, was ich tun soll. Ich weiß, daß ich das Gewehr brauche, aber ich möchte auch, daß du verstehst, was ich jetzt durchmache.» Verirrte Kommunikation ist es, wenn der eine dem anderen mitteilt, daß er einen Tiger im Gras sieht und dann fragt: «Wie findest du Tiger?» Oder Sie sagen, daß Sie einen Tiger sehen, und der andere, der Sie gerne beruhigen möchte, fragt: «Was für ein Tiger?» Oder der andere versucht Sie sogar davon zu überzeugen, daß da überhaupt kein Tiger im Gras sitzt. Oder aber er sieht den Tiger auch und fängt unvermittelt mit Ihnen ein Gespräch darüber an, daß es ihn immer so traurig macht, Tiger zu sehen. Oder er sieht einen Tiger und fragt Sie darauf, wo Sie eigentlich die Flugtickets hingelegt haben.

Die Geschichte von Maria und Jack

Bei Verirrter Kommunikation geht es grundsätzlich darum, daß man nicht versteht, was der andere wirklich sagen will oder warum er es sagt. Ob Sie es glauben oder nicht, aber Verirrte Kommunikation ist unendlich viel verbreiteter als die Exotische. Sie fällt nur im allgemeinen weniger auf, es sei denn, es geht zufällig gerade um Tiger.

Schauen wir uns Maria und Jack an. Vielleicht können sie Ihnen Hoffnung geben. Beide brauchten nur den Mund zu öffnen, und sofort herrschte totale Verwirrung. Sie verstanden einander ständig falsch, waren aber völlig verblüfft über diese Fehlkommunikation, weil sie aus derselben irisch-katholischen Gemeinde stammten und sogar in derselben Straße und mit denselben Freunden aufgewachsen waren. Ob Maria oder Jack – beide richteten stets das gleiche Chaos an, wenn sie etwas sagen wollten.

Von daher ist es völlig egal, mit wem wir anfangen. Bei dem folgenden Beispiel fing Maria an … Oder war es doch Jack?

Maria war Sanitäterin an einer Schule und kam früh von der Arbeit nach Hause. Jack, ein selbständiger Lastwagenfahrer, würde erst später eintreffen. An diesem bestimmten Tag brachte er seinen Laster mit nach Hause, stellte ihn ab und blieb noch ein bißchen darin sitzen. Maria sah das und fragte sich, warum er nicht hereinkam. Dann wurde sie mißtrauisch. Wollte er sich verstecken? Hatte er Angst? Da bestand bereits Verirrte Kommunikation, bevor jemand auch nur ein einziges Wort gesagt hatte.

Nach einer Weile spazierte Jack endlich zur Tür herein. Das Geld war knapp, er rechnete mit ausstehenden Zahlungen, und das Herumsitzen in seinem Laster hatte ihn nervös gemacht. Maria begann gleich mit der Frage: «Hast du den Scheck?»

Das war irre. Auch wenn sie unsicher geworden war, hätte sie ihn ja wohl doch erst einmal begrüßen sollen: «Hallo, Schatz, wie war's heute?» Jack fragte sich – und die meisten anderen Leute hätten das auch getan –, warum sie gleich nach dem Scheck forschte, wenn es ihr nicht ausschließlich darum ging, einen Streit vom Zaun zu brechen.

«Welchen Scheck?» fragte Jack zurück. Zwar hatte er den Scheck in der Tasche, aber er fühlte sich bereits abgekanzelt und herausgefordert. Er verhielt sich so, als müßte er sich verteidigen, obwohl er nichts zu verteidigen hatte.

Auch das war irre. Gut, sie hatte ihm eine Frage entgegengeschleudert, aber er hätte sie doch beantworten können. Er hätte sagen können, daß ihn das wütend machte. Aber er hätte nicht in seine eigene, verrückte Richtung abdrehen müssen. Ich kann aus direkter, klinischer Erfahrung sagen, daß diese sechs Worte: «Wo ist der Scheck?» – «Welcher Scheck?» zwischen beiden einen der größten Kräche auslösten, obwohl es eigentlich weder einen Grund noch eine Absicht dafür gab.

Aber so schlimm ein Problem wie dieses auch ist, es ist lösbar. Jack und Maria lernten schließlich, wunderbar miteinander zu kommunizieren. Diese und andere Arten von Verirrter Kommunikation sind nicht unbedingt ein Zeichen dafür, daß eine Beziehung zu schlecht ist, um an ihr festzuhalten. Verirrte Kommunikation kann man nicht immer beheben, und manchmal kann sie eine Beziehung auch zerstören. Aber dort, wo Verirrte Kommunikation herrscht (und ich habe nur wenige Beziehungen kennengelernt, in denen sie nicht vorkam), kann man in den meisten Fällen auch erstaunliche Fortschritte erzielen, wenn man lernt, funktionaler zu kommunizieren.

Sie sehen also, daß ein paar konventionelle Weisheiten darüber, wie schlechte Kommunikation Beziehungen zerstört, falsch sind. Wo aber stecken die wahren Täter?

Schritt Nr. 9: «Vom-Tisch-Feger»

Gesunde Kommunikationsformen haben eine regenerative Eigenschaft. So wie dem Seestern ein neuer Arm wächst, wenn er einen verloren hat, so haben auch Menschen die Fähigkeit, die

Kommunikation untereinander zu erneuern. Diese regenerative Eigenschaft kann sogar Hindernisse wie Exotische oder Verirrte Kommunikation überwinden.

Ein sehr schönes Beispiel für diese regenerative Eigenschaft finden wir in dem Film *Enemy Mine* von Wolfgang Petersen mit Dennis Quaid und Lou Gossett. Es geht hier um zwei Raumfahrer von miteinander befeindeten Planeten, die beide auf einem Asteroiden stranden. Abgesehen davon, daß sie die Sprache des anderen nicht verstehen, gehören sie auch noch unterschiedlichen Spezies an, die beide den Auftrag haben, die jeweils andere Art umzubringen. Doch aufgrund der ungeheuerlichen Fähigkeit von Kommunikation, Brücken über Abgründe und Unterschiede hinweg zu bauen, sind sie schließlich in der Lage, miteinander zu reden und eine vernünftige Arbeitsbeziehung aufzubauen.

Dieser Film kann zwar als Science-fiction abgetan werden, aber das dargestellte Prinzip ist rein wissenschaftlich. Ich kam als vierjähriges kleines Mädchen, das kein Wort Englisch sprach, nach Amerika. Man steckte mich sofort in eine Vorschule mit Kindern aus anderen Ländern. Wir sprachen fast alle eine andere Sprache, doch innerhalb weniger Wochen, manchmal sogar innerhalb weniger Tage, konnten wir die Kluft zwischen den verschiedenen Vorgeschichten und Kulturen überbrücken und miteinander spielen wie Kinder, die alle im gleichen Viertel groß geworden sind.

Das bringt mich wieder zurück zu meiner Suche nach der diagnostischen Nadel im Heuhaufen der Kommunikation. Ich stellte fest, wenn es etwas im Zusammenhang mit Kommunikation gibt, das eine Beziehung zu schlecht macht, um sie fortzuführen, dann muß es etwas sein, das diese regenerative Fähigkeit zerstört. Es mußte etwas sein, das die brückenbildende Funktion von Kommunikation auslöscht. Und meine Arbeit mit Männern und Frauen, die das gleiche durchmachten, was Sie gerade durchmachen, hat mir in der Tat gezeigt, daß ich mit meiner Ahnung recht hatte.

Wollen Sie den wahren Schurken im Drama der Kommunikation finden? Dann schauen Sie sich das an, was ich Vom-Tisch-

Fegen nenne. Dieser Ausdruck wird bei Verhandlungen oft benutzt, wenn jemand eine Sache «vom Tisch haben will», weil er ein bestimmtes Thema aus der Debatte heraushalten will oder ganz und gar vermeiden möchte.

Vom-Tisch-Fegen bringt Beziehungen um. Oder vielleicht sollte ich besser sagen, daß Partner, die alles vom Tisch fegen, eine Beziehung umbringen. Wie, das zeige ich Ihnen gleich. Zunächst hier die Frage, mit der Sie es herausfinden können.

Diagnostische Frage Nr. 9:
Erscheint es Ihnen so, als wolle Ihr Partner kontinuierlich Ihre Versuche abblocken, bestimmte Themen oder Fragen zu besprechen, besonders die, an denen Ihnen liegt?

Das kann direkt und offen geschehen, etwa so: «Darüber will ich nicht reden.»

Es kann aber auch weniger offen und direkt passieren: «Okay, aber was ist mit ...» Und dann redet man plötzlich über etwas ganz anderes.

Es kann bedrohlich wirken: «Wenn du mich weiter drängst, darüber zu reden, dann will ich mit dir nichts mehr zu tun haben.»

Es kann auch geschehen, indem der andere Ihre Gefühle verletzt. Er läßt Sie irgendwie dumm oder komisch dastehen oder setzt Sie ins Unrecht, weil Sie bestimmte Dinge, die Ihnen wichtig sind, überhaupt erwähnt haben.

Man kann die Dinge auch mit so ausgesuchter Höflichkeit vom Tisch fegen, daß Sie es gar nicht merken: «Das ist eine interessante Frage, und ich bin richtig froh, daß du sie gestellt hast, aber ich brauche wirklich mehr Zeit, um darüber nachzudenken» – nur, daß dieses Nachdenken dann ewig dauert.

Ich möchte hier nicht übertreiben. Ihr Partner fegt nichts vom Tisch, wenn es ihm wirklich schwerfällt, über ein bestimmtes Thema zu reden, über das Sie gerne reden wollen. Es ist kein Vom-Tisch-Fegen, wenn man lediglich Zögern spürt. Und ich will sicher nicht behaupten, daß Sie dieses Problem haben, nur weil Ihr Partner sich ab und zu weigert, über etwas zu reden, weil er schlechte Laune hat oder der Zeitpunkt schlecht gewählt ist.

Vom-Tisch-Fegen nenne ich es nur, wenn alle Ihre Versuche zu kommunizieren immer wieder abgewiesen werden und Sie schließlich so entmutigt sind, daß Sie ein bestimmtes Thema niemals wieder anschneiden.

Es ist auch kein Vom-Tisch-Fegen, wenn der Partner einfach nicht erkennt, was er tut, und damit aufhört, wenn er darauf hingewiesen wird. Wenn man etwa sagt: «Weißt du eigentlich, daß du nie über Sex reden willst?», und der Partner antwortet: «Ja, da hast du recht. Es tut mir leid. Also laß uns über Sex reden.» – dann ist das ganz sicher kein Vom-Tisch-Fegen.

Doch wenn der andere konstant abstreitet, Dinge vom Tisch zu fegen, oder einem das Gefühl gibt, im Unrecht zu sein, weil man etwas besprechen will, dann ist es Vom-Tisch-Fegen.

Wie man Vom-Tisch-Fegen erkennt

Vielleicht antworten Sie auf Frage Nr. 9 spontan mit «Ja». Aber ich sorge mich viel mehr um die Fälle von Vom-Tisch-Fegen, die gar nicht als solche erkannt werden. Wenn Ihnen ständig jemand sagt, Sie sollen den Mund halten, macht Sie das vielleicht kurzfristig wütend, aber im Laufe der Zeit stumpfen Sie dagegen ab.

Es ist oft ziemlich schwierig, einem Menschen nachzuweisen, daß er die Dinge vom Tisch fegt. Das ist eigentlich auch nicht besonders überraschend, denn ein Mensch, der über ein bestimmtes Thema partout nicht reden will, wird selbstverständlich auch nicht zugeben, daß er sich konstant dem Gespräch über eben dieses Thema verweigert. Es gibt da unendlich subtile Feinheiten. Doch das Vom-Tisch-Fegen zerstört Beziehungen so oder so. Damit Sie erkennen können, wie sich Vom-Tisch-Fegen äußert, hier ein paar Schnappschüsse:

- Nehmen wir an, zwischen Ihnen und Ihrem Partner gibt es sexuelle Schwierigkeiten, über die Sie gerne reden würden. Aber wenn Sie sagen: «Ich möchte gern mit dir darüber reden, daß wir nicht mehr so oft miteinander schlafen», regt sich Ihr Partner auf und läßt Sie wissen: «Oh, wie ich es hasse, darüber zu reden. Du weißt genau, daß ich darüber nicht sprechen will.» Das bringt er so heftig und entschieden vor, daß Sie sich in die Ecke gedrängt fühlen. Das ist Vom-Tisch-Fegen.

- Jedesmal, wenn Sie darüber reden, wie Sie sich fühlen, seufzt Ihr Partner, wechselt das Thema, liest die Zeitung, stellt den Fernseher an, streichelt den Hund, zündet sich eine Zigarette an, holt sich etwas zu essen oder tut etwas anderes, um sich entfernen oder schweigen zu können. Das ist Vom-Tisch-Fegen.
- Sie arbeiten beide viel und haben keine Zeit füreinander, verdienen aber trotzdem nie genug Geld für die Lebenshaltungskosten. Die einzige Lösung für dieses Problem ist, Ihr Leben irgendwie einschneidend zu verändern. Aber immer, wenn Sie dieses Thema anschneiden, lenkt der Partner die Unterhaltung auf ein Nebenthema ab, so daß man ständig um den heißen Brei herumredet und nicht über das Wesentliche. Das heißt, daß Sie eigentlich nie über das Thema selbst reden. Das ist Vom-Tisch-Fegen.
- Sie sind beide der Meinung, daß es richtig ist, wenn Partner einander Rückmeldung geben, aber immer wenn Sie Ihrem Partner Feedback geben, kritisiert er so sehr an der Art und Weise und dem Zeitpunkt herum, daß Sie sich unter Druck gesetzt fühlen und Ihre Bemühungen schließlich einstellen. Das ist Vom-Tisch-Fegen.
- Der Mann, mit dem Sie seit einem Jahr befreundet sind, scheint an einer Beziehung mit Ihnen interessiert, sagt aber nie, daß er Sie liebt und ist, außer beim Sex, eigentlich nie liebevoll zu Ihnen. Sie versuchen, das zu besprechen, und er hört Ihnen auch höflich zu. Anschließend sagt er, wie interessant, faszinierend und aufregend er all das findet, was Sie vorgebracht haben. Er verspricht, darüber nachzudenken, aber er kommt nie wieder von sich aus darauf zurück, und wenn Sie nachhaken, gibt er Ihnen stets höflich zu verstehen, daß er noch mehr Zeit zum Überlegen braucht. Das ist Vom-Tisch-Fegen.

- Ihre Partnerin verwaltet die Haushaltskasse, aber soweit Sie das erkennen können, klappt das nicht gut. Das macht Sie wütend und nervös. Sie sagen: «Wir müssen mal darüber reden, wie du unsere Ausgaben regelst.» Sie weigert sich nicht, darüber zu reden, wirkt aber so geknickt, daß das Ganze sehr unangenehm wird und Sie sich Vorwürfe machen, es überhaupt angesprochen zu haben. Das ist Vom-Tisch-Fegen.
- Immer wenn Sie über etwas Wichtiges reden, sitzt Ihr Partner einfach da und sagt nur wenig, aber sein «Zuhören» wirkt irgendwie undurchdringlich und «steinern», so daß Sie den starken Eindruck haben, die Worte dringen zwar an sein Ohr, aber nie wirklich in seinen Verstand. Das ist Vom-Tisch-Fegen.
- Sie sprechen über ein Bedürfnis oder ein Problem, das Sie haben. Ihr Partner reagiert darauf, indem er Ihnen vorwirft, mit Ihnen stimme etwas nicht, weil Sie ein solches Bedürfnis oder Problem haben. Das kann grob herabsetzend geschehen oder aber auch auf subtile Art. Vielleicht deutet er an, daß Ihr Wunsch ein schlechtes Zeichen, pathologisch oder Ausdruck für ein Kindheitstrauma ist. Vielleicht sagt er einfach: «Du bist wie deine Mutter», oder er schiebt andere Gründe vor, die nichts mit dem zu tun haben, über das Sie reden wollen. Das ist Vom-Tisch-Fegen.
- Sie kommen von der Arbeit nach Hause und wollen über etwas sprechen, das im Büro vorgefallen ist und mit dem Sie allein nicht zurechtkommen. Aber Ihre Partnerin wird nach fünf Minuten unruhig und ungeduldig. Sie sagt ganz offen, daß sie sich für Ihre Büroquerelen und Ihre Karriereprobleme nicht interessiert, auch dann nicht, wenn Sie ganz offensichtlich stark damit beschäftigt sind. Sie weist darauf hin, daß Ihr Vater ohne jegliche Hilfe Ihrer Mutter sehr weit kam. Das ist Vom-Tisch-Fegen.

Ich könnte noch zahllose derartige Beispiele nennen. Aber es ist wichtig, daß Sie selbst ein Gefühl für die nicht leicht zu entdeckenden Methoden entwickeln, mit denen Menschen in Beziehungen Kommunikation verhindern. Man erkennt es nicht immer sofort, wenn es passiert, aber man spürt es. Anschließend müssen Sie die ganze Szene, die zu schnell vorbeisauste, im Kopf nochmal zurückspulen und dann sorgfältig darauf achten, ob Ihr Gefühl damit zusammenhängt, daß Ihr Partner etwas vom Tisch fegte, was Ihnen wichtig war. Je erfolgreicher Ihr Partner darin ist, um so besser sorgt er auch dafür, daß Sie es nicht merken.

Es geht zu weit

Hier müßte eigentlich die Richtlinie folgen, aber wir müssen aufpassen. Vom-Tisch-Fegen in der milden, gelegentlich auftretenden Form ist wie eine ganz gewöhnliche Erkältung: sehr, sehr unangenehm, aber nicht unbedingt tödlich. Wenn Ihr Partner auf Ihre Bemühungen, ein bestimmtes Thema immer wieder anzuschneiden, reagiert, indem er es nicht mehr so vehement vom Tisch fegt, ist das ein gutes Zeichen. Und es ist auch ein gutes Zeichen, daß der Partner die Dinge um so weniger ignoriert, je wichtiger Sie Ihnen sind. Wenn es nur ein oder zwei «heiße» Themen sind, die der Partner wegdrängt, ist das ebenfalls ein gutes Zeichen. Doch die Grenze wird hier gezogen:

Richtlinie Nr. 9

Wenn Ihr Partner ständig und hartnäckig verhindert, daß Sie über Dinge sprechen, die für Sie wichtig sind, so daß Sie sich schließlich bevormundet und geknebelt fühlen, dann stehen Sie vor einem destruktiven Problem, das sich nicht von selbst bessert. Ich kann mit gutem Gewissen sagen, daß Sie mit einer Trennung glücklicher sein werden.

Kurzfassung: Wenn Sie jedesmal, wenn Sie etwas besprechen wollen, das Maul gestopft bekommen, ersticken Sie schließlich.

Wenn Sie den Eindruck haben, dieser Ratschlag passe auf Sie, unternehmen Sie noch nichts. Manchmal ist es schwer, den Unterschied zwischen einem echten Ungeheuer und einem Menschen zu bestimmen, der vom Grundsatz her anständig ist, aber nur wenig Selbsterkenntnis besitzt. Sie müssen hier einen Test vornehmen: Wenn Sie bemerken, daß Ihr Partner etwas vom Tisch fegt, weisen Sie ihn darauf hin.

Sagen Sie etwa: «Immer wenn ich darüber spreche, daß ich meine Familie besuchen will (oder was auch immer), regst du dich so auf, daß ich das Gefühl habe, ich darf das Thema nicht einmal anschneiden.» Vielleicht erreichen Sie etwas, wenn Sie den Partner wissen lassen, was er tut. Dann trifft Richtlinie Nr. 9 nicht auf Sie zu. Doch vielleicht findet Ihr Partner bloß einen anderen Weg, es Ihnen unmöglich zu machen, mit ihm über wichtige Dinge zu reden. Wenn Sie dem Partner einen Spiegel vorhalten, verringert das noch nicht seine Neigung, die Kommunikation abzubrechen, und damit wird Ihr Gefühl bestätigt, daß Sie mit einer Trennung glücklicher wären.

Bei dieser Richtlinie gibt es eine Ausnahme: Vielleicht verhalten Sie sich so, daß Sie das Vom-Tisch-Fegen Ihres Partners unfreiwillig unterstützen. Es könnte sein, daß Sie zu den Menschen gehören, die sich absolut weigern, ab und zu ein «Nein» zu akzeptieren. Ganz gleich, wie ausgiebig eine Sache diskutiert und entschieden wurde, Sie können sie nicht ruhen lassen und fangen immer wieder davon an.

Eine Frau zum Beispiel hatte eine ausführliche, offene und klare Diskussion mit ihrem Mann darüber, daß sie gerne Geld für die Renovierung des Hauses ausgeben wollte. Er erklärte ihr ganz offen, daß sie sich das derzeit nicht leisten könnten. Sie begriff, über was er sprach, und stimmte sogar mit ihm überein, dennoch ließ sie das Thema anschließend nicht fallen. Obwohl es nichts Neues dazu zu sagen gab, brachte sie es immer wieder auf. Natürlich wollte ihr Mann dann nicht mehr darüber reden. Das ist kein Vom-Tisch-Fegen.

Das Problem, das Probleme schafft

Warum widme ich dem Thema Vom-Tisch-Fegen soviel Aufmerksamkeit? Schließlich gibt es doch in jeder Beziehung Meinungsverschiedenheiten. Es ist aber ein Unterschied, ob man eine Meinungsverschiedenheit, für die man vielleicht gerade keine Lösung parat hat, als solche anerkennt oder ob man es nicht zuläßt, daß sie auch nur erwähnt werden darf. Im letzteren Fall besteht nämlich ein noch viel grundsätzlicheres Problem, das unter diesen Umständen aber nicht behoben werden kann. Wie sollte man auch etwas beheben, über das man nicht einmal reden darf, weil der Partner die Dinge einfach vom Tisch fegt?

Wenn schwerwiegende Meinungsverschiedenheiten vom Tisch gefegt werden, besteht keine Hoffnung auf Veränderung. Sie haben dann ein Kommunikationsproblem, das die Lösung all Ihrer anderen Probleme verhindert.

Ihr Partner ist dann besonders destruktiv, wenn er Ihre Versuche, ihm Rückmeldung zu geben, vom Tisch fegt. Rückmeldungen sind nichts anderes als Äußerungen wie: «Das mag ich», «Das gefällt mir nicht», «Das tut mir weh» oder «Das tut nicht weh». Die Möglichkeit, seine Gefühle zum Ausdruck zu bringen, ist für jede Beziehung so unentbehrlich wie der Sauerstoff zum Atmen. Ohne diese Möglichkeit erstickt man, denn wenn niemand etwas tun darf, um eine widrige Situation aus der Welt zu schaffen, wird alles immer schlimmer.

Wenn also jemand all Ihre Versuche abblockt, Rückmeldung zu geben – indem er sich entweder verletzt gibt, wütend wird, den Spieß umdreht oder sich einfach weigert, Ihnen zuzuhören –, ist das, als würde er ein großes Schild hochheben, auf dem steht: «Mir ist es völlig einerlei, ob dies eine Beziehung ist, in der du dich wohl fühlst.»

Tag für Tag sehe ich, wie unheilbar zerstörerisch dieses Vom-Tisch-Fegen ist. Es ist wie der Unterschied zwischen einem Hund und einem Wolf. Manche Beziehungen sind wie ein Hund: Selbst ein ziemlich dummer Hund kann ein paar Tricks lernen. Aber ein Wolf, ganz gleich wie klug und schön er sein mag, weigert sich, gezähmt zu werden. Er ist vielleicht in der freien Natur ein prachtvolles Tier, aber man kann ihn nicht im Haus haben: Seine Wildheit vereitelt jeden Versuch, ihn zu erziehen. Er läßt es nicht zu, beeinflußt zu werden.

Kurz und knapp gesagt: Wenn innerhalb einer Beziehung Kommunikationsprobleme auftreten, heißt das noch nicht, daß die Beziehung zu schlecht ist, um zu bleiben. Auch wenn es ein ständiger Kampf ist, man kann ihn immer noch gewinnen. Aber wenn in einer Beziehung das Problem besteht, daß Kommunikation gänzlich unmöglich ist, dann ist sie mit Sicherheit zu schlecht, um zu bleiben. Das Vom-Tisch-Fegen ist ein solches Problem.

Jetzt stellen Sie sich vor, es gäbe etwas, das noch weiterginge: etwas, das Kommunikation nicht nur verhindert, sondern sogar verringert. Darum dreht sich unsere nächste Frage, und wir stellen sie, nachdem wir dem Vom-Tisch-Fegen eine wichtige Rolle im zentralen Drama einer Beziehung eingeräumt haben.

Perspektiven: In erster Linie Sicherheit

Mit den folgenden Überlegungen möchte ich Sie aufmerksam machen auf das, was ich als den Kern einer jeden Beziehung betrachte. Man muß wissen, wie dieser Kern aussieht, wenn man verstehen möchte, wie eine Beziehung funktioniert und ob man sie heilen kann.

Wenn Sie jemand etwas erzählen, dann bedeutet das, daß Sie etwas von sich enthüllen oder preisgeben. In gewissem Sinne ist Kommunikation ein Prozeß des Sichentblößens – nicht körperlich, aber interpersonell. Je näher man jemandem steht, um so eher führt Kommunikation zu einem Zustand von interpersoneller Nacktheit. Und Liebe ist der Ort, an dem Sie sicher sind, auch wenn Sie nackt sind. Überall sonst im Leben müssen wir die Maske der Höflichkeit aufsetzen, unabhängig davon, was wir eigentlich fühlen. Aber es gehört wesentlich zu der Erfahrung des Sich-Verliebens und Liebens, daß wir diese Masken abnehmen dürfen.

Natürlich legen wir die Kleider auch bei körperlicher Intimität ab, aber wir lassen auch in anderer Hinsicht die Hüllen fallen, indem wir Geheimnisse gestehen und dem anderen Aspekte unseres Selbst zeigen, die sonst niemand in der Welt sieht. Wir sind daher nicht bloß körperlich nackt, sondern auch emotional – wir liefern uns aus, indem wir unser wahres Gesicht unverhüllt zeigen. Liebe bedeutet daher nicht nur, sich sicher zu fühlen, wenn man nackt ist, sondern auch, sich immer entspannter und sicherer zu fühlen, je nackter man wird.

Damit ist nicht gemeint, daß Sie in jeder nur erdenklichen

Hinsicht vollständig nackt werden müssen. Alle Menschen brauchen Grenzen, und jeder steckt seine eigenen ab. Viele Leute fühlen sich zum Beispiel nie ganz wohl, wenn sie zusammen mit ihrem Partner im Bad sind. Und das ist auch in Ordnung so. Aber wenn Sie von vielen undurchdringlichen Grenzmauern umgeben sind, deutet das darauf hin, daß es in Ihrer Beziehung mehr um Distanz als um Nähe geht. Wenn Sie sich lieber verstecken, als sich offen zu zeigen, dann ist Ihre Beziehung ein Ort, an dem Sie nicht sicher sind, wenn Sie nackt sind.

Denn das Problem ist ja, daß man nackt gleichzeitig auch empfindsamer wird. Es ist einfach, jemanden zu verletzen, der sich entblößt hat. Was Menschen sagen und tun, um sich zu enthüllen, kann anstatt Sicherheit auch Probleme, Angst und Schmerz erzeugen. Ich jedenfalls habe gelernt, daß unabhängig davon, mit welchen Problemen ein Paar auch immer zu mir in Therapie kommt, und unabhängig davon, an welchen Themen wir arbeiten, sie in jedem Fall lernen müssen, ihre Beziehung zu einem Ort zu machen, an dem sie sicher sind. Beide müssen die Sicherheit *haben*, so sein zu können, wie sie wirklich sind. (Beispiel: «Ich kann meinen schrägen Humor ausdrücken, ohne ausgelacht zu werden»), und beide müssen dem anderen die Sicherheit *geben*, daß er so angenommen wird, wie er ist. (Beispiel: «Ich habe gelernt, dir nicht ständig das Gefühl zu geben, es sei nicht in Ordnung, ab und zu schlechte Laune zu haben.»)

Halt's Maul und zieh dich an!

Es ist für manche Menschen nicht einfach, das Gleichgewicht zwischen Nacktheit und Sicherheit zu finden. Wenn es Ihnen nicht gelingt, dann leben Sie in einer Beziehung, die zu schlecht ist, um zu bleiben. Und wenn Sie erkannt haben, *warum* es zu schwierig ist, dann verstehen Sie auch, warum Ihre Beziehung zu schlecht ist.

Wenn Liebe der Ort ist, an dem es sicher ist, nackt zu sein, dann ist jede Beziehung ein Versuch, die folgenden Fragen zu beantworten:

- Kann ich mich sicher fühlen, wenn du nackt bist? Fühle ich mich immer noch wohl, wenn du dich gehen läßt und dich zeigst, so wie du wirklich bist, und sagst, was du wirklich fühlst und denkst?
- Kann ich nackt sein, und du fühlst dich immer noch sicher? Kann ich in Worten und Taten preisgeben, wer ich wirklich bin und wie ich mich wirklich fühle, ohne daß du dich unsicher fühlst?

Nehmen wir das Thema «Wut ausdrücken» als Beispiel: Kyra, eine achtundzwanzigjährige Polizistin, glaubte, ihre Wut sei etwas sehr Tiefes, Persönliches, etwas, das sie nur mit jemandem teilen würde, dem sie sehr nahestand. Daher bedeutete für sie emotional nackt sein gleichzeitig auch, die Freiheit zu haben, ihre Wut zu zeigen. Aber für ihren Partner Dennis, einen Feuerwehrmann, bedeutete Sicherheit, vor ihrer Wut geschützt zu sein.

Die Sache war für die beiden schwer auszuhalten, denn wenn auch Dennis in dieser Beziehung emotional nackt sein wollte, mußte er Kyra sagen, wie unwohl er sich bei ihren Wutausbrüchen fühlte. Damit aber gefährdete er Kyras Bedürfnis nach Sicherheit, da eine solche Reaktion ein vermeintlicher Angriff auf ihre Gefühle war.

Sie sehen, wie schnell das eigene Bedürfnis nach Nacktheit und Sicherheit mit dem Ihres Partners in Konflikt geraten kann – völlig ungeachtet der Themen, die man bewältigen möchte. Genau die Dinge, die man gern in Sicherheit ausdrücken möchte, sind vielleicht genau die Dinge, vor denen der Partner geschützt sein will, um sich sicher zu fühlen.

Balanceakte

Alle Paare versuchen, Sicherheit und Nacktheit auszubalancieren, und gewöhnlich finden sie dazu einen Weg. Das gelingt, weil beide erkennen, daß sie Sicherheit brauchen, wenn sie nackt sind. Und dann herrscht ein Zustand von Liebe.

Aber manche Menschen, die eine Beziehung eingehen, bringen ein so enormes Bedürfnis nach Sicherheit mit, daß sie die Fähigkeit des Partners, Sicherheit zu geben, heillos überfordern.

Dieses Extrabedürfnis nach Sicherheit rührt vielleicht daher, daß sie sich nicht *mit*, sondern *vor* dem anderen sicher fühlen möchten (vor Beleidigungen, Ablehnung, Kontrollversuchen). Vielleicht kommt es auch daher, daß sie sich andernfalls nicht sicher genug in der eigenen Haut fühlen, um das zu tun, was sie tun wollen. Wenn das Extra-Sicherheitsbedürfnis des einen Partners so groß ist, daß er dem anderen Partner nicht zugestehen kann, sich ebenfalls sicher und frei zu fühlen, dann haben wir eine Beziehung, die zu schlecht ist, um zu bleiben.

Das Thema Vom-Tisch-Fegen paßt genau in diesen Zusammenhang. Ein Mensch, der Themen vom Tisch fegt, die Ihnen am Herzen liegen, drückt damit aus, daß Ihre Nacktheit bei ihm ein Gefühl von Unsicherheit erzeugt. Den Sicherheitsverlust gleicht er bewußt oder unbewußt damit aus, daß er auch Ihnen ein Gefühl von Unsicherheit vermittelt, indem er Sie nicht darüber reden läßt.

Bei Frage Nr. 1 erinnerten Sie sich an Dinge, die gut waren, als mit Ihrer Beziehung alles noch zum besten stand, und bei Frage Nr. 5 suchten Sie nach einem Interesse, das Sie mit Ihrem Partner verbindet. In beiden Fällen ging es um das Thema *Freude.*

Jetzt haben wir gerade das Thema *Sicherheit* abgehandelt. Auch das haben wir bereits vorher erwähnt, zum Beispiel, als Sie bei Frage Nr. 2 gefragt wurden, ob Sie körperlich mißhandelt wurden, oder im vorigen Kapitel, als wir über Machtmenschen sprachen und über Beziehungen, in denen es nicht sicher ist, Bedürfnisse zu haben.

Dieses Doppelthema von Freude und Sicherheit kommt immer wieder vor, es ist immer involviert, wenn es darum geht, zu entscheiden, was eine Beziehung zu gut macht, um sie aufzugeben, oder zu schlecht, um zu bleiben.

Schritt Nr. 10: Die Wahrheit sagen

Vom-Tisch-Fegen ist schlecht, weil es Kommunikation verhindert. Lügen ist schlecht, weil es Kommunikation schwächt. Wenn Sie angelogen werden, sind Sie schlechter dran als zuvor. Vorher wußte man einfach nichts – nach der Lüge denken Sie, Sie wüßten es, aber es stimmt nicht. Lügen ist für die Kommunikation das, was Mord für das Leben ist: Beide nehmen fort, was echt und kostbar ist. Mord ist natürlich schlimmer, weil man die Wahrheit ja immer wieder zurück ins Leben rufen kann, aber wir empfinden für notorische Lügner fast den gleichen Haß wie für Mörder.

Eigentlich ist das paradox, denn fast jeder Mensch lügt irgendwann einmal: von kleinen und spontanen Notlügen über Lügen, die Unschuldige schützen sollen oder die man gebraucht, weil man einfach nicht die ganze Wahrheit sagen will, bis hin zu Lügen, die «zum Besten aller» sind oder die den eigenen Hals retten sollen. Manche Menschen lügen mehr als andere, aber schon Diogenes bemerkte, wie schwer es ist, jemanden zu finden, der niemals lügt. Wenn es ein Grund wäre, eine Beziehung zu beenden, weil man beim Lügen ertappt wurde, würden wir alle allein leben.

Hier geht es um das folgende Problem: Wie findet man einen Mittelweg zwischen Lügen, die vertretbar sind, und Lügen, die das schlimmste sind, was in der Kommunikation passieren kann – schlimmer noch als das Vom-Tisch-Fegen?

Das Schlüsselwort hier lautet Sicherheit. Aufgrund der Tatsache, daß die meisten Menschen manchmal ein bißchen lügen, können wir mit dem Gedanken leben, daß unser Partner gelegentlich lügt – kleine, unschuldige Notlügen. Solange wir sagen können: «Er hat mich nie in einem wirklich wesentlichen Punkt belogen», regen wir uns nicht allzusehr auf.

Aber wenn Sie das Vertrauen verlieren, daß Ihr Partner im allgemeinen die Wahrheit sagt, besteht ein grundsätzliches Hindernis dafür, daß Ihre Beziehung jemals zufriedenstellend wird. Daher lautet die nächste Frage:

•••

Diagnostische Frage Nr. 10:

Sind Sie an dem Punkt angelangt, daß Sie, wenn Ihr Partner etwas sagt, gewöhnlich davon ausgehen, es sei eher eine Lüge als die Wahrheit?

•••

Manche Menschen gelangen schon an diesen Punkt, wenn sie den Partner bei einer einzigen größeren Lüge erwischen. Andere können eine Menge an kleinen Lügen tolerieren und sogar ein paar größere. Aber ganz gleich, wo man den Trennstrich zieht, die Frage ist, ob Sie soweit sind, daß Sie jederzeit eine Wette darauf abschließen würden, daß Ihr Partner Sie belügt.

Roswithas Geschichte

Parasiten lügen nicht – das ist vielleicht ihre einzige Tugend. Roswitha verdankte genau diesem Umstand die Erkenntnis, die sie schon lange gesucht hatte.

Harald, Roswithas Mann, war gleichzeitig ihr größter Stolz und ihre größte Enttäuschung. Er war, wie er es nannte, in der Pampa aufgewachsen, sah aber gut aus und hatte das Auftreten und den Ehrgeiz, Fernsehreporter zu werden. Außerdem hatte er das Glück, daß es in seiner Gegend einen kleinen Sender gab. Noch in der Oberschule fand er dort einen Job und las an den Wochenenden die Nachrichten. Am Tag seiner Abschlußprüfung bekam er eine feste Stelle als Reporter. Er verdiente nicht viel, und viel Ruhm brachte der Job auch nicht ein, aber Harald hielt ihn für ein Sprungbrett.

Nach ein paar Jahren tat er sich um und fand eine Stelle bei einem größeren Fernsehsender. Damals lernte er auch Roswitha kennen. Sie war Verkaufsberaterin in einem Warenhaus vor Ort, und Harald brauchte sie dringend, weil er immer noch der Junge vom Land war und nicht über den Schliff und die Manieren verfügte, die er in der Großstadt brauchte. Roswitha brachte ihm alles bei: wie man sich kleidete, sich eine anständige Frisur zulegte und wie man sich in feinen Restaurants benahm. Bald schon kamen sie sich näher und verliebten sich ineinander.

War ihre Beziehung von Anfang an dem Untergang geweiht? Ich weiß es nicht, aber als ich sie kennenlernte, war die Beziehung schon ziemlich gestört. Roswitha war von Haralds Charme geblendet. Sie beurteilte außerdem völlig falsch, wie er auf ihre «Schulung» reagierte. Die meisten ihrer Freundinnen konnten kaum Kleinigkeiten an den Männern ändern, mit denen sie zusammen waren. Roswitha aber hatte den Eindruck, an Harald alles ändern zu können – außer, wie sie herausfand, seine Neigung zum Lügen.

Sein Talent zum Lügen verhinderte jahrelang, daß sie erkannte, daß er meistens genau das tat, was er wollte – unabhängig davon, wie sehr er dadurch andere Menschen beeinträchtigte. Er sah sich als künftigen Fernsehstar und hatte den Anspruch, schon als junger Mann all das zu bekommen, auf das er eigentlich noch Jahre hätte warten müssen.

Zuerst fielen Roswitha nur ein paar kleinere Lügen auf – zum Beispiel, daß er Arbeit vorschob, wenn er in Wirklichkeit mit seinen Kumpels ausging. Dann gab es eine Reihe von Missetaten, die eigentlich nicht wirklich schlimm, aber immerhin schlimm genug waren, um wütend und enttäuscht zu sein. So entdeckte Roswitha zum Beispiel, daß er weitaus mehr Geld für seine Belange ausgab, als sie hatte ahnen können. Wie alles hatte er auch diese Tatsache mit einem Kokon von Lügen umwunden.

Während sich dieser Kreislauf aus Missetaten und ihrer Vertuschung weiter fortsetzte, trennten und versöhnten sie sich mehrere Male. Dann bekamen sie ein Baby, es folgte eine weitere Trennung, noch ein Kind und noch eine Versöhnung – Stationen einer typischen Geschichte von Beziehungsambivalenz.

Als sie das letzte Mal wieder zusammenfanden, hatte Harald Versprechungen gemacht, die Roswitha glauben wollte, weil er eigentlich immer ein netter Kerl gewesen war. Eigentlich konnte sie ihm nicht mehr vertrauen, aber sie wollte sich nicht eingestehen, daß sie Harald nicht mehr über den Weg traute.

Da kamen die Krabbeltiere ins Bild. Wie in aller Welt hatte sie die Filzläuse bekommen? Sie war mit niemand anders zusammen gewesen. Als sie Harald danach fragte, sagte er, er hätte sie auch. «Woher hast du sie?» fragte sie. «Von einem öffentlichen Klo», war seine lapidare Antwort.

Aber Roswitha wußte, daß das unmöglich war. Die Filzläuse sagten die Wahrheit, die Harald nicht aussprechen konnte. Sie hatte es endgültig satt, sich länger belügen zu lassen, und gestand sich endlich ein, daß Harald log, sobald er den Mund aufmachte.

Roswitha fühlte sich vernichtet: nicht nur weil ihre Beziehung gescheitert war, sondern vor allem, weil sie in all den Jahren immer wieder an eine Beziehung mit ihm hatte glauben wollen, obwohl sie längst wußte, daß Harald ein Lügner war – schon Jahre bevor es zu dem Zwischenfall mit den Filzläusen gekommen war.

Hier die Richtlinie zu Frage 10:

Richtlinie Nr. 10

Wenn Sie sich jedesmal, wenn Ihr Partner etwas sagt, bei dem Gedanken ertappen: «Der lügt vermutlich», oder wenn Sie einfach nur spüren, wie sich in Ihnen etwas zusammenzieht, weil Sie auf eine Lüge gefaßt sind, dann wird bei dieser Beziehung nichts Gutes für Sie herauskommen. Die meisten Menschen in einer solchen Situation sind glücklicher, wenn sie sich trennen, und das gleiche gilt auch für Sie.

Kurzfassung: Wenn Sie mit einem Lügner verheiratet sind, ist Ihre Ehe eine Lüge.

Lassen Sie mich diesen Ratschlag erläutern. In einer stürmischen Beziehung ertappt der eine den anderen oft bei einer großen Lüge, etwa bei einer außerehelichen Beziehung. Aber einer so großen Lüge schuldig zu sein ist kein Vergehen, das automatisch die Beziehung beendet – jedenfalls nicht unbedingt. Beziehungen können sich von einer großen Lüge erholen. Sicher, das Vertrauen kann leicht Schaden nehmen, doch das regeneriert sich leicht, sofern es nicht völlig zerstört ist.

Richtlinie Nr. 10 bezieht sich nicht auf jemanden, der einer einzigen großen Lüge schuldig ist; gemeint ist vielmehr jemand, der Ihrer Überzeugung nach fast immer lügt, wenn er mit Ihnen redet. Es geht nicht darum, wie schlimm es war, was er getan hat, sondern wie schlimm die Wirkung seines Tuns ist, wenn er nicht einmal, sondern immer lügt.

Man muß bei dieser Richtlinie also aufpassen. Die Tatsache, daß jemand gelogen hat, kann einen sehr wütend und mißtrauisch machen; man fühlt sich stark verunsichert. Es ist wohl normal, nach einer großen Lüge eine Phase durchzumachen, in der man überzeugt ist, daß alles, was der Partner von sich gibt, gelogen ist – vielleicht bezweifelt man auch alles, was er jemals gesagt hat.

Aber man muß unterscheiden zwischen der emotionalen Reaktion, die entweder gerechtfertigt ist oder nicht und von der man sich entweder erholt oder nicht, und der Überzeugung, daß man darauf wetten könnte, ständig von seinem Partner belogen zu werden.

Ein Leben der Lüge

Warum sind die meisten Menschen, die auf Frage Nr. 10 mit «Ja» antworten, glücklicher, wenn sie sich trennen? Weil es darauf ankommt, was mit Ihnen passiert, wenn Sie mit einem Partner zusammenleben, von dem Sie wissen, daß er häufiger lügt, als daß er die Wahrheit sagt. Vor Ihnen liegt dann ein Leben voll von Bitterkeit, Panik und Verzweiflung. Die Welt wird zum Alptraum. Man kann sich nur noch sicher fühlen, wenn man sich so weit vom Partner distanziert, daß man die Beziehung auch gleich beenden könnte. Auch hier gilt: lieber ein Ende mit Schrecken als ein Schrecken ohne Ende.

Das Lügen wird ja nicht besser. Wenn die Dinge zwischen Ihnen schwieriger werden, häufen sich für Ihren Partner auch die Gelegenheiten.

Eine Frau, die ihren Mann verließ, weil sie ihn als Lügner identifiziert hatte, sagte: «Jeder Tag in meinem Leben ist heute für mich ein Geschenk, denn was auch immer passiert, ich kenne die Person, mit der ich lebe – mich selbst –, sehr gut, und die wird immer die Wahrheit sagen.»

8

Ich weiß nicht, was soll es bedeuten

Thema: Gibt es die wahre Liebe noch?

Man sucht sein ganzes Leben lang nach der wahren Liebe

Manchmal, wenn eine Beziehung am seidenen Faden hängt, dann ist alles, was diesen Faden noch hält, die Liebe. Vieles an einer Beziehung mag sehr schlecht und nur weniges noch ein bißchen gut sein, und dennoch gibt es da noch etwas Verbindendes, etwas, das Sie daran hindert zu gehen, und etwas, was Sie veranlaßt zu sagen: «Aber ich liebe sie/ihn doch.»

Dieses Etwas ist kaum zu fassen und wiegt dennoch so schwer, daß es jeden Versuch, die Argumente für oder gegen eine Beziehung nüchtern abzuwägen, zum Scheitern verurteilt. Seit mehr als zwanzig Jahren kommen Klienten in mein Sprechzimmer und tragen ihre Beziehung vor sich her wie ein krankes Huhn. Sie erzählen mir unglaubliche Geschichten von Unglück und Leid, Enttäuschung und Katastrophen; sie geben mir jeden Grund zur Annahme, daß die Beziehung ohne künstliche Beatmung den nächsten Tag nicht überstehen wird – ja, daß sie nicht einmal wollen, daß sie überlebt.

«Klingt so, als wüßten Sie genau, was am besten für Sie ist», sage ich dann. Die Waagschale scheint eindeutig auf die eine Seite herabzusinken.

Und dann greifen sie sich ans Herz und holen die Liebe hervor, die da noch übriggeblieben ist. Sie legen sie auf die andere Seite der Waage, und dieses Stückchen Liebe hat mehr Gewicht als alles andere: Die Waage neigt sich in die andere Richtung. Für

Menschen in dieser Situation scheint die Liebe tatsächlich alles andere aufzuwiegen, in manchen Fällen selbst die modrige Realität einer abgestorbenen Beziehung.

Aber ist sie wirklich tot? Hat nicht jedes Quentchen Liebe, das groß genug ist, um sich in unserem Herzen bemerkbar zu machen, die Kraft, eine Beziehung am Leben zu halten? Ist man nicht verpflichtet, in einer Beziehung zu bleiben, in der man noch Liebe für den anderen empfindet?

Oder können Gefühle manchmal auch Illusionen sein? Ist die Liebe, die man manchmal so echt und heftig empfindet, bloß der Geist erloschener Hoffnungen und abgestorbener Träume?

Aber wir spüren diese Liebe. Und haben Therapeuten wie ich nicht unser ganzes Berufsleben damit zugebracht, den Leuten beizubringen, ihren Gefühlen zu trauen? Könnte ich jemals sagen: Mißtraue deinen Gefühlen?

Reden wir also über diese Beziehungen, in denen man sich fühlt, als würde nur der Satz: «Aber ich liebe sie/ihn doch» verhindern, daß man geht. Schauen wir uns an, ob es einen Weg gibt zu bestimmen, wie stark und echt diese Liebe ist und welchen Unterschied sie tatsächlich ausmacht.

Zu jung, um verliebt zu sein

Keiner ist mit seiner Verwirrung in Sachen Liebe allein. Auch den meisten Therapeuten ergeht es nicht anders, und sie ringen nur verzweifelt die Hände, wenn die Sprache auf die Liebe kommt. In einem der einflußreichsten Bücher über Eheberatung, «Helping Couples Change», verweist die Bibliographie auf eine unglaubliche Fülle von Literatur. Aber in dem Buch selbst und in den insgesamt fast 100.000 Seiten, auf die verwiesen wird, kommt das Wort Liebe kaum jemals vor. In dem unschätzbaren «Handbook of Family Therapy» wird Liebe nur einmal erwähnt – sie wird dort als eine von insgesamt zweiundvierzig Komponenten einer Ehe abgehandelt. Liebe ist also nur ein Zweiundvierzigstel einer Ehe!

Andere Therapeuten, die versuchten, das Thema Liebe in den Griff zu kriegen, haben derweil die Flinte ins Korn geworfen. C. G. Jung zitiert in seiner Autobiographie «Erinnerungen, Träume und Reflektionen» das Neue Testament: «Aber die Liebe duldet und besiegt alles.» Für Jung enthielten diese Worte alles, was man über die Liebe sagen kann. Darüber hinaus war er ehrlich genug, zuzugeben, daß auch er in seiner klinischen Laufbahn wie auch im Privatleben immer wieder vor dem Geheimnis der Liebe gestanden habe, ohne es jemals wirklich entschlüsseln zu können.

Jung und andere Therapeuten sind verantwortungsbewußt genug, sich einzugestehen, daß das Wort Liebe sie einfach überfordert. Andere Menschen gehen eher nachlässig mit dem Wort um. Ich selbst weiß nur, daß das, was wir Liebe nennen, unglaublich verwirrend sein kann, und zwar ganz besonders für Menschen, auf denen sie am stärksten lastet.

Nicht mehr als «bloß» Gefühle …

Nehmen wir also die Liebe ein wenig unter die Lupe, damit Sie entscheiden können, ob Ihre Beziehung zu gut ist, um sich zu trennen, oder zu schlecht, um zu bleiben.

Wir haben bereits über die Vorbedingungen von Liebe gesprochen. Sie erinnern sich – die meisten Menschen sind nicht glücklich, wenn sie eine Beziehung mit einem Menschen führen, in den sie sich keinesfalls wieder verlieben würden. Jetzt wollen wir testen, ob Ihre Gefühle eingebettet sind in ein Fundament aus persönlicher Wahrheit. Sie können sich immer darauf verlassen, daß Ihre Gefühle authentisch sind, aber Sie müssen äußerst vorsichtig sein mit der Interpretation, *warum* Sie genau jetzt dieses Gefühl haben.

Um zu verstehen, was es bedeutet, Ihren Gefühlen auch wirklich vertrauen zu können, müssen Sie begreifen, wie Gefühle funktionieren. Zur Veranschaulichung hier ein Schnellkurs, den ich sowohl beruflich wie persönlich sehr nützlich finde:

Denken Sie zehntausend Jahre zurück und versetzen Sie sich in die Lebenswelt unserer primitiven Vorfahren. Wenn wir den gesamten Prozeß, der die Entstehung von Gefühlen begleitet, schematisch in seine aufeinanderfolgenden Stadien zergliedern, erkennen Sie, was Sie bei der Interpretation von Gefühlen alles bedenken müssen. Es ist nur ein Beispiel, aber die verschiedenen Stadien sind immer die gleichen:

Stadium 1: Wirklichkeit. Ein Tiger schleicht durch das Gras auf Sie zu.
Stadium 2: Wahrnehmung. «Ein Tiger schleicht sich durch das Gras auf mich zu.»
Stadium 3: Gefühl. «Hilfe!» – Angst vor dem Tiger.
Stadium 4: Handlung: Sie drehen sich auf dem Absatz um und rennen, als sei der Teufel hinter Ihnen her.

Jedes Gefühl, das Sie jemals hatten, ist im Verlauf einer solchen Abfolge entstanden. Jetzt wird klarer, warum wir Gefühle nur in ihrem Kontext wirklich verstehen können. Bitte achten Sie darauf, daß vor dem Gefühl «Angst vor dem Tiger» ein echter Tiger dasein muß, den wir auch genau wahrnehmen.

Es wird viel darüber geredet, daß man alle seine Gefühle in jedem Fall respektieren sollte, aber seien wir ehrlich, man fühlt sich ziemlich albern mit dem Gefühl «Angst vor dem Tiger», wenn man zwar tatsächlich etwas wahrnimmt, dieses Etwas aber vielleicht nichts anderes ist als ein Spaßmacher in einem ungeheuer echt wirkenden Tigerkostüm. Das gleiche gilt, wenn man fälschlicherweise ein Zebra, eine Hauskatze oder die eigene Schwiegermutter für einen Tiger hält und Angst empfindet. Niemand kann einem sagen, was man fühlen soll, aber damit Gefühle einen Sinn ergeben, müssen sie auf der korrekten Wahrnehmung von etwas beruhen, das auch tatsächlich da ist.

Liebe paßt wie alle anderen Gefühle ebenfalls in dieses Schema.

Stadium 1: *Wirklichkeit.* Man lernt jemanden kennen, und diese Person hat echte Eigenschaften.
Stadium 2: *Wahrnehmung.* «Was für ein wunderbarer Mensch – perfekt für mich.»
Stadium 3: *Gefühl.* «Ich bin verliebt!»
Stadium 4: *Handlung.* Man kommt sich immer näher.

Die Worte: «Aber ich liebe sie/ihn doch» sind eine bloße Gefühlsäußerung, die noch nichts über die Realität aussagt und auch noch nicht darüber, wie man diese Realität wahrnimmt. Die Liebe zu Hans oder Grete ist eine gute Sache, aber nur, wenn man auch tatsächlich Liebe empfindet, wenn man den echten Hans oder die echte Grete auch korrekt wahrnimmt.

Liebe empfinden bedeutet nicht, daß Ihre Wahrnehmung korrekt ist oder daß die Realität Ihre Gefühle auch rechtfertigt. Mit anderen Worten: Gefühle sind nicht unbedingt angemessen, nur weil Sie sie haben. Fragen Sie jeden, der Opfer eines Betruges wurde, weil man ihn mit einem Trick dazu gebracht hat, etwas für real zu halten, das es in Wirklichkeit gar nicht gab.

Schritt Nr. 11: Du bist es, du liebst mich wirklich

Wenn Sie zu jenen Menschen gehören, die durch Liebe in Beziehungsambivalenz gehalten werden, möchte ich Ihnen helfen, herauszufinden, ob Ihre Gefühle angesichts Ihrer Realität einen Sinn ergeben.

Natürlich legt dieses Buch es insgesamt darauf an, Ihnen genau dabei zu helfen, aber wir konzentrieren uns nun nicht auf die andere Person, sondern auf die Liebe selbst: Schleicht sich wirklich der Tiger der Liebe an Sie heran, oder ist es nur ein Papiertiger, ein Tigergeist oder überhaupt kein Tiger?

Die nächste Frage ist eine der besten Methoden, die ich kenne, um herauszufinden, ob die Liebe abgestorben ist. Vielleicht erscheint sie Ihnen so vertraut wie ein Thermometer, aber genau wie ein Thermometer hat sie erstaunliche diagnostische Fähigkeiten:

Diagnostische Frage Nr. 11:
Trotz aller bewundernswerten Eigenschaften und abgesehen von vorübergehender Wut oder Enttäuschung – mögen Sie Ihren Partner echt, und scheint Ihr Partner Sie zu mögen?

Um ganz sicherzugehen, muß ich hier nachhaken: Frage Nr. 11 hat eigentlich zwei Teile:

1. Wir haben bereits festgestellt, daß Sie Ihren Partner weder

unangenehm, dumm, verrückt, häßlich oder stinkig finden. Aber mögen Sie Ihren Partner wirklich? Ich frage nicht, ob Sie mit Ihrem Partner befreundet sein wollen, so, wie Sie mit anderen Menschen in Ihrem Leben befreundet sind. Ich frage auch nicht, ob Sie bei Tätigkeiten wie Kochen oder Einkaufen miteinander auskommen. Ich frage nicht, ob Ihnen die gleichen Dinge gefallen. Ich frage auch nicht, ob das auf jede Minute jeden Tages zutrifft. Ich frage nur, ob, wenn es darauf ankommt, Sie Ihren Partner wirklich so mögen wie einen Freund oder andere Menschen, in deren Nähe Sie sich wohl und glücklich fühlen.

2. Scheint Ihr Partner Sie zu mögen? Ich meine damit nicht, daß Sie Gedanken und Herz Ihres Partners durchforschen sollen. Statt dessen frage ich, welches Gefühl Ihr Partner Ihnen vermittelt, wie er Sie findet. Benimmt er sich so, als möge er Sie? Gibt er Ihnen das Gefühl, Sie zu mögen? Ich weiß, es gibt zwischen Ihnen Wut, Verletztheit und Distanz, aber vermittelt Ihr Partner Ihnen das Gefühl, daß er Sie abgesehen von solchen Phasen leiden kann?

Das sind keine leichten Fragen. Schauen wir, was wir von anderen Leuten lernen können, die ich das Paar nenne, das zuviel versuchte.

Die Geschichte von Anne

Anne und David verliebten sich ineinander und heirateten, weil sie die gleichen Wertvorstellungen hatten. Sie waren sich bei einer Quäkerversammlung begegnet. Beide waren in Quäkerfamilien groß geworden, hatten sich aber als Jugendliche aus dem Milieu gelöst. Beide waren kurze Zeit mit anderen Partnern verheiratet gewesen und versuchten nun, ihre spirituellen Wurzeln wiederzufinden.

Anfänglich fühlten sie sich durch ihr Unbehagen zueinander hingezogen, das sie wegen der politischen Aktivitäten einiger anderer in der Gruppe empfanden. Anne und David sehnten sich nach spirituellen Erfahrungen. Als sie einander fanden, verband sich diese Sehnsucht mit dem gemeinsamen Hintergrund, und es schien, als paßten sie gut zueinander: zwei gute, freundliche, sanfte, liebevolle Menschen, die sich nach einer engen Bindung zu Gott sehnten und die Einstellungen des anderen akzeptieren konnten.

Sie stimmten stark miteinander überein und bestätigten einander aufgrund der gemeinsam befolgten Quäkerregeln so stark, daß sie es sich bald zur Gewohnheit machten, den jeweils anderen als «meinen besten Freund» zu bezeichnen.

Ich werde niemals die ausgesprochene Scham vergessen, die Anne ins Gesicht geschrieben war, als sie mit der Frage zu mir kam, warum sie in dieser «perfekten Ehe» mit jemandem, der ihr «bester Freund» war, den sie «aus ganzem Herzen liebte», so unglücklich sein konnte. Sie konnte es sich einfach nicht erklären. Wie konnte das alles stimmen, wenn sie trotzdem dauernd daran dachte, sich von David zu trennen? Sicher stimmte in Wirklichkeit etwas nicht mit der Beziehung. Vermutlich lag es an ihr, dachte sie. Sicher war irgendeine Leere, Kälte, Abgestumpftheit oder Wut in ihr, die sich der Liebe verweigerte.

Das konnte keine Liebe sein. Anne war durchaus bereit, sich selbst die Schuld an allem und jedem zu geben, aber als ich sie nach ihrem «besten Freund» fragte, brach es aus ihr hervor. Sie erwähnte zwar bewußt auch die positiven Eigenschaften Davids, aber sonst hatte sie nicht viel Gutes über ihn zu sagen. Sicher, er brannte darauf, näher zu Gott zu kommen und die Welt zu verbessern, aber wenn man tatsächlich mit ihm zusammenlebte, war er geizig, kalt, langweilig, gefühllos und nicht daran interessiert, über ihre Beziehung zu sprechen. Er hatte an allen Leuten etwas auszusetzen. Und wenn man ihn fragte, wie spät es sei, kaufte er einem gleich eine Uhr.

«Aber ich liebe ihn», sagte Anne. «Er ist kein schlechter Mensch. Stimmt etwas nicht mit mir, daß ich mich ständig von ihm trennen will?»

So wie Anne drücken übrigens viele Menschen ihre Ambivalenz aus. Für sie gibt es nicht auf der einen Seite der Waagschale all die guten Eigenschaften ihres Partners und auf der anderen die schlechten. Statt dessen stapeln sie alle schlechten Eigenschaften auf der einen Seite auf, und in die andere Waagschale legen sie allein ein vages Gefühl, daß der andere ein guter Mensch und der Liebe wert sei.

Das Ende der Reise. Ich weiß am Anfang nie, wohin mich meine Reisen führen werden, aber die Reise mit Anne führte mich sofort davon weg, daß etwas mit *ihr* nicht stimmte. Sie führte zu Annes Bedürfnis, sich selbst die Erlaubnis zu geben, diese Beziehung zu klären und entsprechend zu handeln.

Schließlich gelangten wir zu der Frage, die ich hier gerade gestellt habe. «Anne», sagte ich, «ich weiß, Sie sind ein spiritueller Mensch, und Ihre Wertvorstellungen sind Ihnen sehr wichtig, aber mal aus dem Bauch heraus gesprochen: Mögen Sie David eigentlich? Haben Sie den Eindruck, daß er Sie leiden mag? Ich weiß, Sie glauben an die gleichen Dinge, an die er glaubt, und Sie teilen viele seiner Überzeugungen. Aber wenn ich mich an alles erinnere, was Sie mir über ihn erzählt haben, dann sind das keine Dinge, die man über jemanden sagt, den man gut leiden kann. (An dieser Stelle gab ich ihr ein paar Beispiele.) Suchen Sie daher bitte tief in sich, wie Sie David im Alltag finden. Mögen Sie ihn gut leiden?»

Darauf erfolgte eine jener langen, langen, langen Pausen, die nicht zu unterbrechen ich gelernt habe. Schließlich antwortete Anne mit trockener, leiser Stimme: «Ich glaube, ich habe ihn nie leiden können. Ich mag, was er mag. Aber ich mag ihn selbst nicht.»

Das war traurig. Es ist immer traurig für mich, zuzusehen, wie eine Beziehung ihren letzten Atemzug tut. Hier aber war es besonders traurig, weil ich miterlebt hatte, wie sehr Anne im Laufe der Jahre versucht hatte, David zu mögen. Sie hatte viel mit ihm unternommen. Das Paar, das zuviel versuchte, war zusammen auf Pilgerfahrten und religiöse Freizeiten gegangen, sie hatten gemeinsame Hobbys, und sie hatten jeden Workshop im Umkreis besucht. Und trotz allem hatten diese Versuche nur zum Nachteil von Anne gewirkt: Je mehr sie versuchte, David zu mögen, um so schwerer war es für sie, zuzugeben, daß sie ihn nicht leiden konnte.

Wie lautet nun die Richtlinie für Anne und alle anderen in dieser Situation?

Richtlinie Nr. 11

Wenn Ihnen klar ist, daß Sie Ihren Partner grundsätzlich und insgesamt nicht leiden können, dann ist Ihre Liebe eine Fata Morgana, ganz gleich, was sonst für die Beziehung spricht, und ganz egal, wie lautstark sich Ihr Herz auch wehrt. Sie sind glücklicher, wenn Sie sich trennen. Und wenn Ihr Partner Sie spüren läßt, daß er Sie einfach nicht leiden kann, dann ist es ebenfalls die glücklichste Lösung, wenn Sie gehen.

Kurzfassung: Auf lange Sicht gilt: Kein Mögen, keine Liebe.

Praktisch alle Menschen, denen ich begegnet bin, die in einer Beziehung lebten, in der der eine den anderen nicht mochte, waren glücklich, als sie sich trennten, und unglücklich, wenn sie blieben. Wenn Sie sich fragen, ob Sie Ihren Partner noch lieben oder ob genügend Liebe übrig ist, macht die Kurzfassung die Antwort leichter.

Der «Kritische Vorfall»

Und wie kann man sich darüber klar werden, daß man den Partner nicht leiden kann? Manchmal weiß man es einfach. Manchmal aber braucht man das, was ich einen «Kritischen Vorfall» nenne, um es zu erkennen. Bislang fühlten Sie sich nur unwohl, und vielleicht gingen Ihnen ein paar Eigenschaften Ihres Partners auf den Wecker, aber dann tritt plötzlich ein Ereignis ein, das Sie mit der Nase darauf stößt, wie Sie ihn wirklich finden und was Sie tatsächlich für ihn empfinden.

Zum Beispiel: Eine Frau war sich nicht sicher, ob sie ihren Mann eigentlich mochte oder nicht. Ihre Ablehnung galt vor allem seiner krassen Selbstsucht. Sie hielt ihn für einen Typen, der immer nur nahm und nie auch mal gab. Andererseits fand sie immer wieder Entschuldigungen für dieses Verhalten und kannte auch seine besseren Seiten. Hin- und hergerissen gestand sie sich niemals ein, daß sie ihren Mann im Grunde nicht leiden konnte.

Eines Tages besuchten sie gemeinsam einen ländlichen Jahrmarkt, auf dem die Dorfbewohner ihre hausgemachten Produkte verteilten, die zu verschenken sie sich eigentlich nicht leisten konnten. Ihr Mann trat an einen Stand und verzehrte sämtliche Kekse und Kuchen, die dort aufgebaut waren. Diese blinde, gierige Völlerei war genau der kritische Vorfall, der der Frau die Erlaubnis gab, endlich zuzugeben, daß sie ihren Mann überhaupt nicht leiden konnte.

Wenn Sie Ihren Partner tatsächlich insgesamt nicht leiden können, wissen Sie es entweder einfach so, oder es wird Ihnen durch einen solchen kritischen Vorfall plötzlich bewußt.

Die Zeitfalle

Im Zusammenhang mit diesem Thema gibt es eine Zeitfalle, in die manche Menschen hineintappen. Sie warten lange darauf, daß sich die Ablehnung in Sympathie verwandelt. Wir alle haben schon einmal die Erfahrung gemacht, daß jemand, den man zunächst nicht leiden konnte, sich im Laufe der Zeit als sehr nett herausgestellt hat. So war das mit mir und meinem Mann. Bei unserer ersten Begegnung hielt ich ihn für einen Angeber und lehnte ihn ab. Aber je mehr ich über ihn erfuhr und je besser ich ihn kennenlernte, desto mehr mochte ich ihn. Es gibt Untersuchungen, die belegen, daß die Menschen, die man anfangs nicht besonders schätzt, später zu denjenigen gehören, die einem am wertvollsten sind.

Kein Wunder, daß die Menschen, die ihren Partner nicht leiden können, in der Falle sitzen. Wenn sich ihre Ablehnung früher schon mal in Sympathie verwandelt hat, dann könnte das doch wieder passieren, denken sie und warten weiter. Aber das ist eigentlich eine völlig andere Situation. Ablehnung kann sich zwar in Sympathie verwandeln, aber Sympathie, die sich in Ablehnung verwandelt, kehrt sich nur selten nochmal um – besonders nicht nach all der Mühe und Zeit, die man bereits investiert hat.

Sich gemocht fühlen

Jetzt ist es an der Zeit, über den zweiten Teil der Richtlinie nachzudenken, nämlich darüber, ob Ihr Partner Sie leiden kann oder nicht. Dabei geht es nicht darum, wie Ihr Partner tatsächlich empfindet. Es geht auch nicht darum, ob Ihr Partner behauptet, Sie zu mögen, oder selbst davon überzeugt ist. Es geht allein darum, wie die Gefühle Ihres Partners bei Ihnen ankommen.

Mir ist klar, daß es auf der ganzen Welt nicht einen Menschen gibt, der in einer Beziehung lebt und dem es nicht bewußt wäre, daß er bestimmte Eigenschaften hat, die sein Partner nicht leiden kann. Ich rede hier aber von dem grundsätzlichen und umfassenden Gefühl, daß der Partner einen nicht mag. Tag für Tag, beim Aufwachen und Einschlafen, beim Essen und beim Gedankenaustausch über die Kinder sowie beim gemeinsamen Fernsehen spürt man wie ein schweres Gewicht, daß der andere einen nicht leiden kann.

Wenn das für Sie zutrifft, dann sind Sie glücklicher, wenn Sie sich trennen. Schlechte Gefühle werden immer nur schlimmer.

Wenn Sie aber wirklich unsicher sind, ob Sie Ihren Partner mögen, führen Sie doch ein Tagebuch und zeichnen Sie alles jeden Tag genau auf: Tragen Sie ein A ein für Ablehnung, wenn Ihnen Ihr Partner an diesem Tag insgesamt nicht gefallen hat, und ein G für Gefallen, wenn etwas vorkam, für das Sie Ihren Partner an diesem Tag mochten.

Führen Sie dieses Tagebuch etwa sechs Wochen lang. Dann schauen Sie sich die Eintragungen an. Wie sieht es mit den A's und G's aus? Ich kann Ihnen hier nicht sagen, wie viele A's Sie addieren müssen, um zu dem Ergebnis zu kommen, daß eine grundsätzliche Ablehnung besteht. Ich kann Ihnen aber versichern, daß die Verteilung der A's und G's eine Wahrheit über Ihr Leben widerspiegelt. Mit der gleichen Methode können Sie auch bestimmen, ob Ihr Partner Sie mag oder nicht.

Perspektiven: Gegenseitige Abschottung

Eine Beziehung kann auf viele mögliche Arten absterben. Wir haben gerade eine besprochen, nämlich: Nichtmögen. Aber unabhängig davon, was sie schließlich zugrunde richtet, ihr Sterben ist immer durch einen Prozeß gekennzeichnet, den ich als den Prozeß der gegenseitigen Abschottung bezeichne. Lassen Sie mich das näher erklären, weil es wichtig ist für das Verständnis der Ratschläge hier und an anderen Stellen dieses Buches.

Wie bei einer Infektion durch einen tödlichen Virus kann die gegenseitige Abschottung langsam und fast unmerklich vor sich gehen. Sie kann sogar an dem Tag beginnen, an dem Sie sich begegnen, am Tag der Hochzeit, oder sie setzt erst nach zwanzig Jahren Ehe ein. Dazu braucht es nichts weiter als eine kleine Beleidigung oder eine Enttäuschung; eine leichte Abkühlung im Bett oder eine sexuelle Zurückweisung; eine Umarmung, der man sich entzieht, oder eine gedankenlose Ruppigkeit, die eine empfindliche Stelle trifft. Abschottung kann schwerwiegende Gründe haben, wie zum Beispiel eine außereheliche Beziehung des Partners, sie kann aber auch durch etwas unglaublich Geringfügiges ausgelöst werden, wie zum Beispiel dadurch, daß man das Geschenk, das der Partner einem zum Geburtstag gibt, nicht so schön findet wie das, was man dem Partner an dessen Geburtstag vor einem halben Jahr schenkte.

Bevor das tödliche Gift der Abschottung in eine Beziehung einsickert, besteht eine Partnerschaft, in der beide das Gefühl haben: «Ich gebe mir hundertprozentige Mühe, meine vollen fünfzig Prozent in die Beziehung einzubringen, und du gibst dir hundertprozentige Mühe, deine Hälfte dazu beizutragen. Wir tun beide unser Bestes, alles zu geben.»

Aber wenn man dann etwas tut, was den anderen verletzt oder enttäuscht – auch wenn es unbewußt und unfreiwillig geschieht –, wenn man also den Eindruck erweckt, als gäbe man sich keine hundertprozentige Mühe mehr und trüge nicht seine Hälfte bei, ist es nur natürlich, daß der andere sich ebenfalls zurückzieht – vielleicht nicht gleich, vielleicht wehrt er sich noch. Aber schließlich wird es für ihn unmöglich, alles zu geben, wenn er sieht, daß der Partner den Einsatz verringert hat.

Und was hält die Beziehung aufrecht?

Wenn alles auf dieser Welt zum besten stünde, würde man auf den Rückzug des Partners sofort reagieren. Sie würden seinen Kummer und seine Kälte bemerken und verstehen, daß Sie der Auslöser dafür sind. Natürlich würden Sie sofort versuchen, Ihren Fehler wieder gutzumachen, um Ihren Partner aus dem Schneckenhaus zu locken. Aber wir leben nicht in einer idealen Welt. Statt dessen reagieren wir auf Verletztheit und Wut oft nur mit eigener Verletztheit und Wut. Wenn der andere uns weniger gibt, dann geben wir sogar noch weniger. Diese gegenseitige Abschottung ist ein rein psychologischer Reflex.

Stellen Sie sich vor, zwei Menschen, die eine Beziehung eingehen, legen ein Bankkonto an, auf das beide eine festgelegte Summe einzahlen. Solange das Geld dort bleibt, ist alles in Ordnung. Aber wenn Sie feststellen, daß der andere fünf Mark abgehoben hat, finden Sie das ungerecht und fühlen sich benachteiligt. Dann heben Sie selbst nicht bloß fünf, sondern gleich zehn Mark ab. Warum sollte Ihr Partner auch mit fünf Mark vorne liegen, wenn Sie selbst das auch können? Aber wenn er jetzt bemerkt, daß Sie zehn Mark abgehoben haben, nimmt er fünfzehn, und dann nehmen Sie zwanzig. Es spielt keine Rolle, mit was es anfing, am Ende wird nichts übrigbleiben.

Gegenseitige Abschottung funktioniert genauso – allerdings auf dem emotionalen, nicht auf dem finanziellen Konto.

Ich habe noch nie eine Beziehung in Schwierigkeiten erlebt, in der die gegenseitige Abschottung nicht ihre fatale Wirksamkeit entfaltet hätte. Dennoch, so wie unser Körper mit den meisten Viren fertig werden kann, muß auch sie nicht notwendigerweise tödlich enden. Von selbst hört sie allerdings nicht auf, aber sie nimmt ab, wenn Sie etwas dagegen unternehmen. Wie das geht und ob Ihre Widerstandskraft ausreicht, erfahren Sie im nächsten Schritt.

Schritt Nr. 12: Das Geschenk der Liebe

Reden wir noch ein wenig über die Liebe. Sie wissen ja, ich will in diesem Kapitel denjenigen helfen, die begreifen wollen, was es bedeutet, wenn sie sagen: «Aber ich liebe sie/ihn doch.» Mit der Frage: «Mögen Sie einander?» sind Sie der Sache nähergekommen und haben herausgefunden, ob Ihre Liebe eine reale Grundlage hat. Eine andere Frage ist, ob Sie stark genug sind, der gegenseitigen Abschottung Einhalt zu gebieten.

Das findet man am besten heraus, indem man die nächste Frage beantwortet:

Diagnostische Frage Nr. 12:
Sind Sie bereit, dem Partner mehr zu geben, als Sie ohnehin geben, und sind Sie auch bereit, dies ohne Erwartung auf Gegenleistung zu tun, ganz gleich, wie die Dinge zwischen Ihnen stehen?

Es ist schwer zu bestimmen, was echt ist an der Liebe. Wir reden oft über Liebe, die es gar nicht gibt. Wir vergessen, daß wir verborgene, tatsächliche Schatzkammern an Liebe haben, und das könnte alles ändern. Aber wenn ich eines über Liebe weiß, dann das: Liebe heißt geben.

Erinnern wir uns an die vier Stadien – Wirklichkeit, Wahrnehmung, Gefühl und Handlung. Da ist ein Tiger. Man sieht den Tiger. Man ist vor Angst wie gelähmt. Man rennt los oder gerät in Panik oder was auch immer Menschen beim Anblick eines Tigers tun. Aber wenn Sie gar nichts tun und sich auch nicht veranlaßt fühlen, etwas zu tun, ja wenn Sie nicht einmal einen Adrenalinstoß bekommen, dann müssen Sie sich fragen, ob Sie wirklich Angst haben. Konkreter: Wenn Sie ein vermeintliches Liebesgefühl nicht dazu bringt, Dinge zu tun, die verliebte Menschen nun einmal tun, dann müssen Sie sich fragen, ob Sie tatsächlich Liebe empfinden.

Einer meiner Lieblingstherapeuten, von dem ich eine Menge gelernt habe, war Harry Stack Sullivan. Er hat sich – wie wir uns alle – darum bemüht zu begreifen, was eigentlich Liebe ist. Er schreibt in einem Buch, in dem man wohl am allerwenigsten damit rechnet, etwas Vernünftiges über die Liebe zu erfahren, «Conceptions of Modern Psychiatry»: «Wenn die Zufriedenheit oder die Sicherheit einer anderen Person für einen ebenso bedeutsam wird wie die eigene Zufriedenheit oder Sicherheit, dann besteht ein Zustand von Liebe.»

Was heißt das nun, zu sagen, daß die Zufriedenheit oder Sicherheit meines Partners ebenso wichtig ist wie die eigene? Für mich heißt es, daß Liebe kein Päckchen ist, das man mit sich herumträgt, sondern ein Päckchen, das man abliefert. Es ist nicht das, was man in sich fühlt, und sicher nicht das, was man als Gefühl bezeichnet: Es ist vielmehr das, was man geben kann, ausgehend von dem, was man innerlich fühlt.

Und so wirkt sich das dann auf die gegenseitige Abschottung aus: Wenn Ihr Partner sich von Ihnen zurückzieht, ist es schwerer, ihm etwas zu geben, auch wenn Sie fühlen, daß Sie noch Reserven haben. Wenn es Ihnen jetzt jedoch nicht gelingt, über Ihren Schatten zu springen, geraten Sie in diesem wechselseitigen Prozeß von Verletzung und Rückzug irgendwann an den Punkt, wo die gegenseitige Abschottung so stark ist, daß Sie einfach nichts mehr übrig haben, um es zu geben. Das ist dann – ganz unabhängig davon, was Sie beide angeblich fühlen – der Tod der Liebe.

Wenn Sie nicht wissen, wo Sie gerade stehen, können Sie es mit der Frage Nr. 12 ganz leicht testen. Sind Sie immer noch bereit, dem Partner bedingungslos etwas von sich zu geben?

Manche Menschen ärgern sich über diese Frage. Sie sind beleidigt, weil sie genau wissen, wieviel sie in der Vergangenheit bereits in den Partner und in die Beziehung investiert haben und wieviel sie noch immer geben. Warum sollten sie bereit sein, noch mehr zu tun, fragen sie sich, wenn sie schon so viel getan haben? Was kann diese Frage schon beweisen – außer Masochismus?

Suchen wir die Antwort.

Barbaras Geschichte

Barbara hatte jung geheiratet. Sie war – wie ich bei meiner Hochzeit – zwanzig Jahre alt. Wenn man sich so jung bindet, ist man voller romantischer Hoffnungen für die Zukunft und hat das starke Gefühl, daß einen etwas Besonderes zusammengeführt hat. Man glaubt, daß sich zwei Schicksale miteinander verknüpfen.

Für Barbara war dieses Gefühl eines besonderen Schicksals eng mit dem Geschäft ihres Mannes Sam verbunden – er hatte eine Modeschmuckfabrik. Es war ein kleiner Laden, der von Anfang an immer kurz vor dem Bankrott stand. Sie waren nicht so reich, wie wir uns Fabrikbesitzer immer vorstellen; im Gegenteil, sie waren oft völlig blank.

Abgesehen von einer kurzen Phase, in der die Kinder noch klein waren, hatte Barbara für ein kleines Gehalt, das ihr sehr oft nicht einmal ausbezahlt wurde, in der Firma mitgearbeitet. Das tat sie, um ihren Lebensunterhalt, ihren Traum und die Ehe zu erhalten. Sie arbeitete zwölf Stunden am Tag und brachte viel in die Ehe ein.

Aber widrige Umstände können einen aushöhlen. Barbara und Sam stritten ununterbrochen. Frustration und Enttäuschungen lösten immer wieder Wutausbrüche aus. Als Barbara zu mir kam, gab es einen riesigen Berg von zwanzig Jahren Kummer, dem nur der Satz entgegenstand, daß sie Sam liebte.

Reichte diese Liebe aus? Schließlich mußte ich den Mut aufbringen, Barbara, die sich Sam gegenüber völlig abgeschottet hatte, zu fragen, ob sie bereit sei, ihm noch mehr zu geben, als sie ihm bereits gegeben hatte.

Wie schlimm stand es mit dem gegenseitigen Abschotten? Es fand zum Beispiel kein Sex mehr statt. Sie fühlte sich tagtäglich bei der Arbeit ausgenutzt und mißbraucht, so daß sie kein Interesse daran hatte, nachts mit ihm zu schlafen. Außerdem konnte sie ihm nichts Nettes mehr sagen. Sicher, wenn er einen Termin mit einem potentiellen Kunden hatte, gab sie optimistische Sätze von sich, aber nur, um den Vertrag zustande zu bringen. Aber sie konnte nichts Freundliches, Persönliches mehr zu ihm sagen, etwa: «Ich finde dich toll.» Diese Frau, die sich an die Beziehung klammerte, weil sie ihn liebte, konnte ihm nicht sagen: «Ich liebe dich.»

Ich will Ihnen sagen, warum ich dennoch den Mut aufbrachte, Barbara zu fragen, ob sie Sam mehr geben könnte. Ich kenne die ungeheure Macht von gegenseitiger Abschottung, die Beziehungen aushöhlt und zerstört. Auch Ärzte fordern ihre Patienten häufig auf, etwas zu tun, was zwar schwer ist, einen aber letztlich gesünder macht. Wie sonst könnte ein Arzt einem Krebskranken raten, die Qual einer Chemotherapie auf sich zu nehmen? Wie konnte ich es daher unterlassen, diese Frage zu stellen, wenn sie das beste Heilmittel war?

Ausgebrannt. «Ich weiß, daß Sie Sam, der Beziehung, dem Geschäft und vielem mehr Ihr Leben gegeben haben», begann ich, «aber Sie sagen mir, daß das Ganze dahinwelkt. Sie und Sam treiben mit Spitzengeschwindigkeit auseinander, und das muß zum Stillstand gebracht werden. Ich muß wissen, ob Sie trotz allem noch etwas in sich spüren, was Sie ihm geben können, ohne etwas dafür zu erwarten? Oder sind Sie ausgebrannt?»

Barbara schwieg einen Moment und antwortete dann: «Welchen Unterschied macht das? Was, wenn ich es könnte? Was würde das beweisen? Und wenn ich es nicht kann? Heißt das dann, daß alles vorbei ist?» – Hier die Richtlinie:

Richtlinie Nr. 12:

Ganz egal, wie verletzt und benachteiligt Sie sich fühlen, wenn Sie immer noch bereit sind, Ihre Liebe konkret auszudrücken, ohne in der nächsten Zukunft etwas dafür zurückzuerwarten, besteht eine echte Chance, daß Ihre Beziehung einen ganz festen, lebendigen Kern hat. Wenn Sie dies ohne eine deutlich erkennbare Aussicht auf Gegenleistung nicht tun wollen, ist das ein Zeichen dafür, daß Sie nicht glücklich werden, wenn Sie bleiben.

Kurzfassung: Wenn es nichts mehr zu geben gibt, dann ist überhaupt nichts mehr übrig.

Die «Ja»-Antwort ist hier ganz besonders wichtig. Wenn Sie immer noch bereit sind, etwas zu geben, ohne etwas zurückzuerwarten, obwohl Ihr Partner geizig, mürrisch, wütend und nörgelig ist, selbst wenn Sie sich stets um ihn kümmern und es nicht den Anschein hat, als würde er das gleiche für Sie tun, dann heißt das, daß Ihr Satz: «Ich liebe dich» kein verlogener Mist ist. Ihre Gefühle sind echt.

Aber was meine ich mit «Ihre Liebe konkret ausdrücken», mit «Geben», wenn einem nicht nach Geben zumute ist? Ich meine bestimmt nichts Dramatisches oder Teures. Ich rede hier von kleinen, konkreten Dingen, die nicht schwer zu tun sind, aber die für den anderen einen Unterschied ausmachen. Die nachfolgenden Beispiele sind Dinge, mit denen man konkret Liebe ausdrücken kann:

- den Partner anlächeln, wenn er nach Hause kommt
- dem Partner ein Kompliment für eine gute Arbeit machen, die er bei einem seiner Lieblingsprojekte geleistet hat
- wenn Sie an Ihrem Partner vorbeigehen, innehalten und ihn kurz in den Arm nehmen
- etwas kaufen, das dem Partner mit Sicherheit gefällt, das er aber nicht erwartet
- etwas zugestehen, über das Sie sich schon lange streiten
- dem Partner Hilfe bei einer Arbeit anbieten

Ich kann Ihnen nicht sagen, was Sie geben sollen oder was bei Ihrer Beziehung funktionieren würde. Aber wenn Sie immer noch bereit sind, etwas zu tun, was mit den genannten Beispielen vergleichbar ist, dann ist das ein Zeichen dafür, daß Ihre Liebe echt ist.

Trotz allem könnte sich noch immer herausstellen, daß Ihre Liebe nicht reicht. Auf lange Sicht brauchen wir alle das Gefühl, ungefähr das aus der Beziehung zurückzubekommen, was wir hineinstecken. In diesem Moment aber muß man nur prüfen, ob die Behauptung «Ich liebe dich», die einen an die Beziehung bindet, mehr ist als nur eine Phrase.

Die Hoffnung am Leben halten

Was bedeutet hier eine «Nein»-Antwort? Das ist ein Problem. Wenn mir jemand sagt, er sei einfach nicht bereit, etwas zu geben, wenn er nichts dafür zurückbekommt, muß ich fragen, wie es denn dann zu einer Veränderung oder zu neuer Hoffnung und Heilung kommen soll? Was würde die Sache besser machen? Was könnte den unausweichlichen Prozeß der gegenseitigen Abschottung zum Stillstand bringen? Denn wenn man dieses Gefühl hat, empfindet der Partner vermutlich ebenso, und Sie beide stehen praktisch mit verschränkten Armen da und sagen, selbst wenn Sie bis zum Ende aller Tage warten müssen, Sie würden warten, bis der andere die Initiative ergreift.

Aber vielleicht erscheint es bloß so. Zu sagen, man sei nur bereit, etwas zu geben, wenn man etwas zurückbekommt, heißt manchmal, daß alles aus ist, aber *manchmal* heißt es auch, daß man sehr stark leidet. Als meine Kinder auf die Welt kamen, bestand ich auf einer natürlichen Geburt, was hieß, die Schmerzen waren so stark, wie ich sie nie wieder zu erleben hoffe. Wenn es sich nicht um eine Geburt gehandelt hätte, wäre ich lieber gestorben, als das weiter zu ertragen. Aber es war ja kein Todesschmerz. Es war der Schmerz des Lebens, und das ist ein großer Unterschied. Wenn man daher an der Beziehung leidet und der einzige Silberstreif am Horizont ist die Liebe zum Partner, könnte dieser Schmerz genau von dieser Art sein, der wieder vergeht.

Das war bei Barbara der Fall. Zuerst sagte sie: «Nein, tut mir leid. Ich bin völlig fertig und habe nichts mehr übrig, was ich ihm geben könnte.» Aber Barbara und ich mußten beide begreifen, was ihr «Nein» bedeutete. Das wird bei Frage Nr. 12 erst mit der Zeit klarer.

Ich bat Barbara, das gleiche zu tun, was ich Sie jetzt bitte, wenn Ihre Antwort «Nein» lautet: Schreiben Sie bitte die folgenden Worte auf ein Stück Papier:

«Von heute an bin ich nicht mehr bereit, meinem Partner bedingungslos mehr zu geben, als ich ihm momentan gebe.»

Dann arbeiten Sie das Buch bis zum Schluß durch. Spätere Fragen machen Ihnen vielleicht klarer, daß eine Trennung für Sie die richtige Entscheidung ist. Aber wenn am Schluß des Buches die Zeichen darauf hindeuten, daß Sie glücklicher wären, wenn Sie blieben, stecken Sie das Stück Papier in Ihre Brieftasche. Schauen Sie es sich in etwa einem halben Jahr wieder an. Wenn sich nichts verändert hat und Sie immer noch das gleiche fühlen, kann ich mit gutem Gewissen sagen, daß Sie glücklicher werden, wenn Sie sich trennen.

Und das geschah mit Barbara: Sie muß das Gefühl gehabt haben, daß ihr Ausgebranntsein mit mehr zu tun hatte als bloß mit der Beziehung. Sie nahm sich Urlaub von Sam und der Firma. Wenn er das nicht aushalten würde, dachte sie, dann würde das zu ihrer Entscheidung beitragen. Aber er war damit einverstanden. Barbara fuhr also zwei Wochen zu ihrer Mutter nach Florida. Dort konnte sie sich körperlich und emotional erholen.

Überrascht stellte sie nach der Rückkehr zu Sam fest, daß sie tatsächlich nett zu ihm sein konnte. Der Druck und die Probleme waren die gleichen wie vorher, und Sam war auch noch genauso anspruchsvoll wie gehabt, aber es mußte stimmen, daß sie ihn liebte, denn es schien, als habe sie ihm noch Liebe zu geben.

Aber nicht nur das machte die Beziehung zu gut, um sie aufzugeben. Als sie merkte, was sie ihm gab, fragte sie sich: «Gibt es einen Grund, daß ich das nicht bis in alle Ewigkeit fortsetzen kann? Kostet es mich viel?» Ihre Antwort auf beide Fragen lautete: «Nein». Und das war dann ihr Grund, sich nicht zu trennen.

Vielleicht sind Sie froh zu hören, daß Barbaras Kraft, bedingungslos in die Beziehung zu investieren, in diesem Fall das Blatt wendete. Ihre Arbeitsbeziehung wurde dadurch nicht weniger strapaziös, aber Barbara gab Sam ein Geschenk, indem sie so nett zu ihm war, daß er sich bei allen Schwierigkeiten stets daran erinnerte. Und er reagierte darauf. Sam verwandelte sich nicht in einen völlig neuen Mann, aber er zeigte Barbara, daß auch er etwas zu geben hatte, indem auch er sie nett behandelte. Da es keine anderen Negativpunkte in der Beziehung gab, die sie zu schlecht machten, verwandelten diese kleinen, aber echten Gaben der Liebe die gegenseitige Abschottung in wechselseitige Aufmerksamkeit.

Ab und zu haben Menschen Angst, bedingungslos etwas zu geben. Sie haben zwar das Gefühl, noch etwas zum Geben übrig zu haben, fürchten aber, daß sie ausgenutzt, abgelehnt und dazu verleitet werden, die ganze Beziehungsarbeit allein zu leisten.

Ich möchte hier nur sagen, daß solche Ängste in der Regel ungerechtfertigt sind. Sie wissen bereits, daß die Beziehung schwierig ist. Sie denken bereits an Trennung. Wenn Sie geben, ohne daß etwas passiert, und Sie bekommen nichts zurück, dann sind die Kräfte der gegenseitigen Abschottung so stark, daß Sie beim nächsten Mal nichts mehr zu geben haben – und damit haben Sie die Klarheit gefunden, die Sie gesucht haben. Immerhin haben Sie die Echtheit Ihrer Liebe überprüft.

9

Ohne Kick läuft bei mir nix

Thema: Sex und körperliche Anziehung

Na endlich – Sex. Aber ich habe eine Überraschung für Sie. In gewisser Hinsicht geht es schon die ganze Zeit in diesem Buch um Sex. Lassen Sie mich das näher erklären:

Es gibt viele Arten von sexuellen Problemen, mit denen wir uns auseinandersetzen müssen, entweder weil sie uns stören oder unglücklich machen, oder weil sie uns gar darüber nachdenken lassen, ob mit unserer Beziehung etwas nicht stimmt – etwas, das so schwerwiegend ist, daß es womöglich besser wäre, sich zu trennen. Alles, was ich hier sage, schließt die gesamte Bandbreite möglicher sexueller Probleme mit ein, wie zum Beispiel: Ihr Desinteresse an Sex oder das Ihres Partners, den Streit über die Häufigkeit und darüber, wer wann die Initiative für Sex ergreift, Sex ohne Leidenschaft, den Wunsch nach mehr Vorspiel oder andere sexuelle Bedürfnisse, die einer von Ihnen hat, auf die der andere jedoch nicht eingehen möchte, sexuelle Langeweile, vorzeitige Ejakulation, Orgasmusschwierigkeiten und 1001 Fragen mehr.

In diesem Kapitel soll es nun darum gehen, wo wir den Trennstrich ziehen zwischen (1) sexuellen Problemen, die uns frustrieren und enttäuschen, und (2) sexuellen Problemen, die eine Beziehung zu schlecht machen, um sie fortzusetzen. Wir konzentrieren uns jetzt auf die körperlichen Aspekte Ihrer Partnerschaft, die entweder eine grundsätzliche Disharmonie in Ihrer Beziehung bloßlegen, die darauf hindeutet, daß Sie sich lieber trennen sollten, oder aber Anzeichen dafür sind, daß Sie glücklicher werden, wenn Sie bleiben.

Die Ratschläge, die ich Ihnen in diesem Buch gebe, erscheinen Ihnen vielleicht so spezifisch, daß Sie es jetzt noch für unmöglich halten, daß sie auch die Antwort auf all die oben erwähnten sexuellen Probleme enthalten. Vielleicht denken Sie nun, daß ich die Auseinandersetzung mit sexuellen Themen ausspare, weil ich Fragen wie die folgenden nicht beantworte: Setzt eine Beziehung, die zu gut ist, um zu gehen, nicht eine bestimmte Mindestanzahl von Liebesakten voraus? Gibt es nicht einen gewissen Standard an sexueller Lust, der nicht unterschritten werden sollte? Kann es nicht sein, daß das sexuelle Verlangen von zwei Menschen so unterschiedlich ist, daß sie niemals zusammen glücklich werden können?

Sexuelle Richtlinien

Ich spare hier nichts aus; aber der sexuelle Aspekt Ihrer Beziehung existiert nicht losgelöst vom Rest. Jedes Kapitel in diesem Buch bietet Richtlinien dafür, die überaus wichtig sind, um zu entscheiden, ob sexuelle Probleme Ihre Beziehung zu schlecht machen, um zu bleiben.

Nehmen wir zum Beispiel das folgende sexuelle Problem: Eine Frau hat Schwierigkeiten, mit ihrem Partner zum Orgasmus zu gelangen. Dieses sexuelle Problem allein sagt noch nichts darüber aus, ob es besser ist, sich zu trennen. Die eigentliche Frage, die sich hier stellt, ist, ob die Frau mit ihrem Partner darüber reden kann. Die Orgasmusschwierigkeiten werden erst dann zum Problem, wenn der Partner sie vom «Tisch fegt». Erst sein Verhalten entscheidet darüber, ob die Frau glücklicher wird, wenn sie sich trennt oder wenn sie bleibt.

Menschen, deren Partner Gespräche über sexuelle Dinge vom Tisch fegen, werden sicher glücklicher, wenn sie gehen, während Menschen, die mit ihrem Partner auch über das sexuelle Erleben sprechen können, viel eher das Gefühl haben, daß ihre Beziehung zu gut ist, um sie aufzugeben. Und dafür gibt es einen einfachen Grund: Sie fühlen sich von ihrem Partner angenommen und haben die Chance, ihr sexuelles Problem zu lösen.

Das Mindestmaß

Lassen Sie es mich so ausdrücken: Stellen wir uns Paare vor, die zusammen alt geworden sind. Sagen zu können, «Wir konnten immer über alles reden», schenkt einem eine Menge Glück, ganz gleich, wie viele Orgasmen man hatte. Aber wenn man sagen muß «Wir konnten eigentlich nie über wichtige Dinge reden», bedeutet das eine Menge Enttäuschung und Unglücklichsein – ganz gleich, wie viele Höhepunkte man erlebt hat.

Außerdem: Man kann eine Menge sexueller Probleme lösen, wenn man die Dinge offen bespricht, aber guter Sex kann nie das Problem lösen, nicht miteinander reden zu können.

Und so wie bei diesem Beispiel sind fast alle Richtlinien in allen Kapiteln dieses Buches auch für das Thema Sex relevant.

Erinnern wir uns an die erste Richtlinie, die besagt, daß man sich besser trennt, wenn die Dinge auch zu ihren besten Zeiten nie richtig gut waren. Wenn die Dinge allgemein gut waren, dann gibt es eine Grundlage für Hoffnung und Bindung, auch wenn der Sex nicht besonders ist. Wenn alles nie richtig gut war, wo soll dann die Grundlage für guten Sex herkommen?

Wir behandeln im weiteren noch andere Themen – wie gegenseitigen Respekt, die Unterschiede zwischen Ihnen und Ihrem Partner, mögliche Probleme Ihres Partners, Intimität und anderes mehr –, die alle möglicherweise die Ursache dafür sein können, daß es in Ihrer Beziehung sexuell momentan nicht so richtig klappt. Wenn Sie alle in diesem Buch besprochenen Themen durcharbeiten und dennoch nicht zu der Überzeugung gelangen, daß es für Sie besser ist, Ihre Beziehung aufzugeben, dann gibt es sicherlich auch keinen Anlaß, sich wegen irgendwelcher sexuellen Schwierigkeiten zu trennen – es sei denn, es handelt sich um das Problem, mit dem wir uns in diesem Kapitel befassen wollen.

Ein Hinweis

Lassen Sie sich durch schlechten Sex nicht vorschnell verunsichern. Es besteht eine hohe Korrelation zwischen schlechter werdenden Beziehungen und einer nachlassenden sexuellen Aktivität: Wenn die Leute anfangen zu streiten, gehen sie eben auch nicht mehr so häufig miteinander ins Bett.

Was aber ist hier Ursache und Wirkung? *Schlechter werdende Beziehungen bewirken, daß das Interesse der Partner an Sex nachläßt.* Das heißt, wenn man weiß, daß eine Beziehung schlecht läuft, dann kann man mit einiger Sicherheit daraus schließen, daß das Paar nicht mehr so oft miteinander schläft.

Der Umkehrschluß jedoch ist nicht zulässig: Wenn ein Paar nicht oft miteinander schläft, heißt das noch lange nicht, daß auch die Beziehung schlecht ist. Hier eine Analogie dazu: Wenn jemand krank ist, besteht eine gute Chance, daß er im Bett liegt. Aber wenn jemand im Bett liegt, kann man daraus nicht unbedingt schließen, daß er auch krank ist. Die meisten Menschen liegen einfach nur im Bett, um zu schlafen.

Die klare Unterscheidung zwischen Ursache und Wirkung ist wichtig, weil sich viele Menschen, vor allem dann, wenn sie Probleme mit der körperlichen Liebe haben, die Frage stellen, ob ihre Beziehung schlecht ist. Und das ist der springende Punkt: Wenn Sie und Ihr Partner nicht mehr so oft miteinander ins Bett gehen wie früher oder wie Sie es gern hätten, bedeutet das nicht notwendigerweise, daß etwas Ernsthaftes zwischen Ihnen nicht stimmt. Diese Feststellung *allein* enthält noch keinen Hinweis darauf, daß Sie sich trennen sollten, oder auch nur darauf, daß etwas mit Ihrer Beziehung nicht stimmt.

Es könnte ja sein, daß Sie beide zufrieden damit sind, sich nicht mehr so oft zu lieben. Es könnte auch sein, daß Sie beide gerade wütend aufeinander sind und es im Bett wieder heißer zugeht, wenn sich Ihre Wut abgekühlt hat. Möglich ist auch, daß Sie beide miteinander reden müssen, aber irgendwie gerade nicht die Zeit und Ruhe dafür finden, weil Sie vielleicht zuviel um die Ohren haben. Ob man es glaubt oder nicht, manchmal ist es auch so, daß einen Kinder im Haus hemmen, und wenn die zu übermütigen Teenagern heranwachsen und nicht mehr soviel zu Hause sind, werden auch Sie wieder ungestümer.

Tatsache ist, daß es sich mit dem Sex so verhält wie mit den Kanarienvögeln, die die Bergarbeiter mit in den Schacht nehmen, um zu sehen, ob die Luft dort unten sauber ist: Er ist ein höchst empfindlicher Pegelstandsanzeiger für die allgemeine Atmosphäre. Egal, was es mit dem Sex auf sich hat, es ist viel eher ein Symptom als eine Krankheit. Wenn Ihnen also keine der in diesem Buch vorgestellten Richtlinien nahelegt, Ihre Beziehung aufzugeben, besteht eine überwältigend hohe Chance, daß Sie Ihre sexuellen Probleme entweder in den Griff bekommen oder die Umstände, so wie sie sind, gutheißen.

Werden wir konkret: Wann wirklich braucht man einen Kick, um das Sexualleben wieder anzuheizen?

Schritt Nr. 13: Machen Sie sich auf, den anderen zu berühren

Die körperliche Seite einer Beziehung ist ein unerschöpfliches Thema. Bücher über «guten Sex» und wie man zu ihm kommt, füllen ganze Bibliotheken. Manche Paare streiten ständig darum, wann und wie sie sich lieben sollen und welche Leistung jeder von beiden dabei zu erbringen hat. Aber wo in diesem stürmischen, wirren Meer der Liebe findet man den einen deutlich erkennbaren Leuchtturm, der einem sagt, daß es zwischen zwei Menschen körperlich so schlimm steht, daß man ohne jeden Zweifel am besten geht?

Das ist eine sehr grundsätzliche Frage.

Diagnostische Frage Nr. 13:

Berühren Sie und Ihr Partner sich gerne gegenseitig, freuen Sie sich darauf, einander zu berühren, und fassen Sie sich bewußt oft an?

Ich rede hier über so elementare Dinge wie Küssen, Umarmen, Streicheln, Händchenhalten, den Nacken kraulen, einem eine Hand aufs Bein legen und alle anderen Berührungen, die sich in einer engen Beziehung abspielen. Genießen Sie bei alldem die körperliche Nähe Ihres Partners, auch wenn er nur Ihre Hand hält? Wünschen Sie sich, daß er Sie häufiger berührt? Freuen Sie sich gegenwärtig, wenn Ihr Partner Sie anfaßt? Oder überkommt

Sie beim Gedanken an Ihren Partner eher eine Gänsehaut? Empfinden Sie eindeutig eine Abneigung gegen seine Berührung?

Und da es in engem Zusammenhang damit steht, frage ich noch: Ist es auch Ihnen ein Bedürfnis, Ihren Partner einfach so zu berühren, ihm einfach nur einen Kuß auf die Wange zu geben?

Darüber hinaus: Vermuten Sie, aufgrund Ihrer Erfahrung, daß Ihr Partner Sie gerne auf alle möglichen Weisen berührt und es selbst gerne hat, von Ihnen berührt zu werden? Ich weiß, daß manche Menschen von Natur aus sehr viel körperliche Zuneigung zeigen und andere eher abweisend sind, aber hat sich Ihr Partner mit Blick auf seine grundlegende Persönlichkeit auf einen Nullpunkt zubewegt, an dem er versucht, jedem körperlichen Kontakt aus dem Weg zu gehen?

Was hat das nun mit dem Liebesakt zu tun? Betrachten wir diesen im Moment einfach nur als eine Form der Berührung neben vielen anderen. Teilen Sie dem Liebesakt keinen höheren Stellenwert zu als allen anderen Berührungen. Da die körperliche Liebe eine Art Berührung ist, können Sie sich fragen, ob Sie mit Ihrem Partner schlafen wollen. Wenn Sie sich gerade nicht lieben, wünschen Sie sich dann, daß die Phase der Kälte und Distanz vorüber wäre und Sie sich wieder lieben könnten? Ich frage nicht danach, wie oft Sie mit Ihrem Partner schlafen wollen, nur ganz allgemein, ob Sie überhaupt mit ihm schlafen wollen.

Kommt es Ihnen jemals in den Sinn, wenn Sie ihn einfach nur anschauen, daß Sie mit ihm schlafen wollen? Wenn er Sie berührt, haben Sie manchmal das Gefühl, Sie wollten jetzt gleich mit ihm ins Bett gehen? Wenn Sie ganz allein sind, denken Sie manchmal, sie wollten jetzt Sex mit ihm?

Vermuten Sie zudem, daß Ihr Partner, auch wenn er momentan wütend auf Sie ist, eigentlich ganz gern mit Ihnen schlafen würde?

Alle diese Fragen zielen darauf ab, zu erkennen, ob Sie und Ihr Partner sich körperlich voneinander angezogen fühlen. Berühren und Berührt-werden-Wollen sind das Urgestein der körperlichen Beziehung, auf dem sich die emotionale Beziehung aufbaut.

Die meisten anderen sexuellen Probleme können von fast allen Menschen entweder bewältigt oder akzeptiert werden. Aber wenn Sie sich den Kopf darüber zerbrechen, ob Sie sich trennen sollen oder nicht, haben Sie hier meine Richtlinie:

Richtlinie Nr. 13

Wenn Sie oder Ihr Partner aufgehört haben, einander zu berühren oder vom anderen berührt werden zu wollen, und dies schon mehrere Monate andauert, ohne ein Anzeichen dafür, daß dieses Gefühl nachläßt, dann ist das ein eindeutiges Indiz dafür, daß Sie einander fremd geworden sind. Aufgrund der Erfahrungen, die andere Menschen in dieser Situation gemacht haben, gilt vermutlich auch für Sie, daß Sie nicht glücklich werden, wenn Sie bleiben, aber eher glücklich werden, wenn Sie sich trennen.

Kurzfassung: Wenn einem die Nähe des anderen Widerwillen verursacht, ist es Zeit, sich aus der Beziehung zu lösen.

Bei diesem Ratschlag müssen Sie auf ein Detail besonders achten. Es verbirgt sich in dem Nebensatz, den ich als Bedingung hinzugefügt habe, nämlich: ob die körperliche Ablehnung schon mehrere Monate ohne nachzulassen andauert. Sie müssen bedenken, daß sich manche Menschen in ihre Wut oder Verletztheit ganz schön versteigen können. Es gibt in problematischen Beziehungen oft Phasen, in denen man einander nicht berührt – von Sex mal ganz zu schweigen. Dann wieder gibt es Phasen, in denen es emotional so hoch hergeht, daß man einander kaum berühren kann. Aber über solche Situationen rede ich hier nicht, und Sie müssen behutsam sein, damit Sie diese Richtlinie nicht auf etwas anwenden, was grundsätzlich eine vorübergehende Phase sein kann.

Richtlinie Nr. 13 gilt nur, wenn Ihnen klar ist, daß das Nichtberührenwollen des Partners eindeutig dauerhaft geworden ist.

Der Weg zurück

Warum ist das Nichtberührenwollen der Dreh- und Angelpunkt, wenn es im Zusammenhang mit Sexualität darum geht, die Diagnose zu stellen, ob die Beziehung zu schlecht ist, um zu bleiben?

Es hat damit zu tun, wie Menschen in einer schwierigen Beziehung, die aber grundsätzlich zu gut ist, um sie aufzugeben, einen Rückweg zueinander finden. Eine Methode ist, eine Art körperliche Verbindung oder Brücke zu bauen. So schlimm die Dinge auch stehen, Sie halten sich an den Händen oder küssen einander zum Abschied, ihre Körper finden im Bett zueinander, und plötzlich, aus dem Nichts heraus, liegen Sie sich in den Armen. Oder Sie stellen trotz der Abgründe zwischen Ihnen fest, daß Sie einander gern berühren würden.

Erinnern Sie sich, als ich über die gegenseitige Abschottung sprach, also über die Situation, in der sich zwei Menschen in sich kehren und ständig weiter voneinander zurückweichen, weil sie darauf warten, daß der andere den ersten Schritt tut – sei es mit Worten oder mit irgendeiner anderen versöhnlichen Geste. Nun, das Berührenwollen ist einer der kürzesten Wege zwischen zwei Menschen, der dem Prozeß der gegenseitigen Abschottung Einhalt gebieten kann. Es passiert eine «zufällige» oder spontane Berührung, die von beiden gewollt wird, und aus dieser Berührung wird allmählich eine Zärtlichkeit. So finden Millionen von Paaren den Ausweg aus dem Kreislauf von Enttäuschung und Kummer.

Man könnte sich das Berührenwollen als die Bremse eines Autos vorstellen: Bremsen können einen natürlich nicht aus einer Gefahrenzone herausbringen, aber sie verhindern, daß wir dorthin gelangen. Ein Auto ohne Bremsen ist nicht fahrtüchtig. Eine Beziehung ohne den Bremsmechanismus von zwei Menschen, die sich gegenseitig irgendwie berühren und berührt werden wollen, ist eine Beziehung ohne Schutz vor Kollisionen.

Das Gute ist, daß Richtlinie Nr. 13 nur selten Geltung hat. Aber wenn sie zutrifft und keiner mehr den anderen berühren will, dann sitzen Sie fest in einem Alptraum aus verletzten Gefühlen und Wut.

Schritt Nr. 14: Jetzt wird's körperlich

Ich werde oft gefragt, wie gut Sex sein muß, damit er eine Beziehung zu gut macht, um sie aufzugeben. Und diese Frage taucht am häufigsten bei Menschen auf, die sehr ambivalent über ihre Beziehung denken, weil ihnen eine Menge nicht gefällt, aber der Sex an sich noch gut ist. Sie fragen sich daher, ob sie zu kritisch sind, ob guter Sex nicht eine Menge schlimme Dinge ausgleicht – etwa so, wie man in einem häßlichen Haus bleibt, nur weil es direkt am Meer liegt.

Lassen Sie mich erklären, wo ich den Trennstrich zu ziehen gelernt habe. Er verläuft zwischen zwei Teilen Ihrer eigenen Sexualität. Es gibt den einen Teil, den man überall mit sich herumträgt – nennen wir es allgemeine Sexualität. Ich meine damit sexuelle Reaktionen und Gefühle, die Sie in den meisten sexuellen Beziehungen generell erlebt haben. Zum Beispiel ist der körperliche Prozeß, den Sie durchlaufen, wenn Sie zum Orgasmus gelangen, in den meisten Ihrer Beziehungen Bestandteil Ihrer allgemeinen Sexualität.

Dann aber gibt es jenen Teil, der auf die Person reagiert, mit der Sie leben – nennen wir dies Ihre personenspezifische Sexualität. Dieser Teil bezieht sich auf die Bestandteile Ihrer Sexualität, die bei Ihrem gegenwärtigen Partner anders sind als bei anderen.

Ihre allgemeine Sexualität sollte nichts mit der Frage zu tun haben, ob Sie in einer bestimmten Beziehung bleiben sollen oder nicht. Denn auch wenn es sich wunderbar anfühlt, berührt zu werden und Ihre Orgasmen befriedigend sind, solange Ihr Gefühl etwas ist, das Sie auch in anderen Beziehungen erlebt haben und vermutlich auch wieder erleben werden, solange ist das großartig, aber kein Grund an sich, in der gegenwärtigen Beziehung zu bleiben. Es könnte wie eine phantastische sexuelle Beziehung wirken, aber nur aufgrund dessen, was Sie ohnehin immer in sich tragen. Es liegt daran, wie Sie sind, und nicht daran, was die Beziehung Ihnen gibt.

Aber Ihre personenspezifische Sexualität, jener Teil, der auf die Person reagiert, mit der Sie leben, ist der Aspekt, der für die Lösung der Beziehungsambivalenz absolut kritisch ist. Wenn Sie feststellen wollen, was es mit Ihrer körperlichen Beziehung auf sich hat und ob die Beziehung insgesamt zu gut ist, um zu gehen, fragen Sie sich bitte:

Diagnostische Frage Nr. 14:
Fühlen Sie sich von Ihrem Partner auf einzigartige Weise sexuell angezogen?

Ich frage nicht danach, wie großartig der Sex mit Ihrem Partner gegenwärtig ist. Das wäre nicht fair gegenüber der Beziehung, denn großartiger Sex kann viel mit Ihrer allgemeinen Sexualität zu tun haben, die Sie immer in sich tragen. Wenn ich mit Menschen zusammengearbeitet habe und es wurde aus irgendwelchen Gründen klar, daß die Beziehung zu schlecht war, um zu bleiben, aber Sie blieben wegen des Sex, dann waren diese Menschen später nicht froh über ihre Entscheidung.

Aber öfter als man denkt begegne ich Menschen, die sich irgendwie auf einzigartige Weise von ihrem Partner angezogen fühlen. Nicht etwa, daß sie sich nicht auch sexuelle Begegnung mit anderen vorstellen könnten oder daß der Sex mit dem Partner unglaublich phantastisch wäre. Aber aus irgendeinem Grund gibt es etwas Süßes, Sicheres, Besonderes oder Angenehmes in der sexuellen Beziehung zu diesem einen Menschen, daß alle anderen einfach in eine andere Kategorie fallen.

Ich sprach mit einem Mann, der vor seiner gegenwärtigen Partnerin zahlreiche sexuelle Beziehungen hatte und immer noch gern attraktive Frauen ansah. Aber nun kommt's: Er flirtete vielleicht auf Partys mit anderen Frauen, aber wenn er mit ihnen tanzte oder dicht neben ihnen saß, fühlte er sich, seinen Worten zufolge, «ganz eindeutig nicht angetörnt». Die Haut aber seiner Partnerin war für ihn etwas ganz Besonderes – wie sie sich anfühlte, wie sie aussah, wie sie roch –, das war es, was sie für ihn unwiderstehlich machte.

Solche Dinge machen einen Unterschied aus. Hier die Richtlinie:

Richtlinie Nr. 14

Wenn Sie körperlich-sexuelle Anziehung für Ihren Partner empfinden, die ihn oder sie von allen anderen Menschen unterscheidet, wenn Sie sich stark zu ihm oder ihr hingezogen fühlen wie zu keinem anderen Menschen, dann kann ich mit gutem Gewissen sagen, daß Sie glücklicher werden, wenn Sie bleiben, denn die meisten Menschen in dieser Situation sind damit glücklich, solange keine starken Gründe für eine Trennung sprechen.

Kurzfassung: Wenn Sie sich von Ihrem Partner besonders stark angezogen fühlen, hat die Beziehung auch etwas Besonderes.

Keine Sorge, wenn diese Richtlinie nicht auf Sie zutrifft. Man kann auch in Beziehungen glücklich werden, in denen sich die körperliche Anziehungskraft des Partners nicht wesentlich von der anderer Menschen unterscheidet. Wichtig ist, was die vorhergehende Richtlinie betonte: Sie sollten einander berühren wollen.

10

So wie du nun mal bist

Thema: Die Probleme des Partners

Ehe es zu spät ist

Das folgende Beispiel verdeutlicht, was passieren kann, wenn Sie sich einem Problem nicht rechtzeitig stellen: Sally war zweiunddreißig Jahre lang mit einem Alkoholiker verheiratet. In den letzten zwanzig Jahren hatte er ihr das Leben zur Hölle gemacht, war schon in der Woche beschwipst nach Hause gekommen und hatte sich an jedem Wochenende vollaufen lassen. Mißhandelt hatte er sie nie, jedenfalls nicht körperlich, aber seine Trinkerei machte ihn wütend und abwesend. Sally hatte fast die ganzen Ehejahre sicher gewußt, daß die Beziehung zu schlecht war, um zu bleiben. Nur ihre blinde Hoffnung, daß er sich vielleicht eines Tages doch noch ändern würde, hielt sie davon ab, sich zu trennen. Aber diese Hoffnung erwies sich als gänzlich unbegründet, und schließlich, viel später als es nötig gewesen wäre und nachdem sie auch finanziell ruiniert war, löste sie die Ehe auf.

Innerhalb von sechs Monaten stellte sie zu ihrer Verblüffung fest, wie gut sie sich fühlte und wie schön ihr Leben allein in der neuen Wohnung war.

Zum ersten Mal in Jahrzehnten war sie mit sich und der Welt zufrieden. Aber nicht ohne Verbitterung mußte sie sich jetzt eingestehen, daß sie sich mit den Veränderungen ihres Mannes nie richtig befaßt hatte, sondern sie von einem Tag auf den anderen einfach nur hingenommen hatte, bis es schon sehr, sehr spät war.

Soweit muß es nicht kommen. Sprechen wir nun über die

Probleme, die Ihr Partner hat und die zu Ihrer Beziehungsambivalenz beitragen. Natürlich, jedes Problem, das in Ihrer Beziehung auftaucht, ist irgendwie auch mit Ihrem Partner verbunden. Hier jedoch wollen wir uns mit Situationen befassen, die durch ein Problem Ihres Partners verursacht werden und in denen es scheint, als würde alles anders, wenn nur er sich ändern könnte.

Was für Probleme meine ich? Alles, was Leben und Beziehungen zerstört: Alkoholismus natürlich und alle anderen Formen von Substanzmißbrauch, wie Kokain- oder Tablettenabhängigkeit. Auch Haschischkonsum, cholerische Anfälle oder Freßsucht ebenso wie Depressionen, Schwierigkeiten mit Autoritäten, Bindungsunwilligkeit oder Faulheit könnten ein solches Problem zu sein. Vielleicht ist es auch Achtlosigkeit im Umgang mit Geld. Es braucht nicht unbedingt ein psychisches Problem zu sein, auch ein Mangel an Bildung oder vorzeitige Ejakulation könnten darunterfallen – einfach alles, was Sie verrückt macht und Sie denken läßt: «Wenn er nur das nicht hätte, dann wäre alles wunderbar» – aber so ist er nun einmal, und das macht Ihnen Ihr Leben zur Hölle.

Wie fassen wir das an? Sie wollen fair bleiben. Sie wollen geduldig sein. Aber Sie wollen auch glücklich sein.

Die Ideologie des Nimm-mich-wie-ich-bin

Nur wenige Dinge fesseln Menschen stärker in einer Beziehungsambivalenz als die Unsicherheit, ob Sie ein Recht darauf haben, eine Veränderung zu fordern. Sollen wir den Partner nicht so akzeptieren, wie er ist? Müssen wir nicht eher überlegen, ob wir uns selbst ändern statt den anderen? Diese Fragen wollen wir hier untersuchen.

Seit der Ehe zwischen Sokrates und Xanthippe – sicherlich eine der ersten Ehen, deren Geschichte historisch überliefert ist – vertreten Menschen die Auffassung, daß sie ein Recht darauf haben, alles Mögliche zu unternehmen, um den Partner zu ändern.

Aber die Geschichte ist auch voll von Beispielen für eine Nimm-mich-so-wie-ich-bin-Einstellung. Diese wird gewöhnlich von Menschen (meist Männern) vertreten, die es sich leisten können zu sagen: Entweder du akzeptierst mich so, wie ich bin, oder du gehst. Zum Leidwesen vieler Menschen, die heute in Beziehungen stecken, erlebte diese Einstellung mit den Sechzigern einen enormen Boom und wirkt sich inzwischen auch auf den Nachwuchs dieser Generation aus, die damals noch Teenager waren. Auch viele Therapeuten vertreten diese Devise.

Einen deutlichen Ausdruck findet diese Attitüde in dem sogenannten «Gestalt»-Gebet. Da heißt es unter anderem:

> «Ich mache meine Sache und du deine.
> Ich bin nicht auf der Welt, um deine Erwartungen zu erfüllen.
> Und du bist nicht auf der Welt, um den meinigen gerecht zu werden.»

Diese Zeilen sind zwar in gewisser Hinsicht richtig, aber in ihnen verbirgt sich auch eine Wegwerf-Mentalität, die für Beziehungen nichts taugt. Ich bin weder Politikerin noch Theoretikerin: Ich bin als Therapeutin mit Männern und Frauen konfrontiert, die versuchen, ihre Liebe zu bewahren, und darum ringen, ihr gemeinsames Glück mit dem persönlichen Glück zu verbinden. Und ich weiß, daß das Herzblut einer Beziehung das Gefühl ist, den anderen beeinflussen zu können, besonders in sehr wichtigen Dingen.

Es ist in Ordnung, um Veränderung zu bitten

Nichts erzeugt so starke Wut und schafft soviel Distanz zwischen zwei Menschen wie das Gefühl, den anderen nicht beeinflussen zu können. Und jemanden beeinflussen bedeutet, ihn oder sie zu einer Änderung zu bewegen, sei es, daß jemand, der nie seine schmutzigen Socken aufhob, dies nun fast immer macht, oder daß einer, der ständig an Ihnen herumnörgelte, dies nun unterläßt.

Wenn ich das Modell einer todgeweihten Beziehung beschreiben sollte, die eindeutig zu schlecht wäre, um zu bleiben, würde ich beide Partner sagen lassen, daß sie sich nicht ändern können, nicht ändern wollen und keinen Grund sehen, sich zu ändern – und wenn sie trotzdem zueinander fänden, nun gut. Tatsache aber ist, *daß man das Recht auf den Wunsch hat, daß der Partner sich ändert.*

Und dann? Wie entscheidet man dann, ob die Probleme des Partners so schwerwiegend oder einschneidend für Sie sind, daß Sie mit ihm nicht glücklich werden können? Um zu einer Lösung zu gelangen, beleuchte ich vier Aspekte dieses Themas.

- Kann er sein Problem akzeptieren?
- Ist er zur Veränderung bereit?
- Können Sie lernen, sich über das Problem Ihres Partners nicht mehr aufzuregen?
- Ist er zur Änderung fähig?

Gehen wir diese Punkte einen nach dem anderen durch.

Schritt Nr. 15: Über Verdrängung hinausgehen

Das Wort Verdrängung wird heute so häufig und beinahe beliebig verwendet, daß es mir schon abgenutzt erscheint. Ich werde es also hier so wenig wie möglich verwenden. Statt dessen spreche ich über die Dinge wie Blindheit und Ignoranz hinsichtlich dessen, wer man ist und was man tut, welche Wirkung dies auf die Mitmenschen hat und wie die langfristigen Folgen davon aussehen.

Blindheit und Ignoranz hinsichtlich welcher Probleme? Beginnen wir mit Alkoholismus und anderen Formen von Substanzmißbrauch: «Ich habe kein Problem mit dem Trinken, ich genehmige mir nur ein, zwei Gläschen abends zur Entspannung.» Aber dann werden diese «Gläschen» immer getrunken, und bald sind es auch mehr als nur zwei – und Entspannung bedeutet völliges Hinübersein.

Ich meine damit auch psychische Probleme wie Paranoia und verschiedene Persönlichkeitsstörungen, zu deren Symptomen die Weigerung gehört, zu akzeptieren, daß etwas mit einem nicht stimmt.

Ich spreche auch von all den anderen Dingen, die wir nicht wahrnehmen, die aber Beziehungen verderben – etwa ununterbrochenes Ringen um Kontrolle, Fragen nicht beantworten, ständige Nörgelei, die sich als Humor verkleidet, Herumkritteln, keine Energie haben, nie informiert sein und grundsätzliches

Desinteresse an Ihnen vertrauten Menschen. Ich rede davon, was es bedeutet, wenn Menschen nicht wissen, daß sie langweilige Liebhaber, dominante Väter oder Mütter, schlampige Hausmänner oder -frauen sind, von anstrengenden Persönlichkeiten und Leuten, die nie nachgeben können, oder Hitzköpfen, die ständig Tobsuchtsanfälle haben.

Ich rede über Leute wie König Lear, über den seine Tochter sagte, er habe sich selbst nie sonderlich gekannt, und welche Tragödien sich daraus ergeben können.

Mandys Geschichte

Es gibt Menschen, die ihre Augen und Ohren gegenüber der eigenen Realität verschließen. Ich möchte Ihnen nun von Mandys Mann Robert erzählen, einem Egoisten, wie er im Buche steht. Oberflächlich betrachtet wirkt Robert wie viele Männer und Frauen, die man so kennt, aber er treibt den Egoismus wirklich auf die Spitze.

Robert ist Professor für Philosophie. Wenn er nur den selbstvergessenen und irgendwie charmanten zerstreuten Professor gespielt hätte oder wenn es möglich gewesen wäre, ihn irgendwie aus der Versenkung seiner Selbstbezogenheit herauszuholen, wäre er vielleicht leichter zu ertragen gewesen. Aber egal, wie offensichtlich selbstsüchtig er sich verhielt, er hätte es nie zugegeben, daß sein Verhalten egoistisch und selbstsüchtig war – im Gegenteil, er hätte es vehement abgestritten.

Hier die zwei Aspekte, die sein Verhalten erklären:

1. *Selbstsucht.* Nicht, daß Robert ein Interesse daran hatte, seine Frau Mandy zu dominieren. Er ist zufrieden, wenn sie ihre Sachen macht und so ist, wie sie sein möchte. Er kann einfach nur nicht über seine eigenen Bedürfnisse hinaussehen – ebensowenig wie jemand im Fernsehen einen aus dem Bildschirm heraus ansehen kann.

Dank seiner relativ ungeregelten Arbeitszeit kultiviert Robert seine Selbstdarstellung als freier Geist, dem alle Pläne, Verabredungen und Termine zuwider sind. Wenn die beiden etwas zusammen erledigen müssen, verweigert sich Robert, weil es unmöglich ist, ihn auf eine Vereinbarung festzulegen. Wenn Mandy sagt, es sei für sie wichtig, Dinge zu planen, weil sie als Akupunkteurin viele Verpflichtungen hat, kann Robert nicht einsehen, warum es wichtig sein sollte. Wenn es ihnen dennoch irgendwie gelingt, etwas zu planen, kann er nicht einsehen, warum es wichtig ist, sich dann auch daran zu halten.

2. Der andere Aspekt ist Roberts absolute Ahnungslosigkeit, seine Unfähigkeit, seinen eigenen Egoismus zu erkennen. Welchen riesigen Unterschied würde es bedeuten, wenn er sagte: «Ja, ich weiß, ich bin ein Egoist.» Doch statt dessen bringt er eine Million Gründe, Erklärungen und Rechtfertigungen für das vor, was er tut, und löscht damit die Bedürfnisse aller anderen völlig aus. Man sieht manchmal Talkshows, in denen irgendein selbstbezogener Typ vorgeführt wird, aber die meisten von ihnen verfügen nicht über die Fähigkeit, ihre Rechtfertigungen so vielfältig zu untermauern und so leidenschaftlich und ausgefeilt vorzutragen wie ein Philosophieprofessor.

Wenn er sich zum Beispiel weigert, mit Mandy bei bestimmten Plänen zu kooperieren, sich aber beteiligen *muß*, beschuldigt er sie, kleinlich und unflexibel zu sein, und daß sie sich von der Zeit kontrollieren ließe anstatt diese zu beherrschen. Er hat eine Philosophie dafür, warum ihr Bedürfnis nach Plänen falsch ist. Und genau diese Philosophie stützt seine Blindheit.

Ich stellte Mandy die Frage, die ich jetzt Ihnen stelle:

Diagnostische Frage Nr. 15:
Gibt Ihr Partner niemals zu, daß die Dinge, die Sie an ihm verändern wollen, wirklich kennzeichnend für ihn sind, und wird Ihre Beziehung dadurch zu schlecht, um zu bleiben?

Natürlich, jede Art von Ignoranz ist ärgerlich, ganz unabhängig davon, worauf sie sich bezieht; aber ich spreche hier von einem

Partner, der seine Augen und Ohren gegenüber seinen eigenen Problemen verschließt, die Sie beeinträchtigen wie bohrende Kopfschmerzen und die Sie veranlassen, darüber nachzudenken, ob Ihre Beziehung zu schlecht zum Bleiben ist.

Der Treibsand der Verdrängung

Wenn Ihnen solche Sachen nicht wichtig sind, gibt es auch kein Problem. Aber wenn es Sie stört, dann sitzen Sie in der Klemme. Nicht nur, daß sich das Problem nicht von selbst gibt – soviel ist wohl klar. Nein, eine solche Blindheit und Arroganz kann auch unendlich quälend für Sie sein. Menschen, deren Partner etwas Wichtiges verleugnen, stehen nicht einfach auf und sagen, daß der andere das Problem nicht sehen kann und will. Statt dessen sagen sie: «Ich versuche immer wieder, ihn davon zu überzeugen, daß es das Problem wirklich gibt, gestern noch war ich wirklich ganz verzweifelt darüber, aber heute glaube ich eine Lösung gefunden zu haben, um ihn zur Einsicht zu bewegen.»

Was ist denn leichter, als so etwas zu sehen? Es schreit doch zum Himmel, so offensichtlich ist es. Richtig quälend wird das Problem genau durch diese Offensichtlichkeit, weil wir jeden Tag denken, wir könnten es in den Griff bekommen: Der Morgen naht, die Sonne geht auf, und wie von einem Zauberstab berührt springen unsere Partner auf und sehen plötzlich, was sie vorher nie gesehen haben. Diese Lösung erscheint so unendlich naheliegend, daß wir verdrängen, was eigentlich auch für uns gut sichtbar ist, nämlich: *Wenn Ihr Partner nicht sieht, was ganz leicht erkennbar ist, dann stimmt etwas nicht, und das heißt, es besteht eine gute Chance, daß sich nie etwas ändert.*

Was tut man daher, wenn man auf Frage Nr. 15 mit «Ja» geantwortet hat?

Richtlinie Nr. 15

Wenn Ihr Partner etwas an sich hat oder etwas tut, was Ihre Beziehung zu schlecht macht, um zu bleiben, und wenn man versucht hat, ihn dazu zu bewegen, sich dies einzugestehen, er sich dieser Einsicht aber

verweigert, dann wird dieses Problem mit der Zeit immer schlimmer. Wenn Ihnen diese Aussicht unerträglich erscheint, werden Sie bestimmt glücklicher, wenn Sie sich trennen.
Kurzfassung: Wenn der Partner nicht einmal sehen kann, welche seiner Eigenschaften Sie zur Trennung treibt, ist es Zeit zu gehen.

Ich muß das ganz brutal sagen: Menschen sind nur selten glücklich mit einem Partner, der sich weigert, ein Thema von äußerster Wichtigkeit anzuerkennen. Aber wie genau können Sie Ihren Partner dazu bringen, einzusehen, daß er etwas an sich hat, was für Sie die Beziehung unerträglich macht?

Eines ist sicher: *Mehr als bloß Worte ist nötig*. Sie müssen in Ihrem Partner einen Erkenntnisschock auslösen. Wenn er einfach nur versteht, was er tut, wird er sagen: «Ja, das tue ich», oder: «Ja, so bin ich», aber er muß auch begreifen, welche Bedeutung sein Problem für Sie hat und daß es nicht Ihr Fehler ist, daß Sie dieses Problem haben.

In der Geschichte, die ich gerade erzählt habe, müßte Robert sich an die Stirn fassen und sagen: «Mein Gott, ich habe endlich begriffen, wie es sein muß, mit mir zu leben, wie ich immer darauf bestehe, daß alles nach meiner Nase läuft, und ich niemals einen Kompromiß mit dir eingehe. Ich habe vielleicht alle möglichen Rechtfertigungen dafür, wie ich bin, aber ich sehe nun aus deiner Perspektive, daß es wie die reine Selbstsucht wirkt. Es tut mir leid, daß ich es dir so schwer gemacht habe.»

Sie müssen aber auf der Hut sein. Manche Menschen entziehen sich dem Eingeständnis in ihr Problem ganz geschickt, indem sie sich sehr verletzt geben. Ihre Bitte um Einsicht beantworten sie mit Trauer, Verzweiflung und Enttäuschung. Es sieht dann so aus, als würden Sie Ihrem Partner ein schlechtes Gefühl vermitteln, seinem Ego einen solchen Schlag versetzen, daß allein schon die Erwähnung des Problems alles nur schlimmer macht anstatt besser. Doch in Wirklichkeit werden Sie von diesem Menschen – ob bewußt oder unbewußt – emotional erpreßt; Sie bekommen den Schwarzen Peter zugeschoben, Sie sollen entmutigt werden und das Problem lieber ignorieren, anstatt Ihren Partner damit zu konfrontieren. Es ist eine bestimmte Art des Vom-Tisch-Fegens, die verhindert, daß man jemanden bittet, sein Problem anzuerkennen.

Gleichwie – wenn der Partner nicht einmal erkennen kann, was er tut und welche Wirkung das auf Sie hat, verbunden mit der Tatsache, daß dies die Beziehung zu schlecht macht, um zu bleiben – wie kann sich da etwas verbessern? Eine Person ohne Kontakt zur Realität ist schlimm genug, aber zwei von dieser Sorte heißt, in einem Irrenhaus zu leben.

Schritt Nr. 16: Ist der andere bereit, sich zu ändern?

Na gut, da sitzen Sie also in Ihrer entsetzlichen Beziehungsambivalenz, und nehmen wir an, Ihr Partner ist bereit, das Problem, das Sie an Ihrer Beziehung zweifeln läßt, anzuerkennen. Das ist gut. Anerkennung schenkt einem echte Hoffnung.

Aber nun gehen wir zum nächsten Schritt. Jawohl, er erkennt das Problem an, aber ist er willens, etwas dagegen zu unternehmen, es zumindest zu versuchen? Sagen wir (weil es nämlich in der folgenden Geschichte genau darum geht), das Problem ist, daß der Partner zu dick ist. Das ist ein politisch wenig korrektes Thema, aber in einer Beziehung hat politische Korrektheit manchmal keinen Platz. Mein Beruf ist es, über reale Dinge zu reden, und zwar auf der Ebene, auf der sie auch bewältigt werden.

Es ist ein großes Problem für Menschen in Beziehungambivalenz, wenn der Partner zwar zugegeben hat, ein Problem zu haben, aber dennoch nicht an dessen Bewältigung arbeitet. Hier nun die Frage, die vielen Leuten geholfen hat, ihre Ambivalenz zu lösen:

Diagnostische Frage Nr. 16:

Tut Ihr Partner etwas, das die Beziehung zu schlecht macht, um zu bleiben, und gibt er es zu, ist aber trotz aller guten Absichten nicht gewillt, es zu ändern?

Die Betonung liegt hier auf «nicht gewillt». Das klingt vielleicht so, als sei diese Frage leicht zu beantworten, aber wie bei dem Eisberg, der den Untergang der «Titanic» verursachte, verbirgt sich auch hier der größte Teil unter der Oberfläche. Für jede Person, die offen zugibt, daß sie zu einer Änderung nicht bereit ist, gibt es zehn andere, die einem hoch und heilig versichern, daß sie eine Veränderung anstreben, und dennoch nicht einen einzigen Schritt in diese Richtung unternehmen.

Jims Geschichte

Gehen wir zurück zu dem Mann, der fand, daß seine Partnerin zu dick für ihn war. Ich weiß, Sie mögen ihn vermutlich jetzt schon nicht leiden, aber betrachten wir es von seiner Warte aus.

Jim war Fitneßtrainer einer Profisportmannschaft. Es war sein Leben und sein Lebensunterhalt, fit zu sein und auch so auszusehen. Peggy war bei ihrer Heirat Tänzerin gewesen, mit einer phantastisch durchtrainierten Figur. Beide fühlten sich durch ihre körperlich orientierten Berufe miteinander verbunden – genau wie zwei hochintelligente Menschen sich vielleicht mit der Absicht zusammentun, für den Rest ihres Lebens den Austausch über anspruchsvolle Themen zu genießen, und die sich trennen würden, wenn einer von beiden sich als dumm herausstellen würde. So war das für Jim und Peggy hinsichtlich ihrer Körperlichkeit – zumindest von Jims Warte aus.

Als ich die beiden kennenlernte, wog Peggy 290 Pfund. Und so wirkte das auf Jim: Sex war ihm körperlich unangenehm und unbefriedigend, und außerdem hatte er keine Lust mehr auf Peggy. Er schämte sich dafür, daß er sie peinlich fand, aber sie blieb ihm trotzdem peinlich. Am schlimmsten war aber wohl, daß Jim ständig eine Riesenwut darauf hatte, was Peggy sich und auch ihm angetan hatte.

Ich hakte sehr vorsichtig nach, aber soweit ich es feststellen konnte, hatte Jim alles Mögliche getan, um Peggy genau klarzumachen, wie er sich fühlte und was das alles für ihn bedeutete. Peggy wußte, daß ihr Dicksein für Jim eine Verletzung des ungeschriebenen spirituellen Vertrags war, der sie zusammengebracht hatte. Peggy wußte, daß Jim das Für und Wider einer Trennung abwog und daß auf der Waagschale für eine Trennung ihre 290 Pfund lagen.

Jims Ambivalenz rührte von den Dingen auf der anderen Seite der Waage her, wie die Tatsache, daß er Peggy immer noch liebte und ein Teil in ihm sich schuldig fühlte, ihr Aussehen so wichtig zu nehmen.

Schauen wir uns Peggy an: Das Zugeben war kein Problem; sie wußte, daß sie dick war; sie wußte, daß es ungesund war; sie wußte, sie war unattraktiv; sie wußte sogar, daß es sie deprimierte, und, am wichtigsten für unser Thema, sie wußte auch, daß sich Jim ihr dadurch entfremdete.

Aber an diesem Punkt müssen wir uns dem Thema stellen, was echte Bereitschaft zur Änderung ist. Es wäre klarer gewesen, wenn Peggy gesagt hätte: «Jawohl, ich bin dick, und ich weiß, daß du das entsetzlich findest, aber ich mag mich so und will nichts dagegen unternehmen.» Doch Peggy war ein Bilderbuchbeispiel für Leute, die oberflächlich eine Bereitschaft zur Änderung signalisieren, tatsächlich aber völlig unwillig sind, ganz egal, um was für ein Problem es sich handelt. Hier ein paar typische Sätze von Peggy:

- «Natürlich will ich abnehmen, aber es ist nicht mein oberstes Ziel. Wichtiger ist, daß ich mich gesund ernähre und auf meine Arbeit konzentriere und vor allem sämtlichen Streß aus meinem Leben fernhalte.»
- «Du hast kein Recht, mir zu sagen, was ich tun soll. Eigentlich ist genau die Tatsache, daß du mir etwas vorschreibst, für mich Grund genug, es nicht zu machen.»
- «Es ist nicht recht von dir, von mir zu verlangen, daß ich mich ändere. Du sollst mich doch so akzeptieren, wie ich bin.»
- «Jedesmal, wenn du dich darüber beklagst, werde ich deprimiert und nehme noch mehr zu.» (Leute, die nicht wirklich zu einer Änderung bereit sind, sagen immer, daß sie sich nur tiefer hinter dem Problem verschanzen, wenn der andere verlangt, man solle sich ändern).

Eine definitive Unwilligkeit gibt sich häufig auch den Anschein von Bereitschaft:

- «Ich will doch abnehmen, aber ich muß es für mich selbst tun, nicht für dich, und ich muß es in meinem eigenen Tempo und auf meine Weise machen dürfen.»

Sie fragen sich jetzt vielleicht, was an dieser Bemerkung denn falsch sein kann. Sollen wir das vielleicht glauben? Es ist sicher die Art Satz, mit dem Therapeuten wie ich versuchen, Menschen zu überzeugen, weil es wichtig ist, daß wir Verantwortung für unser Leben übernehmen und Dinge für uns selbst tun. Aber für Peggys Bemerkung gibt es zwei völlig unterschiedliche Deutungen:

- *Die erste Deutung heißt*: «Ich will es tun und werde es tun, aber es klappt nur, wenn ich es auf meine eigene Weise anpacke.» Und wenn das ehrlich gemeint ist, ist es gut.
- *Die zweite Interpretation lautet*: «Ich bin nicht bereit, es zu tun, und du kannst da stehen und mir zusehen, wenn du willst, aber ich werde es niemals tun, und wenn ich sage ‹meine Weise›, dann meine ich damit, daß es klappt, ohne daß ich mir dazu Mühe gebe. Und wenn nicht, dann kann ich nichts machen.» Und das ist nicht gut.

Peggy meinte die zweite Version. Sie behauptete, daß sie bereit sei, sich zu ändern, obwohl sie es in Wirklichkeit nicht ernst meinte. Hier die Tatsachen: Jim hatte seine Gefühle für Peggy seit vielen Jahren deutlich gemacht. Peggy hatte ebensolange gesagt, sie würde «in ihrem eigenen Tempo und auf ihre eigene Weise» abnehmen. Aber ihr Körper verriet ihre Unwilligkeit, sich zu ändern.

Schauen wir mal, ob wir ein bißchen Mitgefühl für Jim aufbringen können. Sicher, er hätte vielleicht edler und großherziger sein können, aber er hat nie so getan, als sei er anders als der Typ, der er nun einmal war. Und er hatte Peggy sehr deutlich gesagt, was auf dem Spiel stand. *Indem sie ihm dutzendfach direkt wie indirekt mitteilte, daß keine Aussicht auf Änderung bestand, gab sie Jim in Wirklichkeit die Erlaubnis, die Beziehung zu beenden.* Der Abstand zwischen ihnen war einfach zu groß geworden.

Wenn Ihre Antwort auf Frage Nr. 16 «Ja» lautet, hier die Richtlinie:

Richtlinie Nr. 16

Wenn Ihr Partner etwas tut, das die Beziehung zu schlecht macht, um zu bleiben, und er es zugesteht, aber eigentlich nicht bereit ist, etwas daran zu ändern, und wenn diese Unwilligkeit seit mindestens sechs Monaten eindeutig erkennbar ist, dann trennen Sie sich besser.

Kurzfassung: Wenn Sie darauf warten, daß Ihr Partner sich doch noch ändert, dann könnten Sie ebensogut auf Godot warten.

Diese Richtlinie ist ganz eindeutig: Wenn Ihr Partner sich nicht ändern will, obwohl Sie durch sein Verhalten unglücklich werden, dann ist es besser für Sie, sich zu trennen.

Manchmal weiß man, daß der Partner unwillig ist, weil er das ganz klar sagt, manchmal signalisiert er seine Unwilligkeit auch auf ein Dutzend verschiedene Weisen, wie Peggy, manchmal aber versichert er Ihnen seine besten Absichten und unternimmt dennoch nichts. Wie aber können Sie nun erkennen, ob Ihr Partner wirklich willens ist, an sich zu arbeiten?

Bereitschaft demonstrieren

Es klappt immer gut, wenn jemand eine ganz bestimmte Vorstellung davon hat, wie es wäre, wenn der Partner sich ändern würde, und diese Vorstellung dann auch deutlich formuliert. Etwa so: «Wegen dieses Problems möchte ich mich am liebsten trennen. Du hast zugegeben, daß du dieses Problem hast. Ich weiß, daß du bereit bist, etwas dagegen zu unternehmen, indem du...» Und dann sagt man, wie das für einen aussehen würde. Es sollte dabei genügend Spielraum zu Verhandlungen geben – man kann nicht alles genau festlegen. Aber der Partner kann nicht bloß sagen, er sei zu einer Änderung bereit, und dann nicht für seine Behauptung einstehen.

Welche Vereinbarungen also können Sie treffen, um sicherzugehen, daß die Bereitschaft Ihres Partners echt ist? Da es eine

Million verschiedene Probleme und eine Million verschiedene Reaktionen auf jedes dieser Probleme gibt, kann ich nur sagen, daß Ihre Vorstellungen konkret, realistisch, sinnvoll und leicht nachvollziehbar sein sollten. Gleichzeitig müssen sie Ihnen eine Gewähr dafür bieten, daß sich wirklich etwas ändern wird.

Was für Verhaltensweisen meine ich damit? Hier ein paar Beispiele:

- Für den einen könnte die Änderungsbereitschaft des Partners hinsichtlich seines Substanzmißbrauchs so aussehen, daß dieser sich einer Gruppe wie den Anonymen Alkoholikern anschließt. Für andere könnte es bedeuten, sich nicht mehr mit der alten Clique zu treffen. Gleichwie, Sie können dann sagen: «Er/Sie versucht wirklich, sich zu ändern.»
- Für den einen könnte die Änderungsbereitschaft des Partners hinsichtlich seines geringen Verdienstes und der langen Phasen von Arbeitslosigkeit – egal aus welchem Grund – bedeuten, wieder die Schulbank zu drücken, um sich durch bessere Abschlüsse eine bessere Ausgangsposition zu verschaffen. Für andere, deren Partner das gleiche Problem haben, könnte eine Änderungsbereitschaft heißen, eine richtige Arbeitsstelle anzunehmen, die sie vorher immer abgelehnt haben, und ein Jahr dabei zu bleiben, ohne hinausgeworfen zu werden. Gleichwie, Sie können dann sagen: «Mein Partner versucht wirklich, etwas zu ändern.»
- Für den einen kann die Änderungsbereitschaft des Partners, der meist deprimiert, müde und unglücklich ist, bedeuten, eine Therapie anzufangen und durchzuhalten. Für jemand anderen, dessen Partner das gleiche Problem hat, könnte es heißen, den Arzt zu wechseln und sich Antidepressiva verschreiben zu lassen. Gleichwie, Sie können sagen: «Mein Partner bemüht sich wirklich, etwas zu verändern.»

Die getroffene Vereinbarung sollte auch eine zeitliche Begrenzung enthalten. Zum Beispiel: «Ich möchte, daß du das innerhalb eines Monats anfängst und ein Jahr durchhältst. Nicht, weil ich versuche, dich herumzukommandieren oder hier das Sagen haben will, sondern weil es um die schlichte Tatsache geht, daß unsere Beziehung für mich zu schlecht ist, um zu bleiben, wenn du mir nicht zeigst, daß du bereit bist, dich in dieser Hinsicht zu ändern. Das ist keine Drohung, sondern einfach meine Realität.»

Die Wartefalle

Wenn Sie eine solche Vereinbarung getroffen haben, müssen Sie sich davor hüten, in die eine Falle zu treten, die vielen zum Verhängnis wird: die Wartefalle.

Da wir alle für diese Art von Falle ziemlich empfänglich sind, möchte ich Ihnen an einem Beispiel illustrieren, wie sie wirkt.

Nehmen wir an, Sie warten auf einen Bus. Wenn Sie zehn Minuten gewartet haben, verwandeln Sie diese Wartezeit in eine Art Investition. Denn wenn Sie schon zehn Minuten in das Warten auf den Bus investiert haben, wäre es dumm, nicht noch weitere zehn Minuten zu warten. Ehe man sich versieht, hat man zwanzig Minuten gewartet, und mit einer solchen Investition kann man eigentlich nur noch länger warten. Schließlich hat man eine Dreiviertelstunde gewartet, damit der Bus einen an einen Ort bringt, den man mit einer Viertelstunde Fußmarsch auch erreicht hätte.

Viele Leute verhalten sich gegenüber ihren problematischen Partnern so. Wenn Sie ein Jahr lang darauf gewartet haben, daß Ihr Partner sich ändert, sind Sie fast magisch dazu verpflichtet, noch ein Jahr zu warten. Und wie kann man sich dann weigern, weitere zwei Jahre zu warten? Erinnern wir uns an Sally aus einem früheren Kapitel: Sie war zweiunddreißig Jahre lang mit ihrem alkoholsüchtigen Partner verheiratet, weil sie Opfer der Wartefalle geworden war.

Um den Fallstricken der Wartefalle zu entgehen, müssen Sie also unbedingt auch den zeitlichen Rahmen abstecken, innerhalb dessen die Veränderung sichtbar werden soll. Manche Leute hassen den Vorschlag, den ich jetzt mache, aber es hat sich als nützlich erwiesen, genau aufzuschreiben, was der Partner gewillt ist, in welchem Zeitraum zu bewältigen, und dieses Papier auch zu datieren. Dann sollen es beide unterschreiben. Diesen Vertrag sehen Sie ein Jahr später (oder was immer Sie vereinbart haben) wieder an. Wenn Ihr Partner – trotz aller Beteuerung seiner guten Absichten – seinen Teil der Vereinbarung nicht erfüllt hat, können Sie daraus eindeutige Rückschlüsse auf seine Veränderungswilligkeit ziehen. Jetzt tritt Richtlinie Nr. 16 in Kraft.

Schritt Nr. 17: Loslassen

Okay, Ihr Partner ist also nicht zu einer Veränderung bereit, und dieses Problem macht Sie sehr unglücklich. Hier nun eine Option, die einigen Menschen nie von selbst einfällt: Vielleicht hören Sie einfach auf, sich von dem Problem behelligt zu fühlen? Dazu die Frage:

Diagnostische Frage Nr. 17:
Haben Sie versucht, das Problem Ihres Partners, das Sie so stört, daß Sie deswegen sogar eine Trennung erwägen, einfach zu ignorieren, sich einfach nicht länger davon stören zu lassen? Hatten Sie dabei Erfolg?

Ich meine damit keinesfalls, daß man Unerträgliches ertragen sollte. Ich meine auch nicht, daß man lernen muß, mit Leid zu leben. Ich denke vielmehr an Menschen, denen es auf andere Art gelungen ist, sich von schwerwiegenden Problemen zu befreien, selbst wenn diese ihnen arg zu schaffen machten. Das Problem hing an ihnen wie eine eiserne Stahlkugel – und plötzlich haben sie es wie einen Luftballon behandelt, den man nur loslassen braucht, damit er wegfliegt. Sie leiden nicht mehr, weil es nichts mehr gibt, unter dem sie zu leiden hätten.

Hier ein Beispiel:

Johanns Geschichte

Kurze Zeit nachdem Johann aus beruflichen Gründen von München nach Bonn gezogen war, traf er eine Frau und heiratete sie. Sie war Journalistin bei einem Frauenmagazin und schrieb über alles, was mit Kochen und Küche zu tun hatte. Deshalb nahm Johann an, Elisabeth sei ebenso traditionell eingestellt wie er selbst. Er wußte, daß sie weiterhin in ihrem Beruf arbeiten würde, ging aber ganz selbstverständlich davon aus, daß sie die Kocherei und den Haushalt übernehmen würde. Er glaubte, daß sie das auch wollte.

Stellen wir uns vor, wie schockiert Johann war, als er feststellte, daß Elisabeth ihren eigenen Haushalt vollständig vernachlässigte, daß sie nur beruflich kochte. Als ihm diese Realität dämmerte, wurde er immer wütender und enttäuschter, und sie hatten oft heftigen Streit über ihr «Problem». Sie gab zu, daß sie im Haus nichts tat, und erklärte auch eine gewisse Bereitschaft, mehr zu tun, aber nur in dem Sinne, daß sie versprach, ihren Anteil zu erledigen, falls sie beruflich nicht mehr so sehr eingespannt wäre. Ansonsten wollte sie nichts ändern.

Es folgte eine Phase, in der es für unseren Bayern bei diesem Thema wirklich um Biegen und Brechen ging. Er hatte sein Leben lang gehofft, eine Frau zu finden, die für ihn einen wunderbaren Haushalt führen würde. Ich fragte Johann, ob er sich von dieser Erwartung verabschieden könnte. Diese Möglichkeit war ihm tatsächlich noch nie in den Sinn gekommen. Er antwortete, er brauche eine Woche, um darüber nachzudenken.

Als er wiederkam, sagte er: «Wissen Sie, ich habe mir gedacht, wenn das klappt, wird das die einfachste Sache, die ich je gemacht habe. Ich wollte wissen, ob ich einfach tief Luft holen und alle Vorstellungen, die ich mir je über Elisabeth und den Haushalt gemacht habe, fahrenlassen kann. Ich konnte es kaum glauben, aber es hat geklappt.»

Es ist nicht immer so leicht, alles loszulassen, und es besteht eine gute Chance, daß Sie es bereits versucht haben und es nicht funktioniert hat. Aber wenn Sie es noch nicht probiert haben, dann ist es jetzt einen Versuch wert. Bemühen Sie sich der Sache, die Ihre Beziehung so schlecht macht, daß Sie sich trennen wollen, keinerlei Bedeutung mehr beizumessen. Nehmen Sie sich für dieses Experiment eine oder zwei Wochen und schauen Sie, was passiert. Wie lautet dann Ihre Antwort auf Frage Nr. 17? Können Sie es loslassen? Hier die Richtlinie dazu:

Richtlinie Nr. 17

Wenn Sie sich von dem Problem tatsächlich distanzieren können, das zu einer Trennung von Ihrem Partner führen könnte, wenn Sie es schaffen, ihm keinerlei Bedeutung mehr beizumessen und sich auch nicht länger davon gestört fühlen, dann besteht eine echte Chance, daß Ihre Beziehung zu gut ist, um sich zu trennen.

Kurzfassung: In einer Beziehung mit Zukunft können Menschen sich von Problemen verabschieden, die sie nicht lösen können.

Es heißt oft, daß man jemand anderen nicht ändern kann, nur sich selbst. Genau darauf bezieht sich dieser Ratschlag. In Wirklichkeit ist dieses Loslassen aber viel schwerer, als es uns lieb ist. Wenn wir an dem Versuch gescheitert sind, das Problem unseres Partners zu ignorieren, verstärkt sich in uns meistens das Bedürfnis, nun aber endlich den anderen zu verändern. Solange der Partner bereit ist, zuzugestehen, daß das Problem existiert, solange er seine Bereitschaft zur Änderung signalisiert, besteht Hoffnung. Aber kann er sich wirklich in jedem Fall ändern?

Schritt Nr. 18: Ändere dich selbst, und die Welt ändert sich mit dir

Die Antwort auf die Frage: «Wer bist du?» lautet, daß wir alles sind, was wir jetzt sind – und alles, was wir in Zukunft sein können. Das sage ich oft zu Klienten, wenn ich sie um eine Änderung bitte und sie mit den Worten reagieren: «Ich kann das nicht, denn so bin ich nicht.» Aber Sie wissen ja nicht, wer Ihr Partner ist, weil Sie nicht wissen können, wie er in Zukunft sein wird. Und das kann man nur herausfinden, wenn man probiert, herauszufinden, wie offen er für Veränderung ist.

Julias Geschichte

Das war einer jener tragischen Fälle, wo ein Mensch schon seit fünfzehn Jahren in einer quälenden Beziehungsambivalenz festsaß. So lange schon fühlte sich Julia unzufrieden mit ihrem Mann Oskar. Sie hatte ein paarmal halbherzige Dinge unternommen, sich zu lösen, wie etwa ein Studio für ihre Arbeit anzumieten und mit Anwälten zu sprechen. Aber sie war immer geblieben, hatte Pläne für die gemeinsame Zukunft gemacht, auf die sie sich freute, vor der ihr gleichzeitig aber auch graute.

Sie waren ein kultiviertes, intellektuelles Paar. Julia war Musikerin, eigenen Angaben zufolge nicht sonderlich talentiert, was ein Teil des Problems war, weil sie meinte, wenn sie begabter wäre, hätte sie ein größeres Anrecht darauf, ihr eigenes Leben als Berufsmusikerin zu führen. Aber das war schwer, denn Oskar war ein Genie. Er war ein hochkarätiger, weltbekannter Wissenschaftler und Geschäftsmann.

Sie müssen mir einfach glauben, wenn ich nun sage, daß Oskar einer der frustrierendsten, ärgerlichsten, empörendsten Menschen war, die ich kennengelernt habe, aber gleichzeitig auch sehr einnehmend und charmant. Das klingt vielleicht nicht sehr logisch, aber hier ist ein Beispiel dafür:

Wenn er von seiner Arbeit nach Hause kam, steuerte er zielstrebig das Arbeitszimmer von Julia an, unterbrach sie in ihrer Tätigkeit und stellte ihre Musik ab, weil er zum millionsten Mal ihre millionenfach geäußerte Bitte vergessen hatte, daß sie nicht gestört werden wolle, wenn er nach Hause kam. Doch bei seinen Unterbrechungen ging es stets darum, daß er ihr eine lustige Geschichte erzählen oder von einem kleinen Triumph berichten wollte, den er tagsüber erlebt hatte.

Die Tragödie bestand darin, daß Oskar sich verzweifelt wünschte, sich enger mit Julia verbunden zu fühlen, und dies nicht konnte. Noch seine banalsten Sätze wirkten wie eine öffentliche Vorlesung von einem altmodischen Professor. Er war langweilig, unglaublich umständlich und so unsensibel, daß er beim Sprechen sein Gegenüber niemals ansah.

War diese Beziehung zu gut für Julia, um sich zu trennen, oder zu schlecht, um zu bleiben?

So war er nun mal. Es klingt angesichts von Oskars Überheblichkeit vielleicht erstaunlich, aber er wußte, daß etwas mit seinem Verhalten nicht stimmte, und der freundliche Teil in ihm war ehrlich bereit, sich zu ändern. Doch diese Änderungsbereitschaft war nur begrenzt – und ehrlich gesagt auch seltsam. Er verhielt sich in seiner persönlichen Entwicklung wie ein extrem begabter Papagei, der Englisch lernen will. Er konnte sich sehr rasch ändern, aber nur, wenn ich ihm die Aufgaben in fast mathematischer Genauigkeit präsentierte: Dann änderte er sich vollständig, aber nur in diesem einen Aspekt.

Seine ganze Familie beklagte sich zum Beispiel heftig darüber, wie er jede Unterhaltung dominierte, ganz gleich, wie viele Personen daran beteiligt waren. Nichts konnte ihn dazu bringen, das zu ändern, bis ich ihm die folgende kurze Formel anbot: Teilen Sie die zur Verfügung stehende Zeit durch die Anzahl der beteiligten Personen – das ist der Prozentsatz an Zeit, in der Sie reden können, und den Rest der Zeit schweigen Sie. Wenn sich zwei Menschen im Raum befinden, können Sie die Hälfte der Zeit sprechen. Wenn es vier sind, geht es nur noch ein Viertel der Zeit und so weiter. Er begriff es und befolgte es. Aber er änderte sich nicht einen Deut, wenn ich ihm nicht eine genaue mathematische Gleichung anbot.

Was soll ich tun, fragte Julia, gehen oder bleiben?

Hier die Frage, die ich Julia stellte:

Diagnostische Frage Nr. 18:

Wenn Sie an das Problem Ihres Partners denken, das die Beziehung für Sie so schlecht macht, daß Sie an Trennung denken, erkennt er es und ist er bereit, etwas daran zu ändern, und ***ist er zu dieser Änderung auch imstande?***

Wie können Sie feststellen, ob Ihr Partner imstande ist, sich zu ändern? Es gibt viele Mittel, das herauszufinden, und es ist wichtig, sie auch zu begreifen. Oskar hatte einen einzigartigen Stil, sich zu ändern. Es war seltsam, aber immerhin möglich.

Die Frage, ob ein Individuum sich ändern *kann,* bedeutet auch, zu fragen, was es *braucht,* um sich zu ändern. Den einen muß man einfach nur bitten, Oskar aber brauchte äußerst präzise, konkrete Instruktionen, wie er sie tagtäglich als Wissenschaftler befolgte. Andere Menschen brauchen etwas anderes. Hier ein paar Beispiele:

Bedeutung vermitteln. Viele Leute brauchen die Sicherheit, daß es dem anderen wirklich ernst ist mit dem, um was er bittet. Das überrascht vielleicht. «Wie kann sie nicht wissen, daß ihm daran liegt, wenn sie seit Jahren um nichts anderes streiten?» Nun, das ist auch mir schleierhaft, und ich begnüge mich resigniert mit der Erkenntnis, daß ich vermutlich alt und grau werde, ohne dieses Geheimnis jemals gelüftet zu haben.

Doch aus jahrelanger klinischer Erfahrung weiß ich – obwohl ich *nicht* weiß, warum das so ist –, daß sich manche Menschen jahrzehntelang über ein Thema streiten und schier zerfleischen können, und einer der Partner immer noch ganz unschuldig und aufrichtig sagt: «Ich habe nie richtig verstanden, daß dir soviel daran lag.»

Ehe Sie also angeben, daß Ihr Partner sich nicht ändern kann, müssen Sie also sichergehen, daß Ihr Partner auch weiß, wieviel Ihnen an der Sache liegt – und nicht denken, daß er es wissen müßte. Sie müssen dafür sorgen, daß er es auch tatsächlich weiß. Fragen Sie ihn, wo Sie seiner Meinung nach das Problem auf einer Skala zwischen eins und zehn einordnen würden. Wenn er mit «zehn» antwortet, wissen Sie, daß ihm klar ist, welche Bedeutung es für Sie hat.

Motivation. Andere wiederum brauchen genügend Motivation. Reicht es denn nicht zu wissen, daß es wirklich wichtig für Sie ist? Das sollte es in einer Idealwelt, aber in dieser unidealen Welt sind Veränderungen schmerzhaft und erschreckend. Manchmal ist es für Menschen schwer, sich zu ändern, auch wenn sie alle Motivation der Welt bekommen. Mit ausreichender Motivation steigt zumindest die Chance zu einer Änderung.

Wenn Sie in einer schwierigen Beziehung dahinvegetieren,

weil Ihr Partner sich auf bestimmte Weise verhält, müssen Sie sich fragen: «Habe ich ihm klargemacht, wie sich sein Leben verbessern wird, wenn er sich ändert?» Wenn sein Leben dadurch nämlich nicht besser wird, warum sollte er sich ändern? Wenn Sie es ihm nicht verdeutlicht haben, wie sich sein Leben verbessern wird, wie können Sie da von ihm eine Veränderung erwarten?

Therapie. Manche Menschen brauchen Therapie, um sich zu ändern. Statistiken besagen, daß gute Therapeuten in etwa zwei Dritteln aller Fälle Veränderungen bewirken können, die den Klienten alleine nicht gelungen sind. Die Frage ist nur, was ist ein guter Therapeut, weil Ihr Partner ganz gewiß zu einem gehen sollte, ehe Sie ihn aufgeben.

Hier die Zeichen, nach denen Sie Ausschau halten sollten:

- Bekannte, die sagen, dieser Therapeut habe ihr/ihm bei einem ähnlichen Problem konkret geholfen.
- Der Therapeut entwirft gemeinsam mit Ihnen einen Plan, der darauf abzielt, die selbstgesteckten Ziele zu erreichen, und Ihnen ist klar, was der Therapeut unternehmen wird, um Ihnen bei der Erreichung dieser Ziele zu helfen.
- Dieser Therapeut wendet je nach Problem und Person verschiedene Methoden an.
- Sie haben das dauerhafte Gefühl, dieser Therapeut hilft Ihnen dabei, sich besser zu fühlen und daß Sie Ihr Leben besser in den Griff bekommen.

Schlechte Zeichen sind:

- Nach vier Sitzungen ändert sich nichts in Ihrem Leben, wie Sie sich fühlen und was Sie tun – oder es wird sogar schlechter.
- Der Therapeut wirkt desinteressiert an der konkreten Realität Ihres gegenwärtigen Lebens.
- Der Therapeut konzentriert sich ausschließlich auf Ihre Schwächen statt auf Ihre Bedürfnisse oder Stärken.
- Der Therapeut scheint eine einziges Allheilmittel zu kennen, eine «Antwort», mit der er alles erklärt.

Ehe Sie also zu der Überzeugung gelangen, daß Ihr Partner sich in dem Punkt, der Ihre Beziehung zu schlecht macht, um zu bleiben, nicht ändern kann, würde ich generell anraten, daß ein guter Therapeut versuchen sollte, ihm zu helfen. Gute Therapeuten können zwar viel bewirken, aber auch nicht alles wieder in Ordnung bringen.

Was fangen Sie also mit Frage Nr. 18 an, ob Ihr Partner sich ändern kann? Die Richtlinie betont die positive Seite:

Richtlinie Nr. 18

Wenn Ihr Partner beweist, daß er durchaus in der Lage ist, das Problem, das Ihnen Ihre Beziehung vergällt, aus der Welt zu schaffen, dann besteht eine gute Chance, daß es im Kern Ihrer Beziehung noch etwas Gesundes und Lebendiges gibt, und Sie würden nicht glücklich, wenn Sie an diesem Punkt aufgäben.

Kurzfassung: Es ist die Fähigkeit, sich zu ändern, die aus einem Frosch einen Prinzen macht.

Bei dieser Richtlinie kommt es darauf an, zu verstehen, daß die Fähigkeit, sich zu ändern, eine sehr wertvolle Eigenschaft ist.

Und wenn die Antwort hier nun «Nein» lautet? Das ist auch nicht unbedingt ganz schlecht. Behalten Sie im Auge, daß wir über jemanden reden, der zugegeben hat, ein Problem zu haben, und eine echte Bereitschaft signalisiert hat, sich damit zu konfrontieren. Bei so jemandem gibt man nicht die Hoffnung auf, jedenfalls nicht, ehe man nicht viel mehr über die Situation in Erfahrung gebracht hat. Ein Therapeut ist ein Arzt der Seele, und Ärzte stehen praktisch unter dem Zwang, nach Möglichkeiten Ausschau zu halten, wie jemand gesund wird, egal, wie krank er im Moment auch ist.

Selbst wenn Ihr Partner daher noch keine Zeichen von sich gegeben hat, daß er sich ändern kann, solange er das Problem zugestanden und seine Bereitschaft zur Änderung erklärt hat, besteht die Möglichkeit, daß er sich in Zukunft ändern wird. Ob diese Änderung tatsächlich eintritt und ob sie Ihnen reicht, sind wichtige Fragen, aber ich meine, man kann sie auf später verschieben. Für den Moment, sagen Menschen in der gleichen Situation, weil der Partner das Problem zugegeben und seine Änderungsbereitschaft signalisiert hat, kann man es sich leisten abzuwarten.

Wenn Sie zum Ende dieses Buches gelangen, werden Sie alle möglichen Gründe kennengelernt haben, die für eine Trennung sprechen. Wenn keiner von ihnen auf Ihre Situation zutrifft, auch nicht die nun folgenden entscheidenden Punkte, dann ist Ihre Beziehung vermutlich zu gut, um sich zu trennen.

11

Lassen wir doch das Ganze

Thema: Persönliche Grenzen

Ganz zu Anfang dieses Buches habe ich gesagt, daß Sie die Wahrheit über Ihre Beziehung entdecken werden, indem Sie plötzlich darauf stoßen, weil sie vor Ihnen liegt. Bisher habe ich Ihnen bei der Suche nach dieser Wahrheit geholfen, indem ich Ihre Aufmerksamkeit auf Themen gelenkt habe, die meiner Erfahrung nach wichtig bei der Entscheidung sind, ob man in einer fragwürdigen Beziehung bleibt oder sich besser trennt. Jetzt ist es an der Zeit für einen Tempowechsel – aber nur für dieses Kapitel: Statt daß ich ein Thema ins Scheinwerferlicht rücke, bekommen Sie hier Gelegenheit, Ihr ganz persönliches Hauptthema selbst zu durchleuchten.

Schritt Nr. 19: Die letzte Grenze

Bei dem Versuch, sich zu entscheiden, was Sie aus Ihrer zweifelhaften Beziehung machen, wollen Sie alle Fehler vermeiden. Schließlich wollen Sie sich ja nicht trennen, wenn es besser wäre zu bleiben, aber Sie wollen auch nicht bleiben, wenn es besser wäre zu gehen. Konzentrieren wir uns darauf, wie man den zweiten Fehler vermeidet.

Raten Sie mal, was einer der Hauptunterschiede zwischen Menschen ist, die blieben, obwohl es für sie besser gewesen wäre zu gehen, und denjenigen, die diesen Fehler vermieden haben?

Menschen, die froh über ihre Entscheidung waren, sagten sich an einem Punkt: «Wo liegt meine ganz persönliche letzte Grenze? Hat mein Partner sie überschritten?» Und sie wußten genau, wo diese Grenze für sie lag, sie sahen, daß der Partner sie überschritten hatte, und waren bereit, nach dieser Erkenntnis zu handeln.

Menschen, die insgesamt unzufrieden waren, haben dies nicht getan. Sie konnten oder wollten nicht sagen, wo ihre Grenzen lagen. Sie konnten oder wollten nicht erkennen, daß ihre Partner diese Grenze überschritten hatten, und waren in keinem Fall bereit, aufgrund dieser Überschreitung etwas zu unternehmen.

Komplizenschaft

Was anschließend mit jenen Menschen geschah, die ihre persönlichen Grenzen ignorierten, ist tragisch. Wenn Sie wirklich so etwas wie eine persönliche Grenze haben, und der Partner überschreitet sie und Sie unternehmen nichts – dann begehen Sie in gewisser Weise eine Art von Selbstverstümmelung. Es ist so, als würden Sie sagen: Ich fühlte, daß das, was er tat, völlig inakzeptabel war, und ein Teil von mir fühlt das noch immer, aber ich konnte oder wollte dennoch nichts dagegen unternehmen. Welches Recht habe ich also noch, von einer unverrückbaren persönlichen Grenze zu sprechen?

Und dadurch machen Sie sich auf eine traurige und verzerrte Weise zum Komplizen Ihres Partners, der nichts unternimmt, was immer Ihr Partner auch tut. Es ist, als würden Sie sagen: «Das, was du machst, zerstört für mich unsere Beziehung, aber ich gebe dir trotzdem die Erlaubnis, es zu tun, und mir die Erlaubnis, nichts dagegen zu unternehmen.» Genausogut könnte man sagen: «Schaffen wir eine Situation, in der wir einander hassen können.»

Ihre Komplizenschaft hält Sie in der Beziehung gefangen und gibt Ihnen das Gefühl, sich selbst verraten zu haben. Das ist seelisch sehr destruktiv. Kinder, die sexuell mißbraucht wurden, erleben oft solche Situationen: Auch sie hatten eine feste, persönliche Grenze, die für sie niemals hätte überschritten werden dürfen, aber in ihrer kindlichen Machtlosigkeit waren sie ausgeliefert und ohne Chance, sich selbst zu schützen. Aus diesem Grund entwickeln sie sehr häufig das Gefühl, als seien sie für ihre eigene Verletzung mitverantwortlich.

Mir ist klar, daß ich hier ein extremes Beispiel gewählt habe, aber wenn man seine eigenen Grenzen nicht erkennt und nichts unternimmt, wenn sie verletzt werden, hat das dauerhafte seelische Schäden zur Folge.

Wo liegt meine Grenze?

Sie müssen wissen, wo Ihre persönlichen Grenzen liegen, und wenn Ihr Partner diese überschreitet, müssen Sie etwas unternehmen.

Was aber meine ich genau mit «persönlicher Grenze»? Wir sind so daran gewöhnt, unsere Grenzen abzustecken, daß es hier leicht zu Mißverständnissen kommen kann. Viele Menschen glauben, daß die persönliche Grenze etwas ist, das es zu verteidigen gilt, wenn man für sich selbst einstehen will, so als würde man für sich selbst eintreten, wenn man mehrere Grenzen eindeutig markiert.

Aber das ist verfrüht. Ehe man auf seine Grenzlinie pocht, muß man sie erstmal festlegen. Es ist nämlich nicht so, als würde man eines Morgens aufwachen und «beschließen», daß alles vorbei ist, wenn der Partner das oder jenes macht. Vielmehr ist eine Grenzlinie etwas, das man allmählich erfährt und lernt. Erfahrungen und die eigenen Reaktionen darauf bringen einem bei, daß tatsächlich alles für einen vorbei sein würde, wenn jemand dies oder jenes macht.

Hier ein paar Dinge, die Klienten als ihre persönliche Grenze zu sehen lernten:

- «Wenn es nochmal ein halbes Jahr dauert, bis wir wieder Sex haben, dann bin ich hier weg – und das weiß er auch.»
- «Wenn sie mich noch ein einziges Mal vor den Kindern demütigt, mache ich Schluß.»
- «Ich weiß, daß es manchmal schwer ist, das Leben von zwei Menschen in Einklang zu bringen, aber wenn ich das Gefühl bekäme, daß er mich davon abhält, meinen Beruf weiter auszuüben, wäre für mich alles vorbei.»
- «Wir leben wie arme Schlucker, obwohl wir das nicht sind. Wenn er mir nicht endlich eine vernünftige Summe an Haushaltsgeld gibt, finde ich mich nicht mehr damit ab.»

- «Es klingt vielleicht schrecklich, aber wenn Sie ihre Geschichte kennen würden und wenn Sie wüßten, was sie mir dadurch schon angetan hat, würden Sie es begreifen. Wenn sie nochmal fünfhundert auf einen Schlag ausgibt, ohne das vorher mit mir zu besprechen, ist für mich Schluß.»
- «Wenn er noch ein einziges Mal wegen seiner Depression in die Klinik geht, muß ich mich trennen, auch wenn ich mich schuldig fühle.»
- «Wenn seine Mutter zu uns zieht, ist das seine Entscheidung, aber dann ziehe ich aus. Entweder sie oder ich.»

Nur Sie selbst können wissen, wo Ihre eigene persönliche Grenze liegt. Und ganz egal, wo das ist, Sie müssen sie akzeptieren und gemäß ihr handeln.

Was ist daran echt?

Manche Leute glauben, keine persönliche Grenze zu haben. Sie betrachten sich als sehr flexibel und offen. Eine Frau sagte einmal zu mir: «Nun, ich liebe meinen Mann, daher kann es nichts geben, was mich zwingen würde, mich von ihm zu trennen. Also, selbst wenn ich früher von der Arbeit nach Hause käme und er läge mit zwei Schulmädchen im Bett, wäre ich zwar verletzt und wütend und so weiter, aber wir würden versuchen, das zu bewältigen.»

Das ist Selbsttäuschung. Ich weiß nicht, wo Ihre persönliche Grenze verläuft, und ich würde Ihnen niemals vorschreiben, wo sie zu verlaufen hat, aber ich weiß, daß Sie – wie alle Menschen – eine haben. Wenn Sie es schwierig finden, die eigene zu definieren, sagen Sie zu sich: «Obwohl ich meinen Partner liebe und obwohl ich lieber in einer Beziehung lebe statt allein, es gibt Dinge, die für mich bedeuten würden, daß ich in der Beziehung nicht mehr zufrieden oder glücklich sein kann.» Dann lassen Sie Ihre Phantasie spielen, welche Dinge das für Sie sein könnten, und schreiben sie auf eine Liste.

Alle anderen Fragen und Richtlinien in diesem Buch beruhen auf Dingen, die meiner Erfahrung nach für die *meisten* Menschen wahr sind, auch wenn das einem zuerst nicht so erscheinen mag. Ihre persönliche Grenzlinie hingegen entspricht allein Ihrer

Wahrheit, die für andere nicht auch gelten muß. Persönliche Grenzen sind wie Erdbeeren oder Katzenhaare: Für manche Menschen ein Problem, doch man selbst kann sie gut aushalten.

Es liegt an Ihnen

So, jetzt ist es also an Ihnen, festzulegen, wo Ihre persönliche Grenze verläuft. Forschen Sie in sich nach und füllen Sie den kurzen Fragebogen aus. Die drei Zeilen, die ich hier freilasse, sind bloß ein Vorschlag – Sie haben vielleicht nur eine einzige, scharfe Grenzlinie, andere aber sehr viele.

- Wenn mein Partner das folgende täte:
  a) ....
  b) ....
  c) ....

- Wenn mein Partner das folgende nicht täte:
  a) ....
  b) ....
  c) ....

- Wenn das folgende auf meinen Partner zuträfe:
  a) ....
  b) ....
  c) ....

... dann wüßte ich, daß ich die Beziehung beenden müßte.

In die letzten drei Zeilen können Sie die Probleme Ihres Partners schreiben, von denen im vorigen Kapitel die Rede war. Wenn Ihr Partner etwas an sich hat, das er als Problem erkennt und auch bereit ist, es zu ändern, aber Sie nicht wissen, ob er zu dieser Änderung fähig ist, treffen Sie die Entscheidung, ob sein Problem, wenn es bleibt, für Sie den Ausschlag gibt zu gehen oder nicht. Die Möglichkeit einer Änderung kann Ihnen Hoffnung geben, aber Sie können nicht von Möglichkeiten leben, wenn in Wirklichkeit Ihre Grenzen überschritten werden.

In gewissem Sinne geht es in diesem Buch um Glück. Ihr Glück in die Hand zu nehmen bedeutet für Sie, sich ein Leben vorzustellen, in dem sich Ihr Partner gar nicht oder nur wenig ändert. Dann müssen Sie ehrlich zu sich sein, ob das, was Sie sehen, nur ein Ärgernis oder eine Enttäuschung darstellt oder etwas, mit dem Sie einfach nicht den Rest Ihres Lebens verbringen wollen.

Die Frage ist hier offensichtlich:

Diagnostische Frage Nr. 19:
Hat Ihr Partner Ihre persönliche Grenzlinie überschritten?

Schauen wir uns sofort die Richtlinie an:

Richtlinie Nr. 19

Wenn Sie sich klargemacht haben, wo Ihre persönliche Grenze verläuft, und Ihr Partner sie trotzdem verletzt, dann werden Sie *per definitionem* nicht glücklich sein, wenn Sie bei ihm bleiben, und nur glücklich sein, wenn Sie sich trennen.

Kurzfassung: Die Grenzlinie markiert das definitive Ende.

Aber auch Sie müssen bei der Festsetzung dieser Grenzlinie fair bleiben: Sie können nicht einfach mit der genauen Vorstellung im Kopf herumlaufen, wo Ihre Grenzen liegen, während der Partner keinen blassen Schimmer davon hat, Sie aber die Beziehung beenden würden, wenn er diese Linie überschreitet. Wenn Sie wissen, wo Ihre Grenzen liegen, müssen Sie das Ihrem Partner mitteilen. Das ist besonders in einer schwierigen Beziehung wichtig, in der alles sehr empfindlich und unsicher ist.

Für Sie könnte zum Beispiel die Grenze überschritten sein, wenn Ihr Partner eine Affäre hat. Ihr Partner weiß vermutlich, daß Sie verletzt und wütend reagieren würden, wenn Sie das herausfänden, aber vielleicht überrascht es ihn, wenn er erfährt, daß es für Sie das Ende der Beziehung bedeuten würde. Das müssen Sie ihn im voraus wissen lassen, denn ich habe zu viele Beziehungen auseinanderfallen gesehen, in welchen der eine eine Grenze überschritt, von deren Existenz er nichts wußte – wie die beiden amerikanischen Ölbohrer, die in Kuwait durch die Wüste gingen und unabsichtlich die Grenze zum Irak überquerten. Das kann man verhindern, indem man von vornherein klarmacht, wo die Grenze verläuft.

Charlottes Geschichte

Ein Problem besteht, wenn man den eigenen Grenzverlauf nicht klarmachen kann, weil man ihn selbst nicht kennt. Es ist nämlich viel leichter, das nicht zu wissen, als man denken mag.

Erinnern wir uns nur, wie es war, als wir uns damals als Teenager zum ersten Mal verliebten. Da war nichts unmöglich, solange man einander liebte. Man konnte sich nicht einmal vorstellen, daß irgend etwas diese Liebe je zerstören könnte, daß der andere eines Tages vielleicht nicht mehr in einen verliebt sein würde. Dann tat der Freund oder die Freundin etwas ganz Abscheuliches, und man merkte, daß für einen die Beziehung vorbei war. Man hat damals die Grenze nicht erfunden, sondern entdeckt.

Vermutlich sind Sie aber nicht mehr so jung wie damals und kennen sich heute viel besser. Das heißt aber auch, daß Sie wissen, zu was Ihr Partner fähig ist und was es bedeuten würde, wenn zwischen Ihnen alles aus wäre. Dennoch – auf viele Grenzlinien können Sie beide immer noch völlig überraschend stoßen.

Hier ein ungewöhnliches Beispiel: Charlotte, eine selbstbewußte, erfahrene Frau, kam früher als gewöhnlich von der Arbeit nach Hause und entdeckte, daß ihr Mann ihre Kleider trug und sich mit ihrem Make-up geschminkt hatte. Sie war entsetzt. Obwohl sie glaubte, sie müßte toleranter sein, wußte sie sofort, daß ihr Mann ihre persönliche Grenze überschritten hatte: Ein Mann, der ihre Kleider trug, machte sie innerlich völlig verrückt.

Das Problem war, daß keiner von beiden vor diesem Moment gewußt hatte, daß dies eine Grenze darstellte. Es war Charlotte nie in den Sinn gekommen, daß ihr Mann ihre Kleider und ihr Make-up tragen könnte. Und ihr Mann hatte zwar geahnt, daß sie sich aufregen würde, wenn sie ihn so fand, aber es war ihm nicht in den Sinn gekommen, daß dies tatsächlich das Ende der Beziehung bedeuten würde.

Wenn das jemals wieder passiert

Was tun Sie, wenn Ihr Partner eine Grenze überschreitet und Sie erst dann entdecken, daß es für Sie eine war – daß eine solche Linie überhaupt existierte? Meine Faustregel heißt, man gibt sich selbst die Gelegenheit, eine Grenzlinie zu ziehen, und dann dem Partner eine, diese auch zu erkennen.

Wenn einer von Ihnen eine Linie überschreitet, von deren Existenz beide zuvor nichts wußten, dann ist es Zeit für die «Wenn das je wieder passiert…»-Rede.

Aber viele Leute halten diese Rede nicht korrekt. Der typische Fehler dabei, den es zu vermeiden gilt, lautet: «Wenn du das jemals wieder tust, ist alles vorbei.» Das ist zwar für einen selbst die Wahrheit, klingt aber wie eine Drohung oder ein Machtanspruch, die verhindern können, daß der Partner die Echtheit Ihrer Gefühle erkennt.

Es klappt besser, wenn man sagt: «Ich muß dir ganz klar sagen, daß dies oder das für mich die Grenze bedeutet. Das ist für mich einfach so. Wenn du das daher jemals wieder machst, muß ich daraus schließen, daß du die Beziehung beenden willst.» Darum geht es bei persönlichen Grenzen: Um Tatsachen, nicht um Drohungen.

Wie man wahrhaftig bleibt

Manche Menschen, die in einer heftigen Beziehungsambivalenz stecken, haben große Angst vor Grenzen. Ich erinnere mich an einen Mann, der seit einem Jahrzehnt jedem, den er kannte, erzählte, daß er sich trennen wollte, weil seine Frau «kalt» und «geizig» sei. Aber als er zu mir kam und ich ihn fragte, ob er sich vorstellen könne, daß seine Frau irgend etwas täte, das für ihn zu weit ginge und den Vertrag zwischen ihnen bräche – eine Grenzlinie –, sagte er, er wolle sich da nicht genau festlegen, denn «in der Liebe kann man nicht so sachlich vorgehen».

Als ich ein wenig nachhakte und ihn fragte, ob er sich nichts vorstellen könne, zu dem seine Frau fähig sei und das für ihn das Ende der Beziehung bedeuten würde, erwähnte er genau ihre Kälte und ihren Geiz, von dem er schon immer gesprochen hatte. Sie hatte den Vertrag gebrochen, aber er nicht die Beziehung. Dazu ein Rätsel: Wann ist eine Grenze keine Grenze? Antwort: Wenn man nicht mit dem Partner verheiratet ist, sondern mit seiner Ambivalenz.

Genau das wollte dieser Mann: Er wollte in seiner Unentschiedenheit verharren. Sie wissen noch, was wir über gegenseitige Abschottung gesagt haben? Dazu kommt es, wenn niemand nachgibt, bevor nicht der andere damit angefangen hat. Der «Vorteil» dabei ist, daß man überhaupt nichts zu tun braucht. Das ist perfekt für Menschen, die sich an die Ambivalenz mit dem Partner klammern und etwas von ihm bekommen wollen, ohne ihm etwas zurückzugeben.

Der Mann war nicht zu mir gekommen, um endlich Klarheit zu gewinnen. Er kam, damit er seiner Frau erzählen konnte, daß er sich unentschieden herumquälte: Damit wollte er sie einschüchtern, damit sie das tat, was er von ihr wollte, weil er ja eigentlich die Beziehung wollte.

Eine Ehe in Ambivalenz bedeutet Einsamkeit, daher kann ich nicht glauben, daß Sie dort verharren wollen. Sie müssen sich erlauben, Ihre persönlichen Grenzen zu bestimmen und genau festzulegen, was für Sie noch akzeptabel ist und was nicht mehr.

Die Grenze aller Grenzen: Fassen wir zusammen, was Sie über die persönliche Grenze unbedingt wissen sollten:

1. Sie müssen sich die Erlaubnis geben, Grenzen zu haben, weil Sie sich andernfalls schaden: Wenn Sie die Existenz Ihrer eigenen Grenze nicht wahrhaben wollen und sich mit allem einverstanden erklären, was diese Grenze verletzt, üben Sie Verrat an sich selbst.

2. Sie müssen herausfinden, wozu diese Grenzen dienen. Sie lernen Ihre Grenzlinien kennen, indem Sie sich über Ihre Gefühle und über die Geschehnisse in Ihrem Leben klarwerden.
3. Sie müssen Ihrem Partner genau sagen, wo Ihre persönlichen Grenzen liegen. Aber dabei sollten Sie nicht drohend wirken. Es muß klingen wie eine sachliche Feststellung über Ihre eigene Realität.
4. Sie müssen damit konsequent sein. Eine Grenzlinie ist eine Wasserscheide, kein Ärgernis. Sie und Ihr Partner können sich bis zum Grab über etwas streiten, das Sie ärgerlich finden – das ist auch in glücklichen Beziehungen ganz normal. Da aber eine persönliche Grenzlinie ein unverrückbares Ende markiert, müssen Sie den Partner warnen, wenn er sich ihr nähert. Und Sie müssen handeln, wenn er sie überschreitet.

Sie brauchen nicht alles zur Grenzlinie zu erheben, was eigentlich für Sie keine ist. Aber wenn es eine persönliche Grenze gibt, und Sie greifen nicht ein, wenn sie überschritten wird, stellen Sie sich selbst ein Rezept fürs Unglücklichsein aus. Und das ist schlecht. Denn eine Grenzlinie ist ein Rezept für Glück; es ist Ihre Art zu sagen: «Ich weiß, was ich brauche, um glücklich zu sein.»

Letzten Endes geht es bei persönlichen Grenzen um Sicherheit und Freiheit. Zu wissen, wieviel zuviel ist, bedeutet, daß man sich stets sicher fühlen kann. Zu wissen, wo man den Trennstrich zieht, heißt, daß man immer die Freiheit hat, das Leben zu führen, das den eigenen Bedürfnissen entspricht.

12

Du sagst Porree, ich nenn's Lauch

Thema: Unterschiede

Hier die Geschichte zahlreicher Beziehungen in vier Sätzen:

- «Ich kann kaum glauben, wieviel wir gemeinsam haben!»
- «Wir sind übrigens ziemlich verschieden.»
- «Wir sind eigentlich sehr verschieden.»
- «Wir sind einfach zu verschieden.»

Wenn Sie frisch geschiedene Menschen danach fragen, was denn geschehen sei, betonen viele die Unterschiede, die zu groß oder zu schwierig waren, um bewältigt zu werden. In manchen Scheidungsgesetzen werden «unüberbrückbare Unterschiede» sogar als möglicher Grund erwähnt. Und nur wenige Menschen gelangen in die Situation, in der sie sich fragen, ob sie sich trennen sollen oder nicht, ohne vorher nicht lange und gründlich über die Unterschiede zwischen sich und ihrem Partner nachgedacht zu haben.

Unterschiede, die einen Unterschied ausmachen

Das Thema «Unterschiede» drängt sich immer geradezu auf, wenn man begreifen will, was in einer Beziehung falsch läuft. Jedesmal, wenn wir jemanden Neues kennenlernen, wird uns als erstes bewußt, wie sehr er oder sie uns ähnelt oder sich von uns unterscheidet. Und wenn jemand ganz anders erscheint, dann fällt uns das nicht nur auf, sondern macht uns auch unsicher.

Ganz gleich, welche Kombination aus Ähnlichkeiten und Unterschieden zwei Menschen zusammenführt, wenn man erst eine

Beziehung miteinander eingegangen ist, neigen einige Unterschiede dazu, größer zu werden, so wie ein kleiner Stein im Schuh ganz plötzlich die gesamte Aufmerksamkeit auf sich zieht, obwohl er eigentlich völlig unbedeutend ist. Aber jeder kennt wohl Abgründe und Unvereinbarkeiten in Beziehungen, die einfach zu riesig sind, als daß die Liebe sie überwinden könnte.

Hier ein paar Unterschiede, die manche Klienten als Grund dafür angegeben haben, daß ihre Beziehung zu schlecht geworden sei, um dabeizubleiben:

- *Aktiv/faul:* Der eine kann es nicht ertragen, wenn etwas nicht gleich erledigt wird – der andere kann es nicht aushalten, etwas zu erledigen.
- *Heiß/kalt:* Ein Partner ist wärmer, leidenschaftlicher, emotionaler – der andere kühler, reservierter, eher intellektuell.
- *Optimist/Pessimist:* Der eine ist glücklicher und voller Hoffnung – der andere negativ, bedrückt, deprimiert.
- *Schnell/langsam:* Der eine macht alles schnell, der andere so langsam wie möglich.
- *Extrovertiert/introvertiert:* Der eine mag gern Menschen, Partys oder Gesellschaften – der andere ist am liebsten allein zu Hause.
- *Männlich/weiblich:* Das trennt wohl in den meisten Beziehungen, aber einige Menschen sind überzogen weiblich oder männlich bzw. sie übertreiben es mit der Betonung der Geschlechtsunterschiede.
- *Schwarz/Weiß:* Damit ist nicht bloß die Hautfarbe gemeint, sondern alle grundsätzlichen ethnischen oder rassischen Unterschiede, die zwei Menschen voneinander trennen.
- *Körperlich aktiv/passiv:* Der eine bewegt sich gern und treibt Sport – der andere sitzt lieber herum.
- *Ehrgeizig/lustorientiert:* Der eine will etwas erreichen, der andere einfach nur das Leben genießen.
- *Sparsam/verschwenderisch:* Der eine haßt es, Geld auszugeben – dem anderen sitzt es immer locker in der Tasche.
- *Klug/dumm:* Der eine Partner ist schneller und gescheiter als der andere und sucht die intellektuelle Herausforderung – der andere findet diesen Partner arrogant und launenhaft.

- *Links/rechts:* Der eine ist ausgesprochen konservativ, der andere ein radikaler Linker.
- *Aggressiv/passiv:* Der eine ergreift immer die Initiative, der andere wartet, bis sich die Dinge von selbst ergeben.
- *Reich/arm:* Der eine verdient viel oder bringt ein Vermögen in die Beziehung ein, der andere verdient weder viel noch besitzt er etwas.
- *Praktisch/verträumt:* Der eine funktioniert immer auf einer sehr praktisch-vernünftigen Ebene, der andere wird eher von idealistischen oder schrulligen Überlegungen angetrieben.

Das ist natürlich eine unvollständige Liste. Ich habe das alles schon mal gehört – von dem Paar, das unterschiedlich war, weil der eine gern redete, wenn sie von der Arbeit nach Hause kamen, und der andere lieber seine Ruhe haben wollte, bis zu dem Paar, das sich unterschied, weil der eine stets hörte, wie Gott mit ihm sprach, und der andere nicht.

Aber verwirrend wird das alles nur – und hier suchen Sie bestimmt Hilfe –, wenn man herausfinden will, wo man den Trennstrich zieht. Genau welche Unterschiede machen wirklich einen Unterschied aus? Wie groß muß der Unterschied sein, damit er wirklich unüberwindlich wird? Wie unangenehm muß es für einen dabei werden? Am Ende dieses Kapitels werden Sie zwischen Unterschieden trennen können, die bloß ärgerlich sind, und jenen, die geradezu ein Messer ins Herz einer Beziehung bohren und sie zu schlecht machen, um zu bleiben.

Überraschungen

Wenn es um die Wirkung geht, die Unterschiede auf eine Beziehung ausüben, dann stellen sich viele Dinge als unwahr heraus, die wir für wahr halten.

Es gibt zum Beispiel das, was ich den Darrin/Samantha-Faktor nenne (nach der alten Fernsehserie «Meine Frau, die Hexe»): Einige Riesenunterschiede machen vielleicht gar nicht so viel aus. Darrin findet in der ersten Folge heraus, daß er mit einer echten Hexe verheiratet ist. Sie ist nicht einmal menschlich! Aber sie kommen gut miteinander aus – abgesehen davon, daß sie einmal in der Woche sein Leben völlig auf den Kopf stellt.

Ein Beispiel für diesen Faktor in der Wirklichkeit ist eine Beziehung zwischen einer weißen und einer schwarzen Person. Statistisch gesehen weisen Mischehen zwar eine höhere Scheidungsquote auf, aber wenn man diejenigen ausschließt, die aus den falschen Gründen geschlossen wurden (wie Rache an den Eltern oder Angeberei vor den Freunden), dann haben sie eine bessere Erfolgschance als der Durchschnitt. Das ist also in der Tat ein großer Unterschied, der kaum einen Unterschied ausmacht, wenn es um Liebe geht. Es gibt vermutlich viele andere Unterschiede, die den Darrin/Samantha-Faktor bestätigen.

Andererseits gibt es das, was ich den Stadtmaus-Feldmaus-Faktor nenne, bei dem ein scheinbar geringfügiger Unterschied alles verdirbt. Immerhin sind sowohl die Stadtmaus als auch die Feldmaus vor allem Mäuse – sie wohnen nur an unterschiedlichen Orten, und das macht alles unmöglich.

Mit einem solchen Paar habe ich einmal gearbeitet: Sie paßten so perfekt zusammen wie, nun ja, wie zwei Mäuse. Der einzige Unterschied war, daß die eine sehr gern auf dem Land leben wollte, die andere aber am allerliebsten mitten in der Stadt. Da meint wohl jeder, daß man einen so kleinen Unterschied leicht bewältigen könnte, aber es stellte sich als absolut unvereinbar heraus: Das Paar trennte sich schließlich.

Aus der Therapeuten-Perspektive

Was sind das also für Unterschiede, die einige Menschen aus gutem Grund veranlassen, ihr Glück außerhalb der Beziehung zu suchen, weil sie unglücklich würden, wenn sie blieben? Und in welchem Verhältnis stehen sie zu den Unterschieden, über die manche sagen: «Ich bin so froh, daß ich geblieben bin und wir diesen Unterschied bewältigt haben»; oder: «Was für ein Idiot ich war, mich zu trennen, wo doch dieser kleine Unterschied das einzige Problem war»?

Man muß das Thema «Unterschiede» aus der Sicht des Therapeuten begreifen. Das ist eine ganz andere Sicht als sogar die, die ich in meiner eigenen Beziehung einnehme, wenn ich Unterschiede zwischen meinem Partner und mir wahrnehme. Es ist wie der Unterschied zwischen der Perspektive des Arztes und der eines Kranken. Als Kranker denkt man an die Bakterien und Viren, die einen angreifen. Aus der Perspektive des Arztes ist das Immunsystem ebenso wichtig, wenn nicht sogar wichtiger: Die gesammelten Kräfte und Prozesse, mit denen der Körper gegen eine bestimmte Bakterie oder einen Virus ankämpft und die man unterstützen und anregen kann, um dem Kranken dabei zu helfen, den Eindringling auszuschalten.

Aus meiner Perspektive klagen Klienten mit einer schwierigen Beziehung, wenn sie zu mir kommen, typischerweise über Unterschiede, nichts als Unterschiede, aber ich sehe das anders: Ich sehe die Kräfte und Faktoren, die sie daran hindern, mit diesen Unterschieden fertig zu werden, und diejenigen, die ihnen helfen können, sie zu bewältigen.

Sexuelle Unterschiede

Hier ein Beispiel aus der allgemeinen Perspektive: Ein Paar kommt mit der Klage, es gäbe einen «riesigen» Unterschied in ihrem Liebesleben. Er will «nie» Sex, sie will «immer» Sex. Sie sind wütend, verletzt und verzweifelt. Ein solcher Unterschied kann eine Beziehung stark beeinträchtigen.

Betrachten wir es aus meiner Sicht als Therapeutin: Das Problem kann sich auf verschiedenste Weise manifestieren.

Vielleicht ist das, was wir als «Unterschieds»-Problem wahrnehmen, in Wirklichkeit ein Kommunikationsproblem. Sie würden staunen, wie oft ich polarisierte Paare wie dieses gefragt habe, wieviel Sex für sie in einer Woche oder in einem Monat wünschenswert wäre, und darauf antwortet dann der Mann, der «nie Sex will»: «Vielleicht ein- oder zweimal in der Woche», und die Frau, die «immer Sex will», sagt: «Idealerweise jeden Tag, aber ich wäre schon froh, wenn es zweimal in der Woche passieren würde.» Da haben wir eine Überschneidung! Sie waren einfach nur nie in der Lage gewesen, das, worüber sie permanent redeten, einmal sachlich und nüchtern zu erörtern!

Vielleicht ist das, was für uns den Anschein eines «Unterschieds»-Problems hat, in Wirklichkeit ein Verhandlungsproblem. Sagen wir, ein Paar ist nicht nur darüber entzweit, wie oft sie miteinander schlafen, sondern auch, wer das jeweils anregt.

So löste das Paar dieses Problem: Derjenige, der öfter Sex wollte, bekam auch mehr, mußte aber im Austausch dagegen den Wunsch aufgeben, daß stets der Partner das Lieben initiierte. Konkret bedeutete das: Die Frau bekam öfter Sex, aber sie mußte auch öfter den ersten Schritt dazu tun. Für viele Unterschiede gibt es viele mögliche aushandelbare Lösungen, die für die Leute nur deshalb unerreichbar sind, weil sie nicht gut verhandeln können.

Vielleicht ist das, was ein «Unterschieds»-Problem zu sein scheint, in Wirklichkeit ein Machtproblem. Sagen wir, es gibt in der Beziehung um viele Dinge einen Machtkampf, und jetzt geht es darum, wer «bestimmt», wann sie miteinander schlafen. Beide wollen derjenige sein, der bestimmt. Es geht nicht so sehr ums eigene Gewinnen, sondern darum, daß der andere *nicht* gewinnt. Dazu braucht es nur einen Therapeuten oder eine andere respektierte Person, die eine faire, objektive Regel aufstellt, wie man sich die Sache teilt. Ich habe schon oft vorgeschlagen, daß man etwas umschichtig wöchentlich oder monatlich macht, damit es in der einen Phase so geschieht, wie der eine es will, und dann wie der andere es gern hätte.

Unüberwindliche Unterschiede. Wir haben bereits in früheren Kapiteln über Macht und Kommunikation gesprochen, und in Kürze werden wir uns das Thema Verhandlungen vornehmen. Damit haben wir dann alle Bereiche abgedeckt, die möglicherweise der Bewältigung von Unterschieden im Weg stehen. Das ist wichtig, denn Unterschiede tauchen ja ganz unweigerlich immer dort auf, wo zwei Menschen zusammenleben. In den allerwenigsten Fällen jedoch sind es die Unterschiede an sich, die eine Beziehung zu schlecht machen, um sie zu erhalten.

Zunächst aber finden Sie in diesem Kapitel die Antwort auf die Frage, wann ein Unterschied an und für sich gesehen schädlich und unüberwindlich wird.

Schritt Nr. 20: Wen man liebt und wie man lebt

Um genau den Punkt zu bestimmen, wann Unterschiedlichkeit tatsächlich zu einem unüberwindlichen Gegensatz wird, müssen

Sie sich darauf konzentrieren, was für Sie selbst am wichtigsten ist, vor allem: Wie wollen Sie leben? Wenn Sie den einzigen Unterschied zwischen sich und Ihrem Partner auf Null bringen wollen, der Sie tatsächlich so unglücklich macht, daß Sie die Beziehung aufgeben wollen, dann beantworten Sie bitte die folgende Frage:

Diagnostische Frage Nr. 20:
Gibt es einen deutlich definierten, leidenschaftlich vertretenen Unterschied zwischen Ihnen, der mit der Form, Gestalt und Qualität Ihrer derzeitigen Lebensweise zu tun hat?

In dieser Frage geht es um den persönlichen Lebensstil. Stellen Sie sich vor, daß der eine in einer Beziehung körperlich sehr aktiv ist, während der andere eher zur Bequemlichkeit neigt. Das ist ein Unterschied. Er wäre jedoch zu ertragen, wenn sich beide darüber einig sind, daß es in Ordnung ist, wenn der eine am Wochenende zu Hause bleibt, während der andere in der Landschaft herumradelt.

Aber wenn Ihre Vorstellung von einer Beziehung so aussieht, daß zwei Leute zusammen am Wochenende radfahren, und es die des anderen ist, gemeinsam zu Hause zu bleiben, dann besteht keine Einstimmigkeit über den Lebensstil. Und wenn das Paar nicht nur nicht übereinstimmt, sondern die jeweilige Position auch noch leidenschaftlich vertritt und sie zum Bestandteil dessen macht, was er von einer glücklichen Beziehung erwartet, dann trifft diese Uneinigkeit ins Zentrum Ihrer Vorstellung vom Glück und damit auch in das Herz Ihrer Beziehung.

Ich rede hier nicht über Einzelheiten oder Aspekte des Lebensstils. Ich rede hier über die Grundausstattung, den inneren Rahmen, der dem Leben Form und Substanz verleiht. Es geht darum, was einem am tagtäglichen Leben wirklich wichtig ist.

Der Unterschied kann etwas so Grundlegendes sein wie ein Kinderwunsch. Das ist kein Thema, wenn der eine Kinder mehr will als der andere – das kommt nämlich oft vor. Aber wenn sich einer in der Beziehung ein Leben ohne Kinder nicht vorstellen kann, während für den anderen feststeht, daß sein Lebenskonzept mit den Verpflichtungen für Kinder unvereinbar ist, dann besteht ein grundsätzlicher Unterschied, der den Kern der jeweiligen Lebensauffassung bedroht.

Fernsehen oder nicht fernsehen – das ist hier die Frage

Um zu demonstrieren, wie sich der Lebensstil niederschlägt und welche Unterschiede zwischen den Partnern Einfluß haben, kann man das folgende kleine gedankliche Experiment durchführen: Stellen Sie sich vor, was in den gegenwärtig 70 Millionen amerikanischen Ehen geschehen würde, wenn einer der Partner plötzlich darauf bestünde, daß alle Fernseher abgeschafft werden und daß die Ehe für beide Partner fernsehfrei zu sein hat. Nehmen wir an, Sie meinen das ernst und setzen es durch.

Wie viele Ehen würden ein Jahr später wohl noch übrigbleiben? Wie viele Menschen würden zusammenbleiben, wenn ihnen klar würde, daß ein Leben mit diesem Partner ein Leben ohne Fernsehen bedeuten würde?

Ich glaube, die meisten Menschen würden annehmen – egal, wie sehr wir an die Liebe glauben –, daß viele von diesen 70 Millionen Beziehungen sich lieber trennen würden, statt tatsächlich jeden Tag ihres Lebens ohne die Möglichkeit zu verbringen, ihre Lieblingssendungen zu sehen oder einfach vor der Röhre herumzuhängen.

Und nun betrachten wir, wie sich ein so unterschiedliches Lebenskonzept auf den Alltag auswirkt. Dazu noch ein Beispiel: Ich habe kaum jemals Paare gesehen – weder bei jenen, die Hilfe suchten, noch bei jenen, die glaubten, keine zu brauchen, ob homosexuell oder heterosexuell –, wo nicht alle möglichen Unterschiede geherrscht hätten, was die beiden jeweils beim Liebesakt bevorzugten. Aber selbst riesige Unterschiede untergraben hier nicht unbedingt und ausschließlich den Lebensstil.

Andererseits habe ich auch Paare kennengelernt, bei denen für einen oder beide etwas im Zusammenhang mit Sex ein Lebensstil-Thema war. Und dann machte dieser Unterschied einen

Unterschied aus. Für eine Frau war das stundenlange Liebesspiel das Kernstück ihres Lebens, auf das sie sich jeden Tag freute, an dem sie nicht ins Büro ging. Es handelte sich nicht um den verbreiteten Vorwurf einer Frau, daß sich ihr Partner nicht gern allzulang mit dem Vorspiel aufhält; nein, der Wunsch nach einem ausgiebigen Vorspiel war ein Teil ihrer Persönlichkeit und ihres Lebensinhaltes. Ihr Partner aber fühlte sich durch dieses Liebesspiel, das sich Stunden um Stunden hinzog und ihre gesamte Freizeit einnahm, gelangweilt, eingeschränkt und sogar gedemütigt.

Die Qualität unseres Lebens

Die Freizeitgestaltung stellt für die meisten Menschen ein Kernstück ihrer Lebensqualität dar. Bei dem gerade beschriebenen Unterschied ging es nicht um eine Kleinigkeit in der Freizeit, sondern um die gesamte Art und Struktur dieser freien Zeit.

Man erkennt leicht, daß bei diesem Paar ein unüberwindlicher «Stadt-/Landmaus-Faktor» seine Wirkung tat. Wenn der eine leidenschaftlich gern in der Stadt leben will und der andere ebenso leidenschaftlich gern auf dem Land, dann betrifft das sämtliche Aspekte des Lebens.

Es ist ganz klar, daß Unterschiede im Lebensstil so bedeutungsvoll sind, daß manche Menschen sich eben für den Lebensstil und gegen den Partner entscheiden, das, was man in erster Linie von einer Beziehung will, ist die Verwirklichung seiner Vorstellungen vom Leben. Denken Sie zurück an die Beziehungsentscheidungen, die Sie bereits getroffen haben: Es geht nie nur um die Person, mit der Sie zusammenleben wollen, sondern: *Sie wollen diese Person in Verbindung mit ihrem (vermeintlichen) Lebensstil.*

Ich meine damit nicht, daß Sie den Lebensstil Ihres Partners in jeder Hinsicht teilen müssen. Es kann durchaus sein, daß es Ihnen nicht wichtig ist, ob er arm oder reich ist oder ob Sie in der Stadt oder auf dem Land leben. Aber Ihre Vision von Glück mit dieser Person umfaßt immer auch Ihre Vision davon, wie das gemeinsame Leben mit dieser Person aussehen könnte.

Wenn zwei Liebende daher einander tief in die Augen schauen, sagen sie: «Du bist mein Lebensstil.» Nun, das sagen sie natürlich nicht wirklich, aber genau das wählen sie, wenn sie sich für ein Bleiben entscheiden, und genau das lehnen sie auch ab, wenn sie sich trennen. Wenn Ihre grundsätzliche Auffassung von Lebensqualität auf dem Spiel steht, müssen Sie sich die Erlaubnis erteilen, sich für ein Leben, das Ihnen gut erscheint, zu entscheiden, statt für eines, das diesen Erwartungen nicht gerecht wird.

Roberts Geschichte

Was mit Robert und Agnes geschah, ist traurig, aber sehr verbreitet. Sie waren jahrelang glücklich miteinander verheiratet. Es war eine traditionelle Ehe, in der Robert schwer gearbeitet hatte, um zu einem wohlhabenden, bekannten Anwalt zu werden, während Agnes zu Hause blieb, um die drei Kinder großzuziehen, unzählige Einladungen zu geben und öffentliche Verpflichtungen zu übernehmen, die für seine Karriere sehr wichtig waren. Sie hielten beide die Partnerschaft für gut, denn es war der bestimmte Lebensstil, den sie geheiratet hatten.

Aber die Dinge bleiben nicht immer die gleichen, ob man viele Jahre zusammenlebt oder nur ein paar. Als ihr ältestes Kind die Schule abgeschlossen hatte, begannen Robert und Agnes sich rasch in entgegengesetzte, unvereinbare Richtungen zu bewegen. Robert war die Mühlen der Justiz langsam leid. Er fand seine Arbeit langweilig, deprimierend und leer. Er erwähnte häufig, daß er sich frühzeitig pensionieren lassen und in ein kleines Haus in Norditalien ziehen wollte – er verfügte über das Kapital, um sich einen solchen Traum erfüllen zu können. Er wollte den Rest seines Lebens einfach nur genießen.

Agnes war das genaue Gegenteil. All die Jahre, die sie für die Familie und den Haushalt eingesetzt hatte, hatten in ihr mächtige Sehnsüchte wachsen lassen – eine Stahlfeder, die immer stärker zusammengepreßt wurde und hochschnellte, als der Druck endlich nachließ. Da ihre Kinder langsam erwachsen wurden, wünschte sie sich nun ein eigenes Leben, eine Karriere in der Welt draußen, Leistung und Erfolg.

Diese eindeutigen Unterschiede hinsichtlich des erwünschten

Lebensstils begannen sich bei Agnes und Robert rasch bemerkbar zu machen. Vorher hatten sich ihre Visionen hinsichtlich des Lebensstils trotz aller Unterschiede ergänzt. Jetzt ging es um den Lebensstil selbst, und ihre Visionen waren unvereinbar.

Robert wollte sich nicht in einem leeren Haus zur Ruhe setzen, er wollte, daß Agnes sein Leben mit Hobbys und Reisen teilte und sie beide in Italien einen neuen Anfang machen könnten. Aber Agnes wollte Freiheit. Sie fühlte sich von Robert und seinem Leben angebunden und wollte endlich ein eigenes Dasein. Es würde ohnehin schwer werden für eine Frau von Anfang fünfzig, sich noch eine eigene berufliche Perspektive aufzubauen. Sie mußte dort bleiben, wo sie war, nahe bei allen Freunden und den Kontakten, die sie brauchte, um überhaupt eine Chance zu haben.

Zwei Menschen, die Jahr um Jahr harmonisch miteinander gelebt hatten, standen nun in bitterer Opposition zueinander. Sie mochten einander immer noch gut leiden und hatten immer noch einen ähnlichen Geschmack und ähnliche Wertvorstellungen. Aber Robert fühlte sich nun entsetzlich zerrissen. Da winkte das Leben, das er wollte: irgendwo, ganz weit weg, ohne alle Verantwortung, mit seiner Gefährtin an seiner Seite. Und das war das Leben, das Agnes ihm bot: bleiben und jeden Tag in ein leeres Haus zurückkehren. Für Robert war der Lebensstil, den Agnes ihm bot, nicht das, was er sich stets erträumt hatte – für ihn war das wie ein vorzeitiger Tod.

Ich werde Ihnen später erzählen, wie das mit Agnes und Robert ausging, aber erst kommt die Richtlinie:

Richtlinie Nr. 20

Wenn Sie und Ihr Partner grundsätzlich konträre Vorstellungen darüber haben, wie Sie leben wollen, und wenn der von Ihnen leidenschaftlich favorisierte Lebensstil mit Ihrem derzeitigen Partner nicht zu verwirklichen ist, dann ist klar, daß Sie glücklicher werden, wenn Sie sich für den Lebensstil ohne den Partner entscheiden anstatt für den Partner ohne den

Lebensstil. Sie sind glücklicher, wenn Sie sich trennen, und unglücklich, wenn Sie bleiben.
Kurzfassung: Sie leben ein Leben und keine Beziehung.

In diesem Ratschlag geht es um Glück, Zufriedenheit und Befriedigung, die man dem Leben abgewinnt. Natürlich ist jemand, den man liebt, äußerst wichtig für die Lebensweise, aber Sie sollten das Pferd nicht vom Schwanz her aufzäumen. Ihr Leben ist nun einmal Ihr Leben, und die Person, die Sie lieben, nur ein Teil dieses Lebens.

Man kann sich erlauben, das Leben zu wählen, das man braucht, um glücklich zu sein. Wenn Ihre Differenzen im Lebensstil keine große Angelegenheit sind, besteht hier kein Problem. Menschen, die eine solide Beziehung wegen einer geringfügigen Verbesserung ihres Lebensstils aufgeben, bedauern das in der Regel später. Aber ganz allein Ihr Partner reicht auch nicht aus, um Sie glücklich zu machen, wenn auf der anderen Seite des Zauns eine andere Lebensweise winkt, die für Sie der Himmel auf Erden zu sein scheint.

Robert erlaubte sich nicht, was der Ratschlag einem hier bietet. Er fühlte sich schuldig beim Gedanken, Agnes zu verlassen, obwohl sie ihm eindeutig zu verstehen gab, daß sie lieber allein leben würde, als mit ihm nach Italien zu ziehen. Er erkannte später, wie sehr er von Angst und Gewohnheitsdenken beherrscht gewesen war. Er blieb also in seinem alten Haus, in der alten Stadt, umgeben von allen alten Erinnerungen und gebunden an ein Leben, das er so weit wie möglich hinter sich lassen wollte. Seine vorzeitige Pensionierung wurde kein befreiender Neuanfang, sondern geriet zur Grauzone, in der er hin- und hergerissen zwischen altem und ersehntem Lebensstil gestrandet war.

Agnes hingegen blühte auf. Ihr neues Leben gestaltete sich entsprechend ihren Träumen. Aber ihr Glück berührte Robert nicht, weil es nichts mit ihnen oder dem Leben zu tun hatte, das sie zusammen führten. Es war wie das Glück eines Kindes, das zum ersten Mal allein auf einen Ausflug geht. Robert sah ihr

Glück wie durch ein umgedrehtes Fernglas: Trotz all seiner Pläne und Erfolge fühlte er sich am Ende gestrandet und in der Falle, als Fremder, der sich im Leben eines anderen fehl am Platz fühlt. Sie blieben zusammen, aber Robert hält das heute für einen Fehler.

Ja, Sie sehen, das Leben mit einem anderen Menschen kann uns alle möglichen irritierenden Unterschiede bescheren. Doch es gibt einen Unterschied, mit dem wir nicht leben können, und der betrifft die Art und Weise, wie wir leben.

Schritt Nr. 21: «Ich bin mit einem Marsmensch verheiratet»

Alle Unterschiede können ärgerlich sein, aber die meisten kann man entweder ausgleichen oder hinnehmen. Man kann einen Unterschied beheben, indem man einen Kompromiß eingeht. Man kann Unterschiede ignorieren, indem man einfach so ist, wie man ist, und tut, was man tut, und den Abstand nicht beachtet. Meistens ermöglicht eine Kombination aus Liebe und Kompromißbereitschaft die Lösung von Problemen, die durch Unterschiede entstehen. Einzige Ausnahme davon ist der Unterschied, über den wir gerade gesprochen haben: wenn man sich grundsätzlich darüber uneins ist, wie man leben will.

Gibt es noch andere Unterschiede, die so wichtig sind, daß sie Ihre Fähigkeit beeinträchtigen, sie zu beheben oder zu ignorieren?

Das Gefühl von Verbundenheit

Ja, es gibt Unterschiede, die unsere Fähigkeit überfordern, sie zu ignorieren oder zu beheben. Diese Unterschiede haben mit einer durchdringenden, tiefsitzenden Fremdheit zu tun. Wenn Sie eine Katze oder einen Hund haben, wissen Sie, daß zwischen Ihnen auf einer bestimmten Ebene und trotz des Wissens, daß Sie beide unterschiedlichen Spezies angehören, ein gemeinsames Band besteht: Sie mögen beide gern eine ordentliche Mahlzeit, Sie haben beide gern einen Platz, an dem Sie sich zusammenrollen können, Sie haben beide gern körperliche Zuwendung. Sie spielen beide gern. Sie haben beide die Fähigkeit, einander zu mögen. Dieses

Gefühl von Ähnlichkeit oder Bindung tief drinnen ist Bestandteil des echten Bandes zwischen Ihnen.

Aber wenn wir von der Hund/Katzen-Ebene auf die Existenzebene von Hühnern, Nilpferden oder Schlangen übergehen, und von da aus zu den Muscheln, Würmern und Käfern, schwindet an irgendeinem Punkt dieses Gefühl von Verbundenheit. Solange Verbundenheit besteht, können Sie mit einem Tier zusammenleben. Ohne dieses Gefühl essen Sie es entweder auf oder rufen den Kammerjäger an.

Das gleiche gilt für Menschen, in die wir uns verlieben. Manchmal gibt es ein tiefes Grundgefühl von Verbundenheit, aber überraschenderweise besteht das manchmal auch gar nicht. Manchmal verliebt man sich in jemanden, der entsetzlich, furchtbar, grundlegend und unüberbrückbar anders ist. Und dennoch ist es schwer, sich das einzugestehen, denn es handelt sich ja immerhin um jemand, in den *wir* uns verliebt haben. Man könnte es verstehen, sich in einen Hund oder eine Katze zu verlieben, aber wie kann einem das mit einer Muschel oder mit einem Wurm passieren?

Das ist aber leichter, als man denken mag. Wir täuschen uns nämlich selbst, weil wir alle zu der gleichen Art gehören. Sie hören beide gern *Grateful Dead* und hassen Country- und Western-Musik. Oder Sie stimmen darin überein, daß Dostojewski langweilig ist, und lesen viel lieber Comics. Sie schlafen vielleicht beide gern bei offenem Fenster und hassen es, sich morgens zu lieben. Dann braucht man nur noch zusammen Möbel einkaufen zu gehen, ein paar Kinder in die Welt zu setzen – und die Tatsache, daß man einander eigentlich so fremd ist, als stamme man von zwei verschiedenen Planeten ab, entgeht Ihnen völlig.

Fragen Sie sich daher das Folgende:

Diagnostische Frage Nr. 21:
Würden Sie trotz aller Unterschiede sagen, daß Ihr Partner in einer Hinsicht, die Ihnen besonders wichtig ist, oder seinem Wesen nach Ihnen sehr ähnlich ist und daß Ihnen das gefällt?

Die Suche nach dieser tief vergrabenen grundsätzlichen Ähnlichkeit zwingt einen manchmal, die Beziehung zum Partner auf eine völlig andere Weise zu betrachten. Eine Frau zum Beispiel beklagte sich, eine Fernseh- und Golfwitwe zu sein, weil ihr Partner ein «typisch unsensibler Mann» sei. Sie hatte das überwältigende Gefühl, daß sie beide zu unterschiedlich waren, um zusammenzubleiben.

Doch Frage Nr. 21 warf ein völlig anderes Licht auf ihre Beziehung. Sie war felsenfest davon überzeugt, daß es sowohl für ihren Mann als auch für sie die unbestreitbar sinngebendste Erfahrung ist, Kinder zu haben und Eltern zu sein. Obwohl er Golf spielte und viel Sport im Fernsehen sah, hatte er immer Zeit für die Kinder – er suchte sogar nach Möglichkeiten, um mit den Kindern zusammenzusein. Sie wußte ohne jede Frage und trotz aller Dinge an ihm, die sie ärgerten, daß das, was für sie am wichtigsten war, auch für ihn am wichtigsten war.

Der Beweis, daß keine Bindung besteht. Das Thema einer tiefsitzenden, grundlegenden Ähnlichkeit muß mit Vorsicht behandelt werden, wenn man befürchtet, daß keine Ähnlichkeit zwischen Ihnen und Ihrem Partner besteht. Es geht dann um Beweise. Man kann Ähnlichkeit beweisen, weil man sie sieht und empfindet. Aber man kann nicht beweisen, daß sie nicht existiert, weil man sie dann nicht sieht und nicht empfindet. Man kann nichts Negatives beweisen. Um ein verbreitetes Beispiel zu zitieren: Wir können zwar sicher sein, daß Einhörner rein mythische Wesen sind, aber wer weiß das genau? Vielleicht lebt irgendwo eine ganze Herde von ihnen, nur hat sie noch niemand entdeckt. Auf gleiche Weise gilt, daß man vielleicht einen schlechten Tag hatte, als man sich aus der Beziehung löste, weil sie so erschien, als gäbe es nicht die geringste Möglichkeit, daß Sie und Ihr Partner Ähnlichkeiten miteinander hätten – aber vielleicht gab es irgendwo eine grundlegende Ähnlichkeit, die Sie einfach nur vergessen oder übersehen haben.

Vertrauen Sie Ihren Gefühlen

Der Maßstab hier sind Ihre Gefühle. Haben Sie das *Gefühl*, daß Sie und Ihr Partner tief drinnen wirklich ähnlich sind, und zwar so, wie es wichtig für Sie ist? Es gilt hier keine bloß oberflächliche Ähnlichkeit. Es muß etwas Tiefsitzendes sein, wo die Ähnlichkeit tatsächlich auch einen Sinn hat.

Zum Beispiel kann die Tatsache, daß Sie beide Filmkomödien aus den Vierzigern phantastisch finden, eine Ähnlichkeit darstellen, aber es muß tief drinnen etwas geben, auf was sich diese Ähnlichkeit stützt. Wenn es sich um die gemeinsam empfundene Vorliebe für Nostalgie oder die Neigung zur Albernheit handelt, dann hat diese Ähnlichkeit Substanz. Aber wenn Sie etwas gemeinsam haben, das nicht tiefer reicht, sind Sie eigentlich bloß zwei Fremde, die aufgrund eines glücklichen Zufalls den gleichen Geschmack haben.

Ich kenne ein Paar, das auf Frage Nr. 21 antwortete, sie gingen beide gern im Wald spazieren. Das ist sicher eine echte, wenngleich kleine Lebensstil-Ähnlichkeit. Und die beiden sind sicher dahingehend ähnlich, daß sie gern das gleiche tun. Aber sie waren glücklicher, als sie sich trennten, und zwar aus dem folgenden Grund: Sie erkannten, daß es bei ihrer gemeinsamen Vorliebe für Waldspaziergänge nicht um etwas ging, das sie auf tiefe Weise miteinander verband. Es ging nicht um eine tiefe, besondere Liebe zur Natur, die ihnen das Gefühl gab, auf ganz bestimmte Weise zueinander zu passen. Statt dessen gingen sie beide ebenso zufällig gern im Wald spazieren, wie andere Leute gern Peperoni-Pizza essen oder denken, daß Gelb eine ideale Farbe für Taxis ist. Es handelte sich um eine oberflächliche Ähnlichkeit, die nirgendwohin führte und zu nichts beitrug.

Ich dachte dabei an Gertrude Steins Bemerkung über Oakland, Kalifornien: «Da gibt es kein da.» Sie meinte damit, daß es keinen Stadtkern gab, in dem man sich traf. Und für dieses Paar gab es, auch wenn sie gern zusammen im Wald spazierengingen, keine tiefsitzende Ähnlichkeit, wo sie beide sich begegnen konnten. Es ist ein kitzliges, subjektives Thema, aber die Richtlinie ist echt und wahr:

Richtlinie Nr. 21

Wenn Sie ehrlich das Gefühl haben, daß Ihr Partner Ihnen auf bestimmte Weise ähnlich ist, und dieses Gefühl für Sie bedeutsam ist, dann besteht eine echte Chance, daß Ihre Beziehung zu gut ist, um sich zu trennen. Aber wenn überhaupt keine Ähnlichkeit besteht, die Ihnen wichtig wäre – so daß Sie das Gefühl haben, Ihr Partner sei ein Fremder, dann sind die meisten Menschen in dieser Situation glücklicher, wenn sie sich trennen.

Kurzfassung: Irgendwo, irgendwie muß man, wenn man dem Partner tief in die Augen blickt, sich selbst sehen können.

Das Gefühl der Fremdheit nenne ich manchmal den «Ich habe einen Marsmenschen geheiratet»-Faktor. Er ist es, der Menschen nach einer jahrzehntelangen Ehe sagen läßt: «Wir haben einfach nichts gemeinsam.» Es geht nicht um die Größe oder Anzahl Ihrer Unterschiede, es geht um einen Abstand – ganz gleich wie geringfügig – an der einen Stelle, an der Sie mit keinem Unterschied gerechnet haben.

Das Geheimnis der Unterschiedlichkeit

Ich hoffe, daß Sie inzwischen das Geheimnis von Unterschieden in Beziehungen klarer erkennen können: Warum sich an manchen Unterschieden alles scheidet und an anderen nicht. Es besteht immer die Chance, daß man sie überwindet oder ausgleicht, jedenfalls die meisten und auch scheinbar große und ärgerliche.

Aber das geht nicht, wenn Ihre Lebensweise auf dem Spiel steht, an der Ihnen am meisten liegt, und es keine Brücke gibt, die Sie beide auf eine wesentliche Weise miteinander verbindet. Sie haben die Erlaubnis, sich von jemandem zu trennen, der Ihnen wie ein Marsbewohner vorkommt.

Ich habe Beziehungen gesehen, in denen eine für beide bedeutsame, tiefe und grundlegende Ähnlichkeit ausreichte, um tausend Unterschiede zu überwinden und eine befriedigende Beziehung zu stiften. Aber ohne diese Ähnlichkeit kann selbst ein kleiner Unterschied zur unerträglichen Qual werden.

13

Und wenn ich dann wirklich ginge

Thema: Anschließende Optionen

Tunnelvision

In einer meiner Paar-Gruppen beklagte sich eine Frau einmal über ihren Mann mit den Worten: «Er ist kein Richard Gere.»

Da beugte sich eine andere Frau vor und warf ein: «Schätzchen, Richard Gere könntest du doch gar nicht haben. Vergiß das doch.»

Das war nicht nur eine wichtige Bemerkung, sondern auch der Auftakt für eine ganze Reihe von Überlegungen, die allzuleicht vergessen werden, wenn es darum geht, herauszufinden, was man mit einer unbefriedigenden Beziehung anfängt.

> Wenn Sie versuchen zu entscheiden, ob Sie glücklicher sind, wenn Sie sich trennen oder wenn nicht, können Sie nicht nur das betrachten, was *innerhalb* der Beziehung vorgeht. Man muß sich auch das ansehen, was *außerhalb* liegt und es so klar und realistisch wie möglich einschätzen.

Dabei möchte ich Ihnen nun helfen. Vielleicht finden Sie Ihre Beziehung zu schlecht, um zu bleiben, weil Sie sich vorstellen, daß danach alles besser wird, dabei wissen Sie gar nicht, was danach sein wird. Umgekehrt denken Sie vielleicht auch, daß Ihre Beziehung zu gut ist, um sich zu trennen, weil Sie Angst vor dem Danach haben, die unter Umständen ganz unbegründet ist. Die folgenden Fragen sollen Ihnen helfen, über den Rand Ihrer Beziehung hinauszuspähen und sich anzusehen, was auf der anderen Seite liegt. Wenn Sie nicht das ganze Bild ins Auge fassen, erwarten Sie bloß Schwierigkeiten.

Das ist vermutlich das letzte, was Sie hören wollen. Wenn Sie schon lange mit dem Gedanken an Trennung ringen, haben Sie vermutlich den Eindruck, daß Sie sich schon viel zuviel Gedanken über das gemacht haben, was auf der anderen Seite auf Sie wartet. Können Sie sich eine neue Wohnung leisten? Wie groß wird die finanzielle Belastung durch Kindergarten oder Tagesmutter? Findet man schnell wieder eine neue Beziehung?

Ich bin sicher, Sie haben alle diese praktischen Einzelheiten bereits erwogen. Meine Aufgabe ist es, Ihnen von den Erfahrungen anderer zu berichten, die das gleiche durchgemacht haben. Daher weiß ich, daß Sie vermutlich an alles mögliche gedacht haben – aber vielleicht nicht an die Dinge, die wirklich wichtig sind.

Fragen Sie die Experten

Auf den Nenner gebracht, sagen diejenigen, die es hinter sich haben, folgendes: «Ich hatte viele Sorgen, aber rückblickend kann ich erkennen, daß ich zuwenig Zeit dafür aufwandte, meine Alternativen außerhalb der Beziehung gründlich auszuloten. Ich war zu passiv, um mir genau vorzustellen, wie das Leben nach einer Trennung wirklich sein würde – ob schlechter oder besser als mein gegenwärtiges. Ich habe nur hier und da einen kleinen Ausschnitt betrachtet und mich von Hoffnungen und Ängsten leiten lassen. Es wäre besser gewesen, mir die gesamte neue Lebenssituation in allen Details konkret auszumalen.»

Im Tunnel der Beziehungsambivalenz sieht man nur, wie man festsitzt, die endlose Realität des gegenwärtigen Lebens sowie ein paar verlockende oder angsteinjagende Ausschnitte des Lebens, das einen auf der anderen Seite erwartet. Man muß aus diesem Tunnel herauskommen, wenn man den Blick für seine Optionen freibekommen möchte.

Lassen Sie mich erklären, welchen Unterschied es ausmacht, wenn Sie Ihre Optionen sorgfältig untersuchen.

Außerhalb des Tunnels

Nehmen wir an, Sie stehen vor der Entscheidung, ob Sie ein paar tausend Mark für den Sommerurlaub ausgeben wollen oder lieber zu Hause bleiben. Als Opfer von Tunnelsicht können Sie nur überlegen, ob Sie losfahren und das Geld ausgeben oder nicht fahren und das Geld sparen.

Das aber ist ein großer Fehler. Wenn man das größere Bild außerhalb des Tunnels betrachtet, erkennt man, daß man in Wirklichkeit die Wahl hat, entweder das Geld für einen Urlaub auszugeben oder für etwas ganz anderes, wenn man nicht in diesen Urlaub fährt. Der Urlaub, der so verlockend klingt, ist vielleicht im Vergleich zu einem neuen Badezimmer oder der Anzahlung für ein schickes neues Auto gar nicht mehr so großartig.

Oder aber der Urlaub klingt vielleicht besser, als man zuerst dachte, wenn man sich gut genug kennt, um zu wissen, daß man das gleiche Geld zu Hause für Essengehen und Kurzreisen verplempert, was einem aber insgesamt nicht die gleiche Freude schenken würde wie ein richtiger Urlaub.

Es wirkt vielleicht furchtbar kraß, eine der herzzerreißendsten Entscheidungen mit schlichtem Geldausgeben zu vergleichen, doch es geht darum, die beste Entscheidung zu treffen, und dafür ist es notwendig, die gesamte Situation ins Auge zu fassen. Das Folgende geschieht, wenn man das nicht tut:

Matthias' Geschichte

Das ist eine klassische Geschichte von zwei Menschen, die sich auf der Universität begegnen, sich ineinander verlieben und nach dem Examen heiraten. Wilma und Matthias taten sich zusammen, weil sie zur gleichen Clique gehörten und den gleichen Musikgeschmack hatten. Sie fühlten sich miteinander wohl, und als sie erst anfingen, einander ihre Liebe zu erklären, hielten sie es wie alle anderen bald für unmöglich, nicht zu heiraten.

Die Dinge liefen eine Weile lang großartig, besonders, weil Matthias als Elektroniker bei einer Rüstungsfirma und Wilma als Grundschullehrerin gut verdienten. Doch dann stießen sie auf ein Hindernis.

Für mich ist es stets ein Rätsel, herauszufinden, wann genau und wieso in einer Beziehung, die so vielversprechend anfing, die Entwicklung plötzlich schiefläuft. Die Lösung eines solchen Rätsels wird noch dadurch erschwert, daß die wenigsten Paare sofort Hilfe suchen, wenn es bergab geht, so daß der Samen für alles schon tief vergraben ist, wenn die Verletzungen und der Groll zu stark werden.

Als sie außerhalb ihrer Beziehung Hilfe suchten, war besonders Matthias überzeugt, er und Wilma hätten sich in verschiedene Richtungen entwickelt: Er spürte einfach nicht mehr viel Nähe zwischen ihnen.

Er sah sich selbst als einen Typen, der sich stark für Politik und gesellschaftliche Trends interessierte. Aus seiner Sicht schien Wilma, als die Kinder kamen und sie nicht mehr arbeitete, fast vollständig in ihre häusliche Welt versunken. Matthias hatte schon in den ersten Jahren ihrer Ehe bemerkt, daß die übermütige Studentin Wilma immer gesetzter, ernster und erwachsener wurde. Durch die Kinder schien sich das auch nicht zu mildern – eher verstärkte es diese Neigung sogar. Wilma war für ihn einfach nicht mehr der Schatz, der sie einst gewesen war.

Für Matthias sah es einfach so aus, daß die Beziehung *im Vergleich zu seiner Erwartung* nun sehr anstrengend war. Er blieb, dachte aber immer wieder an Trennung.

Dann ließ sich sein bester Freund scheiden. Matthias fand es fast magisch, mit welcher Leichtigkeit dieser Freund «seine Freiheit zurückgewann». Warum sollte er an dieses nörgelnde Weib gekettet bleiben, fragte er sich, wenn da draußen die Freiheit winkte, die er so vermißte? In seiner Vorstellung war das eine einfache Gleichung: Eine Trennung bedeutete Freiheit. Oh, Junge! Matthias taumelte auf diese Oase – besser: die Fata Morgana – der Freiheit zu und ließ sich scheiden.

Und das, was er dann «da draußen» fand, das hätte er auch vor der Scheidung erkennen können, wenn er aufmerksamer hingeschaut hätte!

Erinnern Sie sich an das letzte Bild in Truffauts Film «Les Quatre Cents Coups»? Der Junge, der während des ganzen Films von zu Hause und aus der Besserungsanstalt fortgerannt ist, kommt endlich am Meer an, das er gesucht hat. Und als er es zum ersten Mal sieht, erstarrt sein Gesicht zu einem traurigen, leeren Ausdruck, weil er alles erwartet, aber nichts gefunden hat.

Genau das geschah mit Matthias. Das Singledasein war gar nicht so großartig. Der Lustgarten des Alleinlebens wurde zu einer einzigen Durststrecke. Matthias litt unter Einsamkeit und hatte unglaubliche Schwierigkeiten, neue Menschen kennenzulernen. Von Zeit zu Zeit kam es zu eher peinlichen Treffen mit Frauen, zu denen er keine Nähe fand, und allmählich dämmerte es ihm, daß er für die jungen Frauen, die seine Phantasien besetzt hatten, bereits zu alt geworden war.

Und er vermißte die Kinder. Er hatte gedacht, er würde wunderbare Vaterwochenenden verbringen, geschieden von den Problemen des Frühaufstehens, von Schularbeiten und Streitereien. Statt dessen waren seine Wochenenden ein Alptraum aus Langeweile und Distanz, voller Frustration, weil er versuchte, die Kinder bei Laune zu halten, deren Freunde und Lebensmittelpunkt anderswo waren.

Um allem die Krone aufzusetzen, war die Frau, die sich endlich mit ihm auf eine halbverbindliche Verbindung einließ, ebenso fordernd und sachlich wie vorher Wilma.

Hier Matthias' Urteil: «Man kann die Realität einfach nicht mit einem Traum vergleichen, und das hatte ich versucht. Natürlich konnte die Wirklichkeit dem Traum nicht standhalten. Und wenn ich die Wirklichkeit mit der echten Alternative verglichen hätte, die für mich bestand, wäre ich nicht gegangen. Mein Leben mit Wilma war keineswegs perfekt, aber es gab keinen Grund, daß ich nicht bleiben konnte, und kein Problem, das ich nicht zufriedenstellend hätte lösen können.»

Matthias' Fall ist ein perfektes Beispiel für den riesigen Unterschied zwischen Tunnelvision und Panoramablick, der realistischen Perspektive, wenn man versucht, sich für oder gegen eine Trennung zu entscheiden:

Für Matthias führte die Tunnelvision zu der falschen Entscheidung, sich zu trennen. Genauso leicht kann sie zu der falschen Entscheidung führen, zu bleiben.

Donnas Geschichte

Schon jahrelang war Donnas Leben mit Margot ein goldener Käfig, den sie selbst geschaffen hatte: Donna stellte den Käfig,

Margot das Gold. Als sie zuerst zusammenfanden, lebten sie ohne viel Geld in der Subkultur. Doch bald schon stieg Margot in ein Computergeschäft ein und baute mit Hilfe von, wie Donna schließlich erkannte, extrem reichen Verwandten eine sehr erfolgreiche Firma auf, die Spezialcomputer für die Finanzwelt entwickelte.

Während Margot die Erfolgsleiter hochkletterte, dilettierte Donna in einem uneinträglichen Job nach dem anderen, baute Harfen oder leitete Therapiegruppen für benachteiligte Stadtkinder. Ihre Beziehung zu Margot wurde immer schwieriger. Es gab ein Spektrum von locker miteinander verbundenen Problemen: Sie hatten immer weniger gemeinsam, Donna fand es schwer, sich Margot nahe zu fühlen (besonders, da Margot immer stärker mit Geschäfts- und Geldsachen beschäftigt war), und ihr Liebesleben war kühl und sporadisch.

Außer der Tatsache, daß sie immer noch Liebe für Margot empfand, machte Geld die ganze Angelegenheit für Donna sehr verwirrend. Brutal ausgedrückt, waren das ihre Alternativen zur Zeit der Tunnelvision und Beziehungsambivalenz:

Einerseits hatte sie ein bequemes, angenehmes Leben, wenn sie bei Margot blieb. Es war nicht nur genügend Geld für sie da, mit dem sie praktisch machen konnte, was sie wollte, sondern Donna fühlte sich auch indirekt am Aufbau von Margots Firma beteiligt und hing daher auch emotional daran. Verführerisch war vor allem die Aussicht, daß Margot ihre reichen Verwandten irgendwann einmal beerben würde und/oder ein Riesenkonzern die Firma aufkaufen würde, und dann wäre Margot (und damit auch Donna) nicht nur wohlhabend, sondern schwerreich.

Andererseits war Donna davon überzeugt, daß sie eine Trennung von Margot mit bitterer Armut bezahlen müßte. Ohne eigenes Geld würde sie bald wieder so arm sein wie die jungen Frauen, die sie therapeutisch beriet. Davor hatte sie zumindest Angst.

Sie war unglücklich, blieb aber jahrelang, geblendet von dem Gold an ihrem Käfig. Dann erlebte sie zufällig etwas, das ihr die Augen öffnete. Sie bemühte sich um eine Unterkunft für ein achtzehnjähriges Mädchen, mit dem sie gearbeitet hatte. Im Gespräch mit Freunden und Bekannten entdeckte sie Möglichkeiten, wie man Häuser oder Wohnungen teilen konnte, was billig, sicher und bequem war. Plötzlich dämmerte es ihr, daß sie sich mit einer Vollzeitstelle, die ihr schon öfter angeboten worden war, ein absolut anständiges eigenes Leben leisten und sich selbst ernähren konnte.

Nun war sie voller Reue beim Gedanken, wie sie ihr Leben vor Jahren schon hätte ändern können, wenn sie nur über ihre Ängste hinaus ihre echten Möglichkeiten erkannt hätte.

In beide Richtungen schauen

Matthias' und Donnas Geschichte veranschaulichen, daß eine Tunnelvision zu einer Katastrophe führen kann. Mit offeneren Augen hätte Matthias erkannt, daß seine schwierige Beziehung immer noch zu gut war, um sich daraus zu lösen. Und wenn Donna die Augen weiter geöffnet hätte, hätte sie sich eingestanden, daß ihre schwierige Beziehung eigentlich zu schlecht war, um zu bleiben. Nicht, daß das Öffnen der Augen die Realität verändert hätte, der sie sich bereits bewußt war, aber sie hätte sie aus einer völlig anderen Perspektive wahrgenommen.

Lassen Sie mich Ihnen helfen, eine solche Katastrophe zu vermeiden.

Schritt Nr. 22: Neue Gründe zum Bleiben

Die Fragen in diesem Kapitel sind ein wenig anders als in den anderen Kapiteln – diese stehen grundsätzlich für sich selbst. Die beiden Fragen hier gehen aber davon aus, daß Sie einen anderen Blickwinkel auf Ihre Situation einnehmen, ehe Sie die Antwort geben.

Schreiben Sie bitte oben auf ein Blatt Papier: «Alles, auf was ich mich in meinem neuen Leben freue, wenn ich an eine Trennung denke.» Auf ein anderes Blatt schreiben Sie: «Alles, vor dem ich in einem neuen Leben Angst habe und weshalb ich an Bleiben denke.»

Dann schreiben Sie alles auf, was Ihnen einfällt. Matthias zum Beispiel hätte aufgeschrieben: «Verabredungen mit aufregenden, sexy Frauen», «Bessere Beziehung zu meinen Kindern» und

«Mehr Freiheit, das zu tun, was ich will». Donna hätte geschrieben: «Kein Geld», «Keine Wohnung».

Bei den Aspekten, auf die Sie sich freuen, denken Sie besonders an bestimmte Hilfsangebote, mit denen Sie von Freunden und Verwandten rechnen.

Diese Aufzeichnungen bieten eine Gelegenheit, das Bild zu betrachten, das die Tunnelvision einem schenkt.

Und nun haben Sie Gelegenheit, diese Tunnelvision auszuweiten. Fragen Sie sich bei jedem Punkt auf der Liste:

- «Ist das wahr?»
- «Ist das wahrscheinlich?»

Dann fragen Sie sich:

- «Was ist außerdem möglich?»
- «Was ist am wahrscheinlichsten?»

Für Matthias stimmte es, daß er sich als Single mit anderen Frauen verabreden konnte, aber es bestand auch die Möglichkeit, daß solche Beziehungen schwierig und nicht sehr befriedigend sein würden – und das war wahrscheinlicher. Es stimmte nicht, daß mit den Kindern alles großartig sein würde. Das hätte er alles vorher erfahren können, wenn er sich mit geschiedenen Männern unterhalten hätte.

Für Donna stimmte es einfach nicht, daß sie allein nicht zurechtkommen würde. Sie hatte dabei nicht berücksichtigt, daß das Alleinleben sie zwingen würde, ein anständiges Gehalt zu verdienen und daß sie damit dann angenehm leben konnte.

Diesen Teil kann ich nicht für Sie erledigen. Die besonderen Umstände eines jeden Lebens sind dazu zu unterschiedlich. Nur Sie selbst kennen Ihre eigenen Hoffnungen und Ängste sowie die Realitäten, die sich daraus ergeben. Nur Sie haben Zugang zu neuen Informationen, die für die Einschätzung der vor Ihnen liegenden Realität wichtig sind. Und diese neuen Informationen, die Ihre Vorstellungen von der Zukunft völlig umkrempeln können, müssen Sie auch selbst verarbeiten.

Wenn Sie das schwer finden, fragen Sie Freunde und Bekannte, ob die Ihre Hoffnungen und Ängste realistisch finden. Welche Punkte finden sie realistisch und welche nicht? Sie fragen ja nicht nach Möglichkeiten *in* der Beziehung, sondern nach den Chancen *außerhalb* der Beziehung, und dafür sind andere die besseren Ratgeber.

Dann stellen Sie sich die folgende Frage:

****

Diagnostische Frage Nr. 22:
Haben Sie aufgrund Ihrer vollständigeren und realistischeren Informationen darüber, wie das Leben für Sie nach einer Trennung aussehen würde, neue Einsichten gewonnen, die nun eine Trennung unerträglich schwer oder unangenehm machen würden?

Sie gewinnen diese Informationen, indem Sie über Ihre Erwartungen nachdenken und die folgende Liste durchgehen:

- Wo werden Sie leben? Können Sie sich das leisten? Können Sie von da aus zu Ihrer Arbeitsstelle gelangen?
- Wieviel Geld haben Sie gespart, wenn Sie gehen? Wieviel Ihres Einkommens steht Ihnen dann zur Verfügung? Reicht das?
- Wie steht es mit der Aussicht, neue Menschen kennenzulernen? Jetzt ist der Zeitpunkt für brutale Aufrichtigkeit: Haben Sie die Eigenschaften, mit denen man relativ leicht Anschluß findet? Wollen Sie den Prozeß auf sich nehmen, neue Bekannte zu treffen?
- Besteht eine realistische Aussicht, daß Sie in Ihrem neuen Leben einsam sein werden? Wie gut kommen Sie damit zurecht?
- Was wird aus den Kindern? Besteht eine Möglichkeit zu gemeinsamer Vormundschaft, und wünschen Sie das? Ist es wahrscheinlicher, daß Sie nicht die Vormundschaft bekommen, und finden Sie das akzeptabel? Ist es wahrscheinlicher, daß Sie die Vormundschaft erhalten, und haben Sie sich überlegt, wie es ist, Kinder allein großzuziehen?
- Was bedeutet das Alleinleben hinsichtlich Ihrer Arbeit?
- Ist es realistisch, daß die Freunde, auf die Sie zählen, auch wirklich für Sie da sind? (Die Freunde, die man als Individuum hatte, bleiben in der Regel mit der Frau befreundet, nicht mit

dem Mann, aber die verheirateten Freunde distanzieren sich meist von beiden.)

- Wie finden Ihre Verwandten das, was Sie tun? Geben sie Ihnen moralische Unterstützung? Wichtiger noch, geben sie Ihnen die praktische oder finanzielle Unterstützung, die sie Ihnen vielleicht versprochen haben?

Fügen Sie dieser Liste alles hinzu, was in Ihrem Leben wichtig ist. Hier die Richtlinie:

Richtlinie Nr. 22

Wenn Sie an diesem Punkt des Prozesses realistisch betrachten, was eine Trennung tatsächlich für Sie bedeuten würde, und wenn der neue Blickwinkel eine Trennung eindeutig zu schwierig und ein Bleiben wünschenswerter erscheinen läßt, dann haben Sie die Klarheit gewonnen, die Sie suchten, und Sie wissen, daß Sie glücklicher werden, wenn Sie bleiben.

Kurzfassung: Wenn Bleiben bei genauer Betrachtung sinnvoll erscheint, dann ist es sinnvoll zu bleiben.

Aber Sie müssen sichergehen, daß Sie nicht wieder in Unentschiedenheit zurückfallen, indem Sie die Waage-Methode anwenden. Diese Richtlinie ist keine Aufforderung, das Für und Wider Ihrer Beziehung von neuem abzuwägen. *Sie soll Ihnen helfen, Ihre derzeitige Situation realistisch einzuschätzen, weil die Dinge dann manchmal in einem völlig neuen Licht erscheinen.*

Wenn sich Ihre Einstellung zur Trennung jetzt entscheidend ändert, weil Sie Ihre Chancen für die Zukunft anders beurteilen – gut. Wenn nicht, wird Ihnen eine andere der folgenden Fragen Klarheit geben.

Schritt Nr. 23: Neue Gründe für eine Trennung

Gehen wir zu unseren beiden Listen zurück: «Dinge, auf die ich mich in meinem Leben freue, wenn ich an Trennung denke» und

«Dinge, vor denen ich in meinem neuen Leben Angst habe und die mich an ein Bleiben denken lassen». Stellen Sie sich die folgende Frage:

Diagnostische Frage Nr. 23:
Haben Sie aufgrund der vollständigeren, realistischeren Informationen darüber, wie eine Trennung für Sie wäre, neue Einsichten gewonnen, die eine Trennung nun leichter und attraktiver erscheinen lassen und ein Bleiben weniger wünschenswert?

Wenn Sie zum Beispiel überzeugt waren, nirgendwohin zu können, ist das wirklich wahr? Stimmt Ihre frühere Überzeugung, daß Sie ganz allein und einsam sein werden? Wenn Sie geglaubt haben, sich nicht allein über Wasser halten zu können, ist das wahr? Benutzen Sie die gleiche Liste. Und ziehen Sie Ihre Freunde als Informationsquelle heran, wie es «da draußen» wirklich aussieht.

Hier die Richtlinie:

Richtlinie Nr. 23

Wenn Sie realistischer betrachten, wie es wirklich sein wird, wenn Sie die Beziehung aufgeben, und eine Trennung erscheint eindeutig leichter und attraktiver als Bleiben, dann haben Sie die Klarheit gewonnen, die Sie gesucht haben, und sind glücklicher, wenn Sie sich trennen.

Kurzfassung: Wenn eine Trennung nach sorgfältiger Prüfung einen Sinn ergibt, ist es sinnvoll zu gehen.

Nehmen wir an, dieser Ratschlag trifft auf Sie zu. Das bedeutet, daß der realistischere Blick auf Ihr Leben Ihnen die Klarheit gegeben hat, die Ihnen entging, als Sie sich ausschließlich auf die Beziehung konzentriert hatten.

Ohne Schwester

Dieses Kapitel mag vielleicht seltsam praktisch in einem Buch erscheinen, das sich auf das psychologische Für und Wider in schwierigen Beziehungen konzentriert. Doch meiner Erfahrung nach ist das hier berührte Thema extrem wichtig. Ich werde nie die Klientin vergessen, die mich vor vielen Jahren aufsuchte, zu einem Zeitpunkt, als ich selbst noch nicht zu den Erkenntnissen vorgedrungen war, die ich Ihnen hier mitteile. Wir sprachen wochenlang darüber, ob sie sich trennen sollte oder nicht. Jedesmal, wenn die Sprache auf dieses Thema kam, erwähnte sie das vage Angebot ihrer Schwester, zu ihr nach San Francisco zu ziehen. Diese Aufforderung war wie ein starker Magnet, der meine Klientin aus ihrer Beziehung herauszog und bewirkte, daß sich die Waagschale in Richtung Trennung neigte.

Schließlich drängte ich sie, zu überprüfen, ob das Angebot der Schwester ernst zu nehmen sei. In der folgenden Woche kehrte sie zurück und sagte, sie habe ein langes Gespräch mit ihrer Schwester geführt. Nachdem diese eine lange Liste von Einwänden vorgebracht hatte, sei ihr klargeworden, daß die Schwester eigentlich nicht wollte, daß sie zu ihr zog und sich auch nicht darüber freuen würde.

Nie wieder sagte sie, daß sie ihre Beziehung beenden wollte. Nicht, daß die Beziehung besser geworden wäre – es gab noch immer Probleme –, aber sie waren offensichtlich plötzlich erträglicher geworden. Wie sonst ließe sich die Tatsache erklären, daß Trennung nicht mehr so wichtig schien, nachdem die Frau erkannt hatte, daß außerhalb der Beziehung weder eine großartige Stadt noch eine Schwester auf sie warteten. Heute, Jahre später, lebt sie noch immer mit ihrem Mann zusammen. In Erinnerung an diese Frau und an Matthias und Donna ist es überaus wichtig, seine Optionen genau zu überprüfen. Sie verändern nicht die Realität der Beziehung, aber ein klarer Blick auf die Optionen kann durchaus etwas daran ändern, wie Sie die Realität Ihrer Beziehung empfinden.

Perspektiven: «Und was ist mit den Kindern?»

Wenn Sie noch kleine Kinder haben, ist diese Perspektive für Sie wichtig. Ganz sicher spielt der Gedanke an Ihre Kinder eine wichtige Rolle, wenn Sie darüber nachdenken, sich von Ihrem Partner zu trennen.

Vermutlich sind Sie zwischen zwei Überlegungen hin- und hergerissen: Einerseits wissen Sie, daß eine Scheidung für Kinder psychisch und emotional nicht gut und für die Eltern eine enorm belastende Situation ist. Andererseits wissen Sie, wie schlecht es für Kinder ist, mit Eltern aufzuwachsen, deren schlechte Beziehung die Atmosphäre im Haus verdirbt.

Beides ist zutreffend, was Ihre Seelenqual nicht gerade verringert. Fast alle Bücher, die jemals über die Auswirkungen einer Scheidung auf Kinder verfaßt worden sind, befassen sich genau mit diesem Dilemma: Scheidung ist nicht gut für Kinder – aber das Aufrechterhalten einer Beziehung, die zu schlecht ist, auch nicht.

Sie stehen nun vor dem Problem, wie Sie die Kinder in die Entscheidung, Trennung oder nicht, einbeziehen und dabei sich selbst gegenüber, aber auch ihnen gegenüber, fair bleiben.

Ich habe das Folgende als beste Lösung für fast alle Beteiligten entdeckt: Man muß vor allem Klarheit schaffen. Das heißt, man muß entscheiden, ob die Beziehung selbst zu schlecht ist, um zu bleiben, oder zu gut, um zu gehen. Ich weiß, daß Ihre Kinder Ihnen äußerst wichtig sind, aber man muß sie aus dieser Entscheidung heraushalten – genauso wie die Beziehung zu den Kindern eine andere Sache ist als die Beziehung zum Partner.

Konzentrieren Sie sich auf die Beziehung selbst. Wenn Sie am Ende dieses Buchs erkennen, daß Ihre Beziehung zu schlecht ist, um zu bleiben, und daß Sie glücklicher werden, wenn Sie sich trennen, dann sollten Sie das auch tun.

Alle diagnostischen Fragen beleuchten einen Aspekt der Beziehung, der für ein glückliches und erfülltes Leben von enormer Wichtigkeit ist. Alle Richtlinien, die auf eine Trennung hinweisen, weisen auch auf etwas hin, das die Atmosphäre, in der Ihre Kinder aufwachsen, vergiftet. Wenn die Beziehung für Sie zu schlecht ist, ist sie das auch für Ihre Kinder.

Dennoch – Kinder machen einen Unterschied. Dieses Kapitel setzt sich in erster Linie ganz praktisch mit den realen Konsequenzen einer Trennung auseinander, deren richtige Einschätzung manchmal die Einstellung zu Bleiben oder Gehen verändert. Diese praxisorientierten Erwägungen sind vor allem wichtig, wenn Säuglinge und Kleinkinder, die noch ungeheuer viel Zuwendung brauchen, von einer Trennung betroffen sind. Sie müssen sich klarwerden über die Wahrscheinlichkeit, daß der Elternteil ohne Vormundschaft Unterhalt zahlt; die Schwierigkeit, jemanden für die Beaufsichtigung der Kinder zu finden, wenn man arbeitet; die Knappheit an eigener Zeit. Das meiste haben Sie vermutlich schon selbst überlegt. Wenn nicht, fragen Sie im Freundeskreis herum.

Und noch etwas gilt es zu bedenken, wenn Kinder von der Trennung der Eltern betroffen sind: Sie können den Zeitpunkt Ihrer Entscheidung beeinflussen. Wenn eines der Kinder gerade eine sehr schwierige Phase durchmacht, ist es vielleicht angebracht zu warten. Kinder sollten auch einen Einfluß darauf haben, wie die Entscheidung im einzelnen durchgeführt wird. Ein guter Kinderarzt oder Familientherapeut kann Sie beraten, wie Sie den Kindern helfen können, mit der Scheidung fertig zu werden. Kinder sollten unbedingt mit einbezogen werden, wenn es darum geht, wer in Zukunft bei wem lebt. All diese Fragestellungen aber gehen über dieses Buch hinaus, und ich bin sicher, Sie suchen sich den Rat, den Sie brauchen.

Aber: Es sind nicht die Kinder, die bestimmen, ob Sie glücklicher sein werden, wenn Sie sich trennen oder nicht.

Ich höre schon die Stimmen, die sagen, die Erwachsenen seien egoistisch und welch schlimme Auswirkungen eine Scheidung auf Kinder habe. Aber wie ich bereits zu Beginn dieses Abschnitts sagte: Sie wissen bereits, daß beides – sowohl Trennung als auch eine unwillig ertragene Gemeinsamkeit – negative Auswirkungen auf Kinder hat.

Man sollte allerdings die negativen Folgen einer Scheidung auf Kinder nicht überbetonen. Die psychologischen Studien, die sich mit den negativen Auswirkungen einer Scheidung auf Kinder befassen, untersuchen immer die seelischen Verletzungen von Kindern geschiedener Eltern, ohne sie mit Kindern zu vergleichen, deren Eltern eine unglückliche Beziehung führen, sich aber nicht scheiden ließen. Alle Schlußfolgerungen beruhen auf einem Vergleich zwischen Scheidungskindern und Kindern, deren Eltern in einer «idealen» Beziehung leben.

Aber man kann die Realität nicht mit einem Idealbild vergleichen. Die Belastungen, denen Sie Ihre Kinder aussetzen, wenn Sie sich von Ihrem Partner trennen, kann man nur mit denen vergleichen, denen sie ausgesetzt wären, wenn Sie trotz bestehendem Trennungswunsch zusammenbleiben würden. Sie können sich leicht selbst vorstellen, was es für das Seelenleben Ihres Kindes bedeuten würde, wenn Sie an einer Beziehung festhalten, die in Wirklichkeit zu schlecht ist, um zu bleiben.

Wie gesagt, es geht in diesem Buch ums Glücklichsein. Wenn Ihre Beziehung trotz aller Probleme zu gut ist, um sich zu trennen, dann werden Sie und Ihre Kinder glücklicher, wenn Sie an der Beziehung arbeiten und sie so gut wie möglich gestalten. Wenn die Bedingungen aber so schlecht sind, daß die meisten Menschen in Ihrer Lage glücklicher wurden, nachdem sie sich getrennt hatten, dann werden Sie und Ihre Kinder auch glücklicher sein, wenn Sie ein neues, besseres Leben beginnen.

14

Respekt

Thema: Respektieren Sie sich gegenseitig?

Respekt ist die Krume, aus der Selbstachtung wächst. Doch die Kämpfe in und die Vertrautheit von Beziehungen sind genau der Boden, auf dem Respektlosigkeit gedeiht. Das ist das Problem und das Thema, mit dem wir uns hier befassen wollen.

Jeder hat das lebenswichtige Bedürfnis, respektiert zu werden – umfassend, tiefgehend und auf eine Weise, die für uns bedeutsam ist. Und wir müssen den Partner respektieren können, wenn auch vielleicht nur als Ressource in unserem Leben. Doch wenn Beziehungen generell den Keim von Respektlosigkeit in sich tragen, dann geht das Problem *jeden* an. Das bedeutet, daß man nicht einfach sagen kann: «Was? Er respektiert dich nicht? Dann mußt du dich trennen!» Es herrscht in so vielen Beziehungen Respektlosigkeit, daß wir, sollte dieser Ratschlag allgemein befolgt werden, in einer Welt der Singles leben würden.

Nach Respekt hungert man in einer Beziehung wie nach nichts anderem. Aber man giert ebenso stark danach, Respekt für den Partner zu empfinden.

Die Herausforderung besteht daher darin, zu begreifen, wo die Grenze liegt: Wann sind Probleme mit Respekt mehr als ein bloßes Ärgernis, das man hinunterschlucken oder vielleicht sogar bewältigen und überwinden kann, und wann fügen sie uns seelischen Schaden zu?

Schritt Nr. 24: Wenn Respektlosigkeit zu weit geht

Rücken wir das Problem in die richtige Perspektive. Wir müssen unterscheiden lernen zwischen *normaler* Respektlosigkeit, die in den meisten Beziehungen vorkommt, und der Form von Respektlosigkeit, die eine schwierige Beziehung eindeutig zu schlecht macht, um zu bleiben.

Normale Respektlosigkeit

Es ist ganz gewiß normal, wenn in einer Beziehung ein gewisses Maß an Respektlosigkeit herrscht. Man enttäuscht einander und brüllt einander an, man kritisiert einander und zeigt mit dem Finger auf jeden Fehler. Man erinnert sich an jedes Versagen und steht einander ohne schützende Hüllen gegenüber. Nacktsein ist zwar eine Quelle für Lust, aber auch eine Quelle für traurige, enttäuschende Erfahrungen.

Sie haben eine Menge Möglichkeiten, diese Respektlosigkeit zu bewältigen. Sicher, Ihre Frau beklagt sich, daß Sie ständig müde sind, aber immerhin erkennen Sie, daß sie die Wahrheit sagt und sich vielleicht sogar Sorgen macht; außerdem ist es nicht das Allerwichtigste in der Welt für Sie, stets fit zu sein. Nun ja, Sie fühlen sich respektlos behandelt, aber es macht Ihnen nicht allzuviel aus.

Außerdem wissen Sie irgendwie ganz genau, daß Sie in den Augen Ihrer Frau nicht wirklich tiefer gesunken sind. Was sie an Ihnen kritisiert, ist für Sie eigentlich nicht so wichtig.

Die Bewältigung von Respektlosigkeit

Manchmal entgleist Respektlosigkeit allerdings, doch man kann auch das überleben. Vielleicht waren Sie am Anfang Ihrer Beziehung überzeugt, als cleverer, begabter und ehrgeiziger Mensch die Geschäftswelt im Sturm zu erobern. Und jetzt, Jahre später, ist alles ziemlich mittelmäßig. Sie haben sich nicht nur als weniger fähig erwiesen, als Ihr Partner irgendwie geglaubt hatte, sondern sind ein ziemlicher Versager und viel fauler, als alle anderen gedacht haben. Die Enttäuschung Ihrer Partnerin ist fühlbar. Sie spüren jeden Tag, daß sie Ihnen nicht mehr wie früher vermittelt, irgendwie wichtig zu sein.

Und trotzdem können Sie mit dieser Respektlosigkeit fertig werden, teils, weil Sie mit ihr übereinstimmen (Sie sind ja auch von sich selbst enttäuscht), und teils, weil es Sie auf einer bestimmten Ebene nicht berührt. Sie haben im Laufe der Jahre ein Gefühl dafür entwickelt, wie Sie sind und an was Ihnen liegt, und gegenüber der Respektlosigkeit Ihrer Partnerin eine robuste Unerschütterlichkeit ausgebildet. Vielleicht sind Sie in ihren Augen gesunken, aber tief in sich haben Sie das Gefühl, immer noch ungebeugt zu sein. Wichtiger noch ist: Sie wissen zwar, daß Sie an Respekt eingebüßt haben, aber dennoch haben Sie keinen Anlaß, an der Liebe und Wertschätzung Ihrer Frau zu zweifeln.

Wir befinden uns immer noch im Bereich von Respektlosigkeit, die in Partnerschaften normal ist und mit der die meisten Menschen leben können, weil sie Beziehung noch nicht zu schlecht macht, um zu bleiben. Aber nun nähern wir uns jener Grenze, deren Überschreitung bedeutet, daß die Beziehung für die große Mehrheit eindeutig zu schlecht wird.

Fragen Sie sich das folgende:

Diagnostische Frage Nr. 24:
Gelingt es Ihrem Partner, Ihnen das Gefühl zu vermitteln, ein Trottel, ein Versager oder in Bereichen, die Ihnen wichtig sind, unfähig zu sein, so daß Sie bereits begonnen haben, selbst daran zu glauben?

Worauf zielt diese Frage? Ich will es Ihnen an den Erfahrungen einer Frau verdeutlichen:

Leilas Geschichte

Ben, Leilas Ehemann, beschloß eines Tages, daß seine Frau eine blöde Nuß, eine unfähige Null sei. Vielleicht war sie in Gesprächen emotional leicht erregbar und in ihrem Vorgehen nicht immer ganz rational gewesen. Vielleicht kannte sie sich in einigen praktischen oder finanziellen Gebieten nicht sonderlich aus, über die Ben Bescheid wußte. Vielleicht hatte er nicht die gleichen Wertvorstellungen. Vielleicht wollte Ben sie kontrollieren. Oder Ben war einfach einer von jenen Machos, die glaubten, Männer stammten vom Mars und Frauen seien bloß für deren Appetit da. Egal, welcher Grund hier zutraf, irgendwann begann Ben, Leila tagtäglich eine Dusche aus Kritik zu verabreichen, die sie überzeugen sollte, sie sei zu neurotisch und blöd, um überhaupt irgend etwas auf die Reihe zu kriegen.

«Du versaust das doch wieder, wie immer», sagte er zum Beispiel. «Du triffst doch immer die falsche Entscheidung. Ich habe noch nie Entscheidungen von dir erlebt, die richtig waren. Du kannst ja nicht einmal klar denken. Du denkst nur mit deinen Gefühlen. Deine Gedanken sind ein einziges Gestrüpp.»

Wir denken vielleicht, daß solche Sätze nur im neunzehnten Jahrhundert oder maximal noch in den fünfziger Jahren gefallen seien, aber ich kann Ihnen versichern, das kommt heute noch genauso vor. Leila ist nicht die einzige Frau, die einer so brutalen Respektlosigkeit ausgesetzt wird. Man stellt sich vielleicht vor, daß ein solches Verhalten allgemein abnimmt, weil so viele Frauen ihre Kompetenz täglich am Arbeitsplatz demonstrieren, aber manche Männer fühlen sich dadurch tatsächlich derart bedroht, daß Respektlosigkeiten wie diese zunehmen. Ich möchte das hier aber nicht zu einem großen sexualpolitischen Thema aufblasen, weil es das nicht ist. Männer sind auf gleiche Weise Zielscheibe von Respektlosigkeit.

Die Respektlosigkeit, die Leila zugemutet wurde, hatte folgende Auswirkung: Sie hatte nicht viel dagegen aufzubieten. Sie gehörte nicht zu den Menschen, für die es zwar äußerst unangenehm ist, respektlos behandelt zu werden, die aber dennoch wissen, daß die Anschuldigungen nicht der Wahrheit entsprechen. Bei Leila richtete Bens Respektlosigkeit echten Schaden an, denn er setzte sie so geschickt herab, daß sie schließlich davon überzeugt war, daß er recht hatte mit seinen Bemerkungen, obwohl er ihr oft Dinge zur Last legte, für die sie gar nichts konnte. Er verletzte ihr inneres Wesen so nachhaltig, daß sie schließlich völlig handlungsunfähig wurde. Ich bin verrückt, dachte sie. Ich bin dumm.

Genau wie ein magersüchtiger Mensch sich zu Tode hungert, weil der Spiegel ihm sagt, er sei zu dick, tat Leila das, was man tut, wenn man sich selbst für verrückt und dumm hält: Sie benahm sich verrückt und dumm.

Manchmal fühlt man sich wie ein Idiot

Wenn die Sätze, mit denen man abgekanzelt wird, einen wirklich überzeugen, man sei ein Trottel, ein Idiot oder ein Versager, gibt man einfach auf, weil es Dinge sind, gegen die man nichts ausrichten kann. Wenn es Ihrem Partner gelingt, Sie davon zu überzeugen, daß Sie ein Versager sind, könnte mit Ihnen genau das gleiche geschehen wie mit dem Mann, der von seiner Frau so respektlos behandelt wurde, daß er sich schließlich selbst für nicht mehr ganz normal hielt.

Sie sagte oft Dinge wie: «Du benimmst dich immer so komisch und ziehst immer so seltsame Verbindungen», daß er schließlich fürchtete, er könne einen schlechten Einfluß auf seine Kinder ausüben. Er unternahm immer weniger mit ihnen, aus Angst, er könne sie irgendwie mit seiner «Geisteskrankheit» anstecken. Immer wenn sie ihm eine Frage stellten, antwortete er: «Fragt eure Mutter.» Durch meine Arbeit mit ihm kann ich Ihnen versichern, daß er sich völlig im Rahmen der Normalität verhielt. Aber die Respektlosigkeit seiner Frau machte ihn unfähig, seine Aufgabe als Vater zu übernehmen.

Die Respektlosigkeit Ihres Partners braucht sich nicht unbedingt auf Dinge zu beziehen, die Sie tun, vorhaben oder unterlassen, sondern kann auch den Kern Ihrer Persönlichkeit treffen. Eine Frau, die von ihrem Mann überzeugt worden war, sie sei in jeder Hinsicht einfach ein schrecklicher Mensch, wurde dadurch so depressiv, daß sie schließlich in einer Klinik landete.

Hier die Richtlinie, wo man die Grenze ziehen muß zwischen ärgerlicher Respektlosigkeit und Respektlosigkeit, die eine Beziehung zu schlecht macht, um zu bleiben:

Richtlinie Nr. 24
Wenn Ihr Partner beginnt, Sie durch respektlose Worte und Taten davon zu überzeugen, daß Sie sich in Angelegenheiten, die Ihnen wichtig sind, wie ein Trottel, ein Idiot oder ein Versager benehmen, dann zerstört er Ihr Selbstwertgefühl und Ihr Gespür für Ihre eigene Leistungsfähigkeit. Für fast alle Menschen in Beziehungen, in denen Respektlosigkeit diesen Grad erreicht, gilt, daß sie glücklicher werden, wenn sie sich trennen, und unglücklich, wenn sie bleiben.
Kurzfassung: Wenn jemand versucht, Ihnen die Beine unter dem Körper wegzureißen, dann gehen Sie, solange Sie noch Beine haben.

Hier die kritischen Punkte dieser Richtlinie:

1. «Er beginnt Sie zu überzeugen» – das heißt: Ihr Partner sagt Dinge, die Sie allmählich als wahr empfinden. Bitte beachten Sie: Wenn der Partner Dinge sagt, die Sie nicht überzeugen, dann gilt diese Richtlinie nicht. Mein Mann sagt oft, daß er mich für eine schlechte Autofahrerin hält, aber nichts, was er jemals gesagt oder getan hat, hat mich auch davon überzeugt, daß ich eine schlechte Autofahrerin bin.
2. «Durch respektlose Worte und Taten» – das heißt: Ihr Partner überzeugt Sie nicht nur, indem er Dinge von sich gibt, die Sie herabsetzen, sondern auch durch Handlungen. Er sagt zum Beispiel nicht vor den Kindern, daß Sie keine Ahnung haben, aber jedesmal, wenn Sie Ihren Kindern etwas auftragen, macht er ihnen hinter Ihrem Rücken klar, daß sie nicht darauf zu hören brauchen.
3. «Sich wie ein Trottel, ein Idiot oder ein Versager benehmen» – das heißt: Es ist egal, wenn Ihr Partner Sie davon überzeugen will, daß Sie keine Ahnung haben, wie man einen Motor einstellt oder moderne Kunst einschätzt. Die Respektlosigkeit, von der ich hier rede, ist ein Anschlag auf die Unversehrtheit

Ihrer Persönlichkeit. Sie können nicht funktionieren wie ein gesunder Mensch, wenn Sie daran glauben, verrückt oder dumm zu sein, oder wenn Ihnen das Gefühl vermittelt wird, daß Sie von niemandem gemocht werden. Respektlosigkeit, die dazu führt, daß Sie sich in dieser Weise selbst einschätzen, bedroht Ihre Substanz, die Sie brauchen, um überhaupt funktionieren zu können.

4. «Angelegenheiten, die Ihnen wichtig sind» – das heißt: Selbst wenn die Respektlosigkeit Ihres Partners nicht auf die Integrität Ihrer Persönlichkeit zielt, sondern auf die Dinge gerichtet ist, die Ihnen in Ihrem Leben am wichtigsten sind, können Sie nicht richtig funktionieren. Wenn zum Beispiel die Elternrolle oder Ihr Fortkommen in der Firma nicht nur Dinge sind, die Sie tun, sondern die auch wesentlich für Ihr Selbstwertgefühl sind, dann wirkt Respektlosigkeit lähmend, weil sie Ihnen das Selbstvertrauen raubt, diese Dinge auch erledigen zu können.

Das sind die Bestandteile, auf die Sie sich bei der Entscheidung konzentrieren sollten, ob Richtlinie Nr. 24 auf Sie zutrifft oder nicht.

Man kann das Wasser nicht trinken

Ich möchte Ihnen anhand eines Bildes vermitteln, wo Sie den Trennstrich ziehen müssen zwischen der Respektlosigkeit, die überall vorkommt, und derjenigen, die bedeutet, daß man besser die Flucht ergreift. Sie werden später sehen, daß dieses Bild nicht nur geeignet ist, um diese Richtlinie zu verdeutlichen, sondern auch zu den anderen dreien in diesem Kapitel paßt. Es geht dabei um Verschmutzung.

Stellen wir uns eine Talsperre vor, aus der die Stadt, in der Sie leben, ihr Trinkwasser bezieht. Das Leitungswasser entspricht zwar den Hygienevorschriften, ist aber nicht absolut rein, doch sauber genug für die meisten Menschen. Die Grenze liegt da, wo das Wasser giftig wird. Über Millionstel Teilchen von dieser und jener Chemikalie oder Mikrobe kann man vielleicht streiten, aber wenn man krank wird, benutzt man das Wasser nicht mehr.

Wir können mit Trinkwasser leben, das ein bißchen trüber ist oder stärker riecht, als es uns lieb wäre, aber es darf nicht gesundheitsschädlich werden.

Das gleiche gilt für Respektlosigkeit in der Beziehung. Wenn die «Verschmutzung durch Herabsetzung» Ihnen echten Schaden zufügt, weil Sie anfangen, die negativen Dinge zu glauben, die der Partner über Sie verbreitet, und deswegen anders handeln und leben, dann verkümmern Sie seelisch oder werden gar vernichtet, genauso wie schlechtes Trinkwasser Sie vergiftet.

Perspektiven: Liebe und Respekt

Um die Diagnose zu stellen, was man mit einer schwierigen Beziehung anfängt, muß man den Trennstrich ziehen zwischen Respektlosigkeit, mit der man leben kann, und Respektlosigkeit, mit der man nicht leben kann. Da ich versuche, Ihnen dabei zu helfen, muß ich auf zwei Dinge achten: Ich muß verhindern, daß Menschen eine durchaus anständige Beziehung aufgeben, und ich muß verhindern, daß Menschen eine Beziehung fortsetzen, die ihnen schadet.

Zunächst geht es darum, zu verstehen, warum es in fast allen Beziehungen tagtäglich zur «Verschmutzung» durch Respektlosigkeit kommt. Wenn man begreift, woher sie stammt, erkennt man sie leichter und kann in Beziehungen, die eigentlich zu gut sind, um sie aufzugeben, besser damit umgehen, weil man keine unrealistisch hohen Ansprüche entwickelt.

Nichts für Amateure

Einer der bekanntesten Sätze, die jemals über die Liebe geschrieben wurden, stammt von Erich Fromm, der in seinem Buch «Die Kunst zu lieben» feststellte, daß nur derjenige, der sich selbst liebt, auch einen anderen Menschen wirklich lieben kann. Nur wenige Konzepte sind weiter verbreitet als dieses. Ich weiß noch, wie meine Eltern mir dies beim Heranwachsen sagten. Ich weiß noch, wie meine Freundinnen und ich es uns als junge Erwachsene verrieten. Und ich weiß noch, wie überrascht ich war, als meine Töchter diese Weisheit von sich gaben, als sie erwachsen wurden.

Aber warum betont Fromm diese Tatsache so? Warum ist das so wichtig? Und warum glauben wir ihm?

Ich weiß heute, nachdem ich jahrelang beobachtet habe, wie Liebe in Beziehungen wirklich funktioniert, daß er recht hatte, weil in einer Beziehung Dinge passieren können, die es schwer machen, diese Selbstliebe aufrechtzuerhalten. Fromm begriff, wie ich eingangs sagte, daß Beziehungen einen Nährboden für Respektlosigkeit bilden.

Nach der Wahlkampagne

Dagegen kämpfen wir also an: Wenn Sie frisch verliebt im siebten Himmel schweben, denken Sie, wie wunderbar, wie besonders und großartig der andere ist. Die Rakete der Liebe hebt ohne diesen Brennstoff der gegenseitigen Anbetung nur schwer ab.

Aber was hoch fliegt, muß auch wieder herunterkommen. Genauso, wie es stets Unterschiede zwischen den Versprechen bei einer Wahlkampagne gibt und der tatsächlichen Politik des Kandidaten, sobald er gewählt wird, kommen Sie, sobald Sie sich selbst als offizielles Paar gewählt haben, in dem gelobten Land der Intimität an, das Sie so eifrig gesucht haben. Aber die Zeit verwandelt Intimität in Vertrautheit, und wir wissen alle, was daraus entstehen kann.

Schon deshalb, weil uns nahestehende Menschen immer wieder Wege und Möglichkeiten finden, unsere Erwartungen zu übertreffen – gewöhnlich in Bereichen, in denen wir kaum sehr hohe Erwartungen gehabt haben –, beziehen sich die Respektlosigkeiten selten auf den Menschen als Ganzes. Doch in den Nebenstraßen der Intimität, wo wir einander körperlich und emotional nackt sehen, tauchen aus allen Ritzen und Sprüngen Fehler und Mängel auf. Um zu begreifen, wie Respektlosigkeit zunimmt, müssen wir betrachten, woher Respekt stammt:

- Man wird respektiert, wenn man so ist, wie man in seiner Beziehung sein soll – als Liebhaber, Verdiener, Elternteil, Hausmann.
- Man wird respektiert, wenn man seine Versprechen einlöst, etwa das, ein erfolgreicher Geschäftsmann oder Künstler zu

werden, stets die jugendliche Figur zu behalten oder immer hilfsbereit zu sein.

- Man wird respektiert, wenn man Überraschungen bietet, indem man irgendwann etwas erreicht, was der Partner nicht erwartet hat.
- Man wird respektiert für die Stärken und Fähigkeiten in Bereichen, in denen der andere vielleicht schwach ist, zum Beispiel für die Regelung der Familienfinanzen oder für den geduldigen Umgang mit den Kindern.

Denken wir nun daran, wie leicht sich in jedem dieser Bereiche Respekt in Respektlosigket verwandeln kann:

Sie versuchen zu sein, was Sie sein sollen, aber mit der Zeit stellen Sie enttäuscht fest, daß Ihr Partner und Sie unterschiedliche Auffassungen darüber haben, wann man ein guter Liebhaber ist oder wie man seine Aufgabe als Verdiener gut erfüllt.

Sie versuchen, Ihre Versprechen einzulösen, aber die eine Hälfte war unrealistisch und die andere Hälfte – nun ja, ehrlich gesagt, Sie können sich gar nicht mehr erinnern, sie jemals abgegeben zu haben.

Sie würden Ihren Partner liebend gern mit einer Leistung überraschen, aber genau dann, wenn er gereizt zu werden beginnt, läßt Ihre Fähigkeit, Überraschungen zu produzieren, auffallend nach.

Sie verlassen sich darauf, daß Ihre Stärken in den Bereichen liegen, die zu den Schwächen Ihres Partners gehören, aber nur allzuoft hat Ihr Partner in der Zwischenzeit beschlossen, den Rückstand gegenüber Ihnen aufzuholen, und dabei entdeckt, daß er so schlecht gar nicht ist.

Ich will hier keine falschen Vorstellungen erzeugen. Trotz all dieser Tatsachen über Respektlosigkeit gibt es in der durchschnittlichen Beziehung eine Menge Respekt. Vielleicht ist kein Mensch auch noch für seinen Kammerdiener ein Held, aber in den meisten Beziehungen herrscht eine erstaunliche Strömung von Respekt und sogar Bewunderung. Ich will also nicht respektlos werden gegenüber der durchschnittlichen Beziehung, indem ich zu stark hervorhebe, wieviel Respektlosigkeit es gibt. Aber Sie müssen Respekt haben vor sämtlichen

Kräften, die konstant am Werk sind, um Respektlosigkeit zu erzeugen, und vor Ihrer eigenen Fähigkeit, gegen diese Kräfte anzugehen. Manchmal bewältigen wir sie. Aber manchmal überwältigen sie uns, und dann müssen wir uns um eine Beziehung sorgen, die zu schlecht ist, um zu bleiben.

Schritt Nr. 25: Die Atmosphäre von Respekt

Im Reich des Respekts brauchen viele Menschen Hilfe, um einen Trennstrich zu ziehen. Gehen wir zurück zu unserem Beispiel mit der Wasserverschmutzung: Ein Grund, warum wir das Wasser aus der Talsperre nicht mehr trinken, ist, daß es giftig ist, daß man Angst hat, es würde einem tatsächlich schaden. Das haben wir hinsichtlich Respektlosigkeit mit Richtlinie Nr. 24 abgehakt.

Aber es gibt vielleicht einen anderen Grund, warum Sie das Wasser nicht mehr trinken. Vielleicht wissen Sie zwar genau, daß es Ihnen nicht schaden kann, aber nehmen wir an, daß es jedesmal, wenn Sie es in einem Trinkglas ansehen, trübe wirkt und nach irgend etwas riecht, das Ihnen gar nicht gefällt. Wann bestellen Sie sich dann kistenweise teures Quellwasser? Wo liegt für Sie die Grenze?

So ist es für viele Menschen in Beziehungen, wenn es um Respektlosigkeit geht. Es besteht keine Gefahr, daß man tatsächlich durch die respektlosen Worte des Partners verletzt wird, aber es gibt dennoch einen endlosen Strom von Herabsetzungen, Kritik, herablassenden Fragen, demütigenden Vergleichen und scheinbar «hilfsbereiten» Rückmeldungen, die die Enttäuschung, Abweisung und Ablehnung Ihres Partners höflich kaschieren.

Wo zieht man da die Grenze? Die folgende Frage hilft dabei.

Diagnostische Frage Nr. 25:

Wenn Sie an die Respektlosigkeit Ihres Partners denken, wird Ihnen dann bewußt, daß Sie den Kontakt zu ihm auf das absolut notwendige Minimum begrenzen?

Diese Frage weist auf etwas hin, das sich für diejenigen als essentiell erwiesen hat, die entscheiden wollen, wann die Respektlosigkeit des Partners die Grenze zwischen ärgerlich und unmöglich überschreitet. Aber warum brauchen wir überhaupt diese Frage? Sie sind doch nicht dumm. Sie würden doch bemerken, wenn das Wasser zu schlecht ist, um es zu trinken. Warum sollten Sie nicht erkennen, wann es wirklich genug ist, wann man nicht mehr in einer von Respektlosigkeit vergifteten Atmosphäre leben will? Sie werden doch krank davon, und dann gehen Sie doch, oder? Warum ist es für manche Menschen so schwer, diese Grenze festzulegen?

Eine konstante Atmosphäre der Respektlosigkeit hat hinsichtlich seelischer Schäden die gleichen Bestandteile wie Mißbrauch in der Kindheit. Bestimmte psychologische Faktoren erschweren es einem sehr, zu erkennen, was mit einem geschieht. Lassen Sie mich von Hark berichten:

Harks Geschichte

Hier haben wir einen jener klassischen, tragischen Fälle von sexuellem Mißbrauch in der Kindheit. Um eine Menge Leid knapp zusammenzufassen: Hark hatte einen Onkel, der ihn zwischen seinem neunten und vierzehnten Lebensjahr, über fünf Jahre hinweg, fast jeden Monat zu sexuellem Verkehr mit ihm zwang.

Eine Frage quälte Hark noch Jahre, nachdem die Sache herausgekommen war: Warum hatte er sich das gefallen lassen? Sicher, er war ein kleiner Junge gewesen – aber so jung auch nicht mehr, und ganz so machtlos war er auch nicht gewesen. Hark wurde von seiner Unfähigkeit gequält, eine Grenze zu ziehen.

In der Therapie lernte Hark, verständnisvoller sich selbst gegenüber zu werden. Er gewann Einsichten, wie solche Dinge sich psychologisch niederschlagen. Warum versuchen Kinder, die solchem Mißbrauch ausgesetzt werden, nicht, sich dem zu entziehen, selbst wenn sie nicht mit Drohungen zum Schweigen gebracht werden? Es gibt vier Hauptgründe:

1. Kinder gewöhnen sich an solche Geschehnisse, besonders,

wenn sie sehr früh beginnen. Es ist schlimm für sie, aber bald wird es zum regelmäßigen Bestandteil ihres Lebens. Und Regelmäßigkeit schafft ein falsches Gefühl von Normalität. Dieses falsche Gefühl von Normalität kann paradoxerweise gleichrangig mit Entsetzen existieren.

2. Kinder glauben fälschlicherweise, daß die Geschehnisse einen bestimmten erzieherischen Wert haben. Kinder, die körperlich mißbraucht werden, sind davon überzeugt, daß sie schlecht sind. Kinder, die sexuell mißbraucht werden, werden oft davon überzeugt, sexy und verführerisch zu sein.

3. Kinder wenden die klassische psychologische Technik der Dissoziation an, indem sie sich von den eigenen Gefühlen ablösen, um mit den schlimmen Dingen fertig zu werden. Sie schulen sich darin, nicht das zu fühlen, was sie fühlen.

4. Kinder können sich unmöglich vorstellen, daß Eltern oder Großeltern, eine Tante oder ein Onkel ihnen so etwas antun können, obwohl sie genau wissen, daß es geschieht, aber sie sind irgendwie fähig, die Geschehnisse den Rest der Zeit zu verleugnen.

Ich will hier nicht sagen, daß dies für alle mißbrauchten Kinder zu allen Zeiten zutrifft, aber die genannten Merkmale sind sehr verbreitete, ja normale Reaktionen auf diese Art von anomaler Erfahrung.

In der Phase, als Hark dies allmählich klar wurde, merkte er auch, daß seine Partnerin ihn einem stetigen, intensiven Strom von Respektlosigkeit aussetzte. Aus irgendeiner inneren Kraft heraus konnte Hark aber vermeiden, daß er die Dinge, die sie über ihn sagte, als wahr akzeptierte. Daher traf Richtlinie Nr. 24 nicht zu. Gleichzeitig war er schockiert, daß er sich soviel verbalen Mißbrauch gefallen ließ. Warum sollte er mit so etwas leben und nicht an Trennung denken?

Dann traf es ihn wie ein Blitzschlag: Genau die vier Gründe, die erklärt hatten, warum er als Kind den sexuellen Mißbrauch nicht abwehren konnte, trafen nun im Zusammenhang mit dem verbalen Mißbrauch seiner Partnerin zu.

1. Er hatte sich schon so daran gewöhnt, daß es ihm fast normal erschien.
2. Hark glaubte zwar nicht an die Fakten, wenn seine Partnerin ihn herabsetzte, aber ganz allgemein war er überzeugt, er müsse «sich bessern», daher schien diese Kritik irgendwie gerechtfertigt.
3. Hark errichtete eine innere Barriere, die es ihm ermöglichte, die Gefühle nicht zu spüren, die die Herabsetzungen durch seine Partnerin sicher sonst in ihm ausgelöst hätten.
4. Und da er sich nicht vorstellen konnte, daß die Person, von der er sich Liebe wünschte, so wenig Respekt für ihn empfinden würde, konnte er verdrängen, daß diese Respektlosigkeit überhaupt stattfand.

Diese vier Aspekte muß man berücksichtigen, um den Trennstrich gegenüber Respektlosigkeit zu ziehen. Haben Sie sich einfach daran gewöhnt? Halten Sie es für gerechtfertigt? Haben Sie Ihre Gefühle über die Herabsetzungen in sich abgeblockt? Glauben Sie nicht, daß Ihr Partner Sie so behandeln könnte?

Nun sind Sie bereit für die Richtlinie:

Richtlinie Nr. 25

Wenn Ihr Partner Ihnen gegenüber allzuoft respektlos ist und Sie erkennen, daß Sie alles Mögliche tun, um den Kontakt zu ihm auf das absolut notwendige Minimum zu begrenzen, dann hat die Respektlosigkeit einen Grad erreicht, daß sie die Atmosphäre Ihrer Beziehung verdirbt, und Sie sind glücklicher, wenn Sie sich trennen.

Kurzfassung: Das Wasser ist zu schlecht zum Trinken, wenn man feststellt, daß man es nicht mehr trinkt.

Verhaltensweisen, die auf Vermeidung und Distanz zielen, sind ein Maßstab für Respektlosigkeit, die zwar noch nicht giftig, aber doch zu unangenehm ist, um sich damit abzufinden.

Sie müssen sich unbedingt klar darüber sein, daß «alles Mögliche tun, um den Kontakt zum Partner zu vermeiden» weit über körperliches Vermeiden hinausgeht:

- Jedesmal, wenn Sie an etwas denken und Ihnen fällt ein, daß Sie dem Partner etwas sagen wollen und es nicht tun, begrenzen Sie den Kontakt.
- Jedesmal, wenn Sie ihm eine Frage stellen wollen und es nicht tun, begrenzen Sie den Kontakt.
- Jedesmal, wenn Sie ihm von einem kleinen Triumph oder einer Katastrophe berichten wollen und stumm bleiben, begrenzen Sie den Kontakt.
- Jedesmal, wenn Sie daran denken, zusammen etwas zu tun und das nicht einmal vorschlagen, begrenzen Sie den Kontakt.
- Jedesmal, wenn es eine echte Gelegenheit für Intimität gibt, und Sie lassen diese Gelegenheit verstreichen, dann begrenzen Sie den Kontakt.
- Jedesmal, wenn eine Entscheidung ansteht, und Sie treffen sie einfach allein, anstatt sie mit dem Partner zu besprechen, begrenzen Sie den Kontakt.

Solche Dinge kommen in allen Beziehungen vor, aber wenn Sie feststellten, daß Sie alles Erdenkliche tun, um sich die meiste Zeit über so zu verhalten, dann müssen Sie sich auch eingestehen, daß einer solchen Vermeidungsstrategie bereits die Überzeugung zugrunde liegt, daß Ihre Beziehung bereits zu schlecht ist, um zu bleiben. Über Sicherheit haben wir schon vor einer Weile gesprochen. Wenn die Respektlosigkeit Ihres Partners Ihnen ein Gefühl von starker Unsicherheit vermittelt, so daß Sie sich auf diese Weise von ihm fernhalten, dann ist es an der Zeit, sich die Erlaubnis zu geben, die Beziehung auch körperlich zu verlassen, die Sie emotional ohnehin aufgegeben haben.

Schritt Nr. 26: Respekt, der ankommt

Was für eine traurige, trübe Angelegenheit Respektlosigkeit doch ist! Wenn die letzten beiden Richtlinien für Sie zutrafen, denken Sie einerseits daran, wie glücklich Sie sein werden, wenn Sie Ihr Leben allein fortsetzen. Und wenn sie nicht zutreffen, ist es schön zu wissen, daß diese beiden Aspekte in Ihrer Beziehung in Ordnung sind.

Aber es ist Zeit für einen Perspektivenwechsel. Glücklicherweise ist der Bereich, dem ich mich nun zuwenden will, ebenfalls sehr wichtig. Es geht um die Art und Weise, in der Respekt, der wirklich ankommt, eine Beziehung zu gut macht, um sie aufzugeben.

In meiner Arbeit mit Paaren, sowohl in der Therapie wie in der Forschung, frage ich die eine Person immer: «Respektieren Sie Ihren Partner?» Und den anderen frage ich anschließend: «Fühlen Sie sich respektiert?»

Ich bin schon lange über das Stadium hinaus, in dem ich von den Antworten auf diese Frage überrascht werde, aber schockiert bin ich immer noch: Der Respekt, den Hans Grete tatsächlich vermittelt, ist eigentlich sehr gering – verglichen mit dem Respekt, den Hans angeblich für Grete empfindet. Es ist fast so, als sei Respekt in heutigen Beziehungen so etwas wie eine Spende für eine jener gräßlichen wohltätigen Organisationen, bei denen man herausfindet, daß nur ein winziger Prozentsatz des Geldes tatsächlich die Hilfsbedürftigen erreicht.

Aber ab und zu stoße ich auf eine Beziehung, in der der Respekt sich wirklich niederschlägt. Da sagt nicht nur der eine, daß er den anderen respektiert, sondern dieser fühlt sich auch respektiert, und dieses Gefühl macht einen echten Unterschied für sein Leben aus. Hier die Frage, die darauf abzielt:

Diagnostische Frage Nr. 26:
Haben Sie das Gefühl, daß Ihr Partner Ihnen insgesamt und häufig konkrete Unterstützung gibt und echtes Interesse an den Dingen zeigt, die Sie versuchen zu tun und die Ihnen wichtig sind?

Diese Frage zielt auf ein Verhalten, das weit mehr verlangt, als dem Partner nur zu sagen, daß er «ein guter Mensch» sei. Es geht hier darum, ob sich Ihr Partner für die Dinge, die Ihnen in Ihrem

Leben wichtig sind, wirklich interessiert und Sie wirklich unterstützt, wenn Ihnen irgend etwas aus irgendwelchen Gründen schwerfällt.

Ein Mann beklagt sich zum Beispiel darüber, daß seine Partnerin ihn ständig kritisiert, aber nehmen wir an, er beschließt, eine Schlankheitsdiät anzufangen, die ihm einerseits wichtig ist, aber die ihm andererseits auch sehr schwerfällt.

Wenn die Partnerin hilfsbereit, interessiert und besorgt ist, dann ist das echter Respekt. Wenn sie solide, praktische Dinge tut, um dem anderen zu vermitteln, daß sie das, was er will, ebenfalls wünscht, dann ist das echter Respekt. Wenn sie alles tut, was sie kann, um ihm seine Diät zu erleichtern und deren Erfolgschancen zu erhöhen, wenn sie sich richtig in das hineinversetzen kann, was er braucht und wie er es braucht und ihm nicht ihre Vorurteile aufzwingt, was er brauchen *sollte*, wenn sie ihm zuhören kann, wenn er darüber spricht, wie schwer er es findet, die Diät einzuhalten, und ihm das Gefühl vermittelt, daß sie wirklich zuhören will, dann ist das alles echter Respekt.

Saras Geschichte

Sara hatte sich über ihre schwierige Beziehung mit Willi schon lange bei allen Freunden beklagt. Sie arbeitete als Assistentin in einer großen Investmentfirma, Willi war ein Aktivist in Sachen Umweltschutz. Er kritisierte ständig ihre Arbeit, ihren Beruf, ihre Firma – grundsätzlich das gesamte Umfeld, in dem sie Karriere machen wollte. Seine Kritik war nicht vernichtend für Sara, denn sie fühlte sich deshalb nicht als schlechter Mensch; außerdem war das auf einer bestimmten Ebene einfach so typisch für Willi, daß sie ihn deswegen nicht mied.

Sie hätte allerdings trotzdem gern ab und zu ein Wort des Respekts gehört. Es gab noch einen anderen negativen Punkt in der Beziehung: Es machte Sara schwer zu schaffen, daß Willi mit seinen Gelegenheitsjobs als Reporter und Organisator von Umweltinitiativen nur wenig Geld verdiente. Wie viele Frauen, die es im Leben zu etwas bringen wollen, fragte sie sich, ob sie nicht mit einem anderen Typen viel weiter käme.

Der Durchbruch. Da ergab sich für Sara die Gelegenheit, eine Position anzunehmen, die schließlich zu der erwünschten Karriere führen würde, nämlich die Verwaltung von einem der größeren firmeneigenen Aktienfonds. Statt wie bisher nur die Recherchen zu leiten, würde sie zu den «Machern» gehören und bald Direktorin werden – ein Star. Unvermittelt nahm ihr Arbeitspensum erheblich zu. Sie trug nun nicht mehr acht Stunden am Tag Finanzdaten zusammen und ging anschließend nach Hause. Jetzt mußte sie aktiv Investitionsmöglichkeiten prüfen, nicht nur registrieren, sondern eigenverantwortlich entscheiden, welche vielversprechend wirkten.

Willis Reaktion darauf traf sie völlig unerwartet: Seine Meinung über die Geschäftswelt änderte sich zwar nicht, aber er begriff, wieviel Sara an dem lag, was sie tat, wie schwierig es für sie war und wie sehr sie versuchte, dabei Erfolg zu haben. Egal, wie sehr Sara an Willis Respekt gezweifelt hatte – jetzt waren alle Bedenken zerstreut.

Er behandelte sie wie eine wichtige Person, die etwas Wichtiges tat. Statt sich zum Beispiel darüber zu beschweren, wieviel sie arbeitete und daß sie nie zum Essen nach Hause kam, kochte er Dinge, die sich leicht aufwärmen ließen und die sie essen konnten, wenn sie endlich nach Hause kam.

Sie hatte nun nur noch die vielen Firmen im Kopf, die sie nach möglichen Vorteilen untersuchte, um sie dem vorgesetzten Manager zu empfehlen. Und der Antikapitalist Willi hörte interessiert und geduldig auch noch den kleinsten Einzelheiten zu, über die Sara sprach. Er stellte ihr Fragen. Er bot ihr sogar eigene Ideen dazu an.

All das war für Sara eine Offenbarung. Ganz gleich, wieviel Respektlosigkeit Willi ihr vorher erwiesen hatte, es waren bloße Worte gewesen, verbale Spreu. Wenn es um etwas Wirkliches, Echtes ging, war Willi respektvoll zu ihr, und zwar so, daß es für ihr Leben einen Unterschied ausmachte. Alle Zweifel an der Beziehung waren für Sara vorbei.

Goldfäden im Silber

Es ist in einer schwierigen Beziehung sehr schwer, die wahren Schätze zu erkennen, weil sie in all dem Gerümpel leicht verlorengehen wie eine kostbare Antiquität in einem Laden voll zweitklassiger, schäbiger Möbel. Doch auf Sara warteten echte Schätze, und vielleicht gibt es die auch für Sie. Hier die Richtlinie:

Richtlinie Nr. 26

Wenn Sie das Gefühl haben, Ihr Partner gibt Ihnen Unterstützung und interessiert sich für die Dinge, die Sie tun und die wichtig für Sie sind, und zwar so substantiell und konkret, daß es für Sie einen echten Unterschied ausmacht, dann sagen die meisten Menschen in ähnlichen Situationen, die Beziehung sei zu gut, um sie aufzugeben.

Kurzfassung: Dasein, wenn es drauf ankommt, ist echter Respekt.

Wenn Sie auf Frage Nr. 26 mit «Nein» geantwortet haben und diese Richtlinie auf Sie nicht zutrifft, bedeutet das nicht, daß Ihre Beziehung zu schlecht ist, um zu bleiben. Solange der Mangel an positivem Respekt nicht schädlich ist und Sie nicht praktisch vom Partner forttreibt, kann die Basis der Beziehung immer noch gut genug sein, auch wenn Sie sich vielleicht mehr Unterstützung und Interesse von seiten Ihres Partners wünschen. Es ist vielleicht nicht ideal, aber man kann immer noch damit leben.

Wenn Sie keinen echten Respekt bekommen, kann es allerdings sein, daß Sie aufgrund Ihrer Ambivalenz kaum Energie in die Beziehung gesteckt haben. Wenn Ihre Beziehung sich schließlich nicht als so schlecht herausstellt, daß Sie sich trennen sollten, könnten am Ende, wenn Sie sich erst wieder voll auf die Beziehung einlassen, Veränderungen eintreten, die den gewünschten Respekt erzeugen.

Wie kann man sicher sein, daß Richtlinie Nr. 26 auf einen zutrifft? Wenn Sie bei einem Pizzadienst anrufen, kommt eine halbe Stunde später der Fahrer mit einem Karton, der eine *echte* Pizza enthält. Er kommt nicht mit einer leeren Schachtel. Richtlinie Nr. 26 gilt, wenn die Unterstützung und das Interesse des Partners echt sind und nicht bloße Worte. Wer will schon hören, daß er von jemandem respektiert wird, wenn den Worten keine Taten folgen.

Gehen wir zurück zu dem Bild von dem leicht verschmutzten Wasser – Leitungswasser, das echte, nachweisbare, gesundheitsfördernde, lebensverlängernde Eigenschaften hat, derentwegen man eine Menge Unreinheiten übersieht.

Schritt Nr. 27: Respekt für den Partner

Und nun machen wir eine Kehrtwendung. Ich rede immer noch über Respekt, aber nun wende ich mich der Frage zu, welchen Respekt Sie für den Partner empfinden. Bisher haben wir darüber gesprochen, ob Sie von Ihrem Partner respektiert werden oder nicht, nun soll es darum gehen, was zu tun ist, wenn Sie Ihren Partner nicht respektieren. Wo müssen Sie dann den Trennstrich ziehen?

Sie erinnern sich sicher an die Diskussion, daß man sich selbst lieben muß, ehe man seinen Partner lieben kann, und wie leicht Respekt in einer Beziehung angegriffen werden kann – das heißt, besonders in einer schwierigen Beziehung, wenn der Respekt, den man einst für den Partner empfand oder auf den man hoffte, nachgelassen hat. Als Sie sich zuerst begegneten, schwärmten sie vermutlich: «Er ist großartig», und jetzt entfährt Ihnen vielleicht nur noch ein Stoßseufzer: «Er ist halt so.»

Wir alle müssen lernen, unsere Partner so zu akzeptieren, wie sie sind – allerdings nur bis zu einem gewissen Punkt. Wie bestimmen Sie diesen Punkt, an dem Ihr Respekt für Ihren Partner nicht mehr ausreicht für eine Beziehung? Ab wann ergreifen Sie die Flucht?

Ich kann Ihnen kaum sagen, mit wie vielen Menschen ich schon gearbeitet habe, die sich mit dieser Frage abquälten. Ich meine damit Menschen, deren Partner Probleme hatten, ihren

Lebensunterhalt selbst zu verdienen, deren Partner keinen Ehrgeiz hatten, deren Partner dumme, katastrophale Entscheidungen trafen, deren Partner Abgründe an hartnäckiger, blinder Dummheit aufwiesen, die alle möglichen Dinge taten, die es einem sehr schwer machten, ernsthaft zu sagen: «Ich respektiere dich.»

Wann ist es sinnvoll, jemanden weiter zu lieben und zu ihm zu halten? Wann ist es ein Fehler zu bleiben?

Gut – aber nicht gut genug für Sie

Man braucht Hilfe, um zu entscheiden, wieviel Respekt für den Partner ausreicht, und um den Unterschied festzulegen, wer Ihr Partner als Mensch ist und welchen Stellenwert er für Sie hat. Hier zwei Alternativen:

1. Manchmal respektieren oder bewundern wir Menschen, die für uns nicht gut sind oder die nichts für uns tun können.
2. Manchmal ist jemand, der uns persönlich etwas zu bieten hat, was für uns echt und wichtig ist, jemand, für den wir ansonsten nicht viel Respekt haben.

Wie sehen die Anzeichen dafür aus, daß eine Beziehung zu schlecht, ist, um zu bleiben?

Die meisten Menschen, die ihre Beziehungen schwierig finden, haben meiner Erfahrung nach immer noch Respekt für den Partner übrig, auch wenn eine Menge verlorengegangen ist. Sonst wären sie schon gegangen. Aber das ist Respekt für den Partner als Person an sich. Doch wenn einem die Beziehungsambivalenz die Sicht trübt, ist es schwer zu erkennen, ob ein Partner, für den Sie Respekt empfinden, Ihnen etwas zu bieten hat. Mit anderen Worten, können Sie Ihren Partner als Ressource für Ihr Leben respektieren?

Hier die Frage:

Diagnostische Frage Nr. 27:
Würden Sie etwas Wichtiges im Leben entbehren, wenn Ihr Partner nicht mehr Ihr Partner wäre? Ist das, was Sie verlieren, ein gutes Gefühl, das Sie für Ihren Partner einnahm, weil nur er es Ihnen vermitteln konnte?

Natürlich würden Sie etwas verlieren, wenn Ihr Partner nicht mehr Ihr Partner wäre. Aber handelt es sich um etwas, das Sie entbehren würden? Ist es etwas, das Sie wirklich vermissen würden? Gleich, was dies ist, haben Sie positive Gefühle für Ihren Partner, weil er es Ihnen geben kann?

Selbst heutzutage können Frauen zum Beispiel sagen, wenn ihr Partner nicht mehr da wäre, würden sie seine Fähigkeit vermissen, Konservendosen zu öffnen, Klos zu reparieren und schwere Möbel zu rücken. Aber damit Sie diesen Partner respektieren können, muß er nicht nur eine wichtige Hilfsquelle sein, sondern Sie müssen ihn *wegen dieser Dinge* respektieren. Egal, wie stark Sie die Fähigkeit des Partners vermissen, Konservendosen zu öffnen, wenn diese seine Fähigkeit ihn dennoch nicht zu einer wertvollen Hilfsquelle macht, stellt sie keine Basis für Ihren Respekt ihm gegenüber dar. Und wenn das alles war, was für ihn spricht, dann müssen Sie auf Frage Nr. 27 mit «Nein» antworten.

Nehmen wir ein anderes Beispiel: Viele Männer sagen, daß sie – wenn ihre Partnerin ginge – ihre Fähigkeit vermissen würden, Dinge zu organisieren wie Zusammentreffen mit Freunden und schöne Mahlzeiten. Aber die Frage lautet, ob sie deshalb positive Gefühle für die Partnerin haben. Wenn sie meinen, es sei zwar nett, daß ihre Partnerin so was macht, aber eigentlich sei das alles Zeitverschwendung, dann respektieren sie ihre Partnerin nicht als Ressource und müssen auf Frage Nr. 27 mit «Nein» antworten.

Hier ein positives Beispiel: Ein Ehemann erwies sich als viel weniger strebsam und erfolgreich, als seine Frau gehofft hatte, und das untergrub ihren Respekt für ihn als Person. Aber er hatte eine wunderbare, analytische Begabung, die ihr das Gefühl gab, daß sie jedes Problem mit ihm besprechen und durch seine Hilfe besser bewältigen könne. Sie lernte diese Fähigkeit zu schätzen und ihren Mann dafür zu respektieren. Ihre Antwort auf Frage Nr. 27 lautete «Ja».

Es ist gleichgültig, was Ihr Partner Ihnen als Ressource zu bieten hat, damit Sie ihn respektieren können. Es kann alles sein, von guter Arbeitskraft, Humor und Komik zu großer Geduld, wenn Chaos herrscht. Es geht nicht darum, wie er ist, sondern wie er *für Sie und Ihr Leben* ist, so daß Sie glauben, er verdiene Respekt.

Überlegen Sie auch, was es heißt, auf Frage Nr. 27 mit «Nein» zu antworten. Es bedeutet, daß Ihr Partner Ihnen nichts Echtes und Bedeutsames für Ihr Leben zu bieten hat, gleich wer er ist und was er für Sie tut; es ist zumindest nichts, für das Sie ihn schätzen, nichts, das ihn irgendwie für Sie auszeichnet. Es bedeutet, daß Sie nichts Wichtiges aufgeben, wenn Sie ihn verlassen.

Franzis Geschichte

Ich möchte Ihnen erzählen, wie mir dies klar wurde – lange bevor ich es wissenschaftlich untersuchte. Ich arbeitete vor Jahren einmal mit einer Frau, die sich mit dem Gedanken an Trennung herumschlug. Franzi hatte zwei Kinder. Sie beklagte sich über alles an ihrem Mann – sogar über sein Verhalten als Vater. Ich suchte irgendwo nach einem Hoffnungsschimmer und fragte sie: «Na, meinen Sie, daß Jerry zumindest einen guten Exgatten abgeben würde?»

Da wurde Franzi alles klar: nein. Der Gedanke an Jerry in ihrem Leben, wenn sie ihn erst aus dem Haus hatte, war ihr auch kein Trost. Tatsache ist, daß manche Männer phantastische Exgatten abgeben, besonders, wenn es um die Elternverantwortung geht. Viele Menschen haben ein gutes Gefühl über ihre Expartner als Eltern der gemeinsamen Kinder, und sie verlassen sich hundertprozentig auf sie. Aber für Franzi war Jerry auch als Expartner ein totaler Versager.

Kernpunkt war, daß Jerry Franzi nichts zu bieten hatte, worauf sich ihr Respekt hätte gründen können. Das Paradoxe daran aber war, daß sie auf bestimmte Weise sehr wohl Respekt für Jerry empfand. Er war Bildhauer. Er war ein guter, engagierter Künstler. Seine Hauptwerke befanden sich in wichtigen Sammlungen, und er verdiente mit seiner eher kommerziellen Arbeit auch ziemlich gut. Berühmt war Jerry nicht, aber Franzi war künstlerisch interessiert und fand Jerrys Ehrgeiz und Leistungen beeindruckend.

Aber als sie erkannt hatte, wie wenig Jerry ihr zu bieten hatte, konnte sie über den Respekt für seine Person hinaussehen und sich der konkreten Tatsache stellen, daß sie ihn nicht als Ehemann wollte, weil sie ihn nicht einmal als Exgatten akzeptieren konnte.

Hier die Richtlinie: Betrachten Sie sie im Kontext Ihrer Vorstellung, wie es tatsächlich aussehen würde, ohne Ihren Partner zu leben – Tag für Tag, jahrelang.

Richtlinie Nr. 27

Wenn Ihnen klar ist, daß Sie nichts verlieren würden, was Sie nicht entbehren könnten, wenn Ihre Beziehung endet, dann hat Ihr Partner Ihnen nichts Wesentliches zu bieten und stellt für Sie keine Ressource dar. Selbst wenn Sie Ihren Partner für bestimmte Dinge respektieren können, die für Sie und Ihr Leben aber ohne Belang sind, dann ist er für Sie keine respektierte Hilfsquelle. Die meisten Menschen in dieser Situation sind glücklicher, wenn sie die Beziehung aufgeben.

Kurzfassung: Es hat keinen Sinn, etwas zu behalten, was Sie weder schätzen noch vermissen würden.

Diese Richtlinie ist auf eine Weise wichtig, die man leicht übersieht. Wir brauchen alle Hilfe. Sie und ich brauchen so viele Ressourcen im Leben wie möglich. Wenn Sie mit jemandem zusammenleben, der einfach keine wichtige Ressource für Sie ist, dann bringen Sie sich um die Chance, Ihr Leben mit jemandem zu teilen, der tatsächlich eine Stütze für Sie sein könnte.

Diese Richtlinie hat aber auch etwas Gutes. Sie zeigt, daß Ihr Partner weder reich noch berühmt und erfolgreich zu sein braucht, damit Sie ihn lieben und eine gute Beziehung mit ihm führen können. Wichtig ist nur, was Ihr Partner für Sie bedeutet.

15

Herzeleid

Thema: Verrat und Verletzungen

Schwärende Wunden

Wenn man in einer Beziehung lebt, passiert immer wieder etwas, das dem Partner weh tut. Das geschieht unfreiwillig oder auch bewußt, kommt einmal oder aber immer wieder vor. Es gibt wohl kaum eine Beziehung, die nicht ihren Anteil an Verletzungen, Kummer und Verrat verdauen muß. Und zu den Dingen, die dem anderen weh tun, gehört alles mögliche, vom häßlichen Geburtstagsgeschenk bis zum Ehebruch mit der Schwägerin.

Wir wollen uns hier auf das eine Ende des Spektrums konzentrieren, auf Vorkommnisse wie eine Affäre, die ungeheuer viel Leid hervorrufen und das Risiko von bleibenden Schäden mit sich bringen. Wir betrachten die Dinge, derentwegen sich Menschen oft trennen.

Wir wollen uns mit Affären und anderen «Vergehen» befassen, die, auch wenn sie länger zurückliegen, oft wie ein schwelender Brand bis in die Gegenwart ausstrahlen. Dieses Kapitel ist besonders wichtig, wenn Sie oder Ihr Partner einmal etwas sehr Verletzendes getan haben und sich fragen, ob dies die Beziehung zerstört hat. Vielleicht aber kann sie es überleben, obwohl Sie immer noch den Schmerz spüren und den Schaden erkennen.

Sie wissen sicher, daß eine Menge Ihrer Fragen über vergangene Verletzungen bereits beantwortet sind:

- Wenn der Schaden so groß war, daß Sie sich innerlich bereits zur Trennung entschlossen haben, dann haben Sie das im Kapitel «Das Spiel ist aus, Liebling» herausgefunden.

- Wenn Ihr Partner es unmöglich für Sie macht, über Geschehenes zu sprechen, indem er Dinge vom Tisch fegt oder durch Lügen Ihre Fähigkeit zerstört hat, ihm zu trauen, haben Sie das im Kapitel «Laß uns doch drüber reden» erfahren.
- Wenn der Schaden fortdauert, weil Ihr Partner ein unersättliches Verlangen nach Macht hat, haben Sie das im Kapitel «Du hast mich fest im Griff» gelernt.
- Wenn der sinnliche Teil Ihrer Beziehung zerstört wurde, haben Sie das im Kapitel «Ohne Kick läuft bei mir nix» erfahren.
- Wenn der Schaden in Ihrer Beziehung von einem Problem Ihres Partners herrührt, haben Sie in dem Kapitel «So wie du nun mal bist» erfahren, ob es eine Basis für Lösungen gibt.
- Wenn das, was geschah, einfach Ihre Grenzen übersteigt, dann haben Sie darüber im Kapitel «Lassen wir doch das Ganze» erfahren.
- Wenn Sie nicht akzeptieren wollten, daß der Schaden unheilbar ist, weil Sie fälschlicherweise Angst davor hatten, was nach einer Trennung auf Sie wartet, dann haben Sie durch das Kapitel «Und wenn ich dann wirklich ginge» neue Einsichten gewonnen.
- Wenn der Schaden auf einer nicht zu überbrückenden Gegensätzlichkeit beruht, dann haben Sie das im Kapitel «Du sagst Porree, ich nenn's Lauch» gelernt.
- Und wenn der Schaden Ihre Fähigkeit zerstörte, einander zu respektieren, dann haben Sie das im Kapitel «Respekt» erfahren.

Sie sehen, wie weit Sie schon gekommen sind. Wenn Sie daraus den Schluß gezogen haben, daß Sie mit einer Trennung glücklicher werden, dann wissen Sie auch, welche Kräfte es sind, die Ihre Beziehung zu schlecht machen, um zu bleiben. Wenn Sie bisher keinen Hinweis darauf erhalten haben, daß es für Sie besser ist, sich zu trennen, dann können Sie sich darüber freuen, wie stark Ihre Beziehung ist, die all den bisher aufgeführten Katastrophen widersteht. Wenn daher an irgendeinem Punkt einer von Ihnen etwas tat, was dem anderen sehr weh tat, und Sie seither verunsichert sind, ob er diese Verletzung nicht hätte zum Anlaß nehmen müssen, um zu gehen, dann ist allein das schon ein gutes Zeichen. Aber Sie suchen nach mehr Klarheit. Sie müssen ein für allemal entscheiden, ob der Schaden zu groß war oder ob Sie ihn überwinden können.

Nicht bloß Affären

Affären stellen natürlich die klassische Form von Verletzung und Verrat dar, die Beziehungen zugrunde richtet. Aber daneben gibt es noch viele andere Dinge, die ähnlich schwerwiegende Beschädigungen verursachen. Hier ein paar Beispiele:

- Eine Frau, die in großer Armut großgeworden war, lud den Chef ihres Mannes und ein paar Kollegen zum Essen ein. Ihrem Mann war ihr Mangel an Erfahrung in solchen Dingen peinlich; er machte scherzhaft eine Reihe demütigender Bemerkungen über ihre Kocherei, ihre Kleidung und andere Dinge, in denen sie sich seines Wissens unsicher fühlte. Ihr Gefühl, verletzt und verraten worden zu sein, dauerte jahrelang an.
- Für einen Mann und eine Frau ergab sich gleichzeitig die Gelegenheit, weiterzustudieren und einen akademischen Abschluß zu erreichen. Es schien für sie der perfekte Zeitpunkt, ein Kind zu haben, aber nur, weil der Mann versprach, die Kindererziehung zur Hälfte zu übernehmen. Aber dann behauptete er, zu viel zu tun zu haben, und trug kaum dazu bei, so daß *ihr* Studium darunter zu leiden hatte.
- Ein Mann hatte Geld gespart, um seine verhaßte Arbeitsstelle zu kündigen und sich selbständig zu machen. Seine Frau wußte zwar von diesen Plänen und wie wichtig dies für ihn war, aber sie gab das Geld ihrem Vater, der gerade in finanziellen Schwierigkeiten war. Ihr Mann war nicht nur ungeheuer wütend, weil ihm die Zukunft genommen worden war – sein Gefühl, verraten worden zu sein, wurde noch durch das Wissen vertieft, daß sein Schwiegervater seine Frau als Kind mißbraucht hatte.

Diese und andere Geschichten haben gemeinsam, daß einer in der Beziehung irgendwann etwas tat, das den anderen verletzte, und diese Wunden oder Schäden auch Jahre später noch bestehen.

Wir konzentrieren uns hier nur auf die Wunden und den Verrat, die in der Vergangenheit geschahen, die aber eine Beziehung möglicherweise für immer zu schlecht machen, um zu bleiben: etwas, das ein oder zehn Jahre zurückliegt und noch immer Quelle für Bitterkeit und Wut ist, etwas, das für Ihren Partner und Sie noch immer zum Anlaß für Streit wird und von dem Sie nicht wissen, ob Sie es jemals verzeihen können.

Wunden und Heilung

Wie können Sie ermessen, wie groß und nachhaltig ein Schaden ist, der Ihnen in der Vergangenheit zugefügt wurde? Hier ein Grund, warum es schwer sein kann, solche Schäden einzuschätzen:

Sagen wir, Sie stehen im Büro mit ein paar anderen vor dem Kopierer und treten unabsichtlich einem Kollegen auf den Fuß. Sie zucken verlegen zusammen und sagen: «Oh, das tut mir leid!» Und der Kollege antwortet rasch und beruhigend: «Ach, das macht doch nichts.»

Achten Sie genau auf Wortwahl. Verzeihen funktioniert, indem man sagt, die Untat sei nicht so schlimm gewesen, sie «macht nichts». Es war kein unverzeihliches Verbrechen, sondern ein geringfügiges, leicht zu vergebendes. Wenn daher Zweifel darüber herrschen sollten, wie groß das Vergehen war, dem Kollegen auf den Fuß zu treten oder was auch immer – das Verzeihen des anderen sagt einem genau, wie schwerwiegend es war.

Wir geraten allerdings in große Schwierigkeiten, wenn es in einer Beziehung zu einer Verletzung oder einem Verrat kommt, den der Betroffene nicht so leicht verzeihen kann, weil er sich auf Dauer verletzt oder verraten fühlt. Wut, Angst und Entfremdung bilden schwärende Wunden. In einer solchen Situation befinden Sie sich vielleicht gerade. Noch verwirrender wird das Ganze, weil Sie beide sich nicht darüber einigen können, wer für dieses Patt verantwortlich ist.

Sagen wir, Sie haben ein «Verbrechen» an Ihrem Partner begangen, und Sie beide können es nicht vergessen. Liegt das dann daran, daß das Vergehen so schlimm war, oder aber liegt es an der Unfähigkeit Ihres Partners, Ihnen zu verzeihen?

Ist Ihr Vergehen wirklich so schrecklich, daß jeder Probleme mit Vergeben und Vergessen hätte (genau das sagt vielleicht Ihr Partner)? Oder sind Sie ein ganz normaler, fehlerhafter Mensch, der zwar etwas verpatzt hat, nun aber feststellen muß, daß der Partner ein krankhaftes Bedürfnis danach hat, sich an diesen Kummer zu klammern (das sind vielleicht Ihre Worte)?

Sehen Sie, wie Sie einander umkreisen? Die Größe des Vergehens bestimmt das Ausmaß der Vergebung, das notwendig ist, aber am Ausmaß der Vergebung läßt sich auch die Größe des Vergehens abmessen.

Wenn Sie zum Beispiel vor drei Jahren eine Affäre mit einem Kollegen hatten, hat diese Affäre Ihre Beziehung zu schlecht gemacht, um zu bleiben, weil Affären etwas Schreckliches sind, oder findet Ihr Partner es einfach nur sehr schwer, Ihnen diese Affäre zu vergeben?

Vergleichen Sie das mit einer körperlichen Verletzung: Die Größe des Verbrechens in Ihrer Beziehung ist genauso behindernd wie eine Verletzung. Die Leichtigkeit des Verzeihens ist vergleichbar damit, wie schnell die Heilung erfolgt.

So ist es bei allen Wunden: Die Wirkung ist letzten Endes eine Kombination aus Schaden und Heilung. Wenn Sie versuchen, herauszufinden, ob Ihr eigenes Verbrechen oder das Ihres Partners Ihre Beziehung zu schlecht macht, um zu bleiben, dann müssen Sie das Ausmaß des Schadens sowie auch die Chancen auf eine Heilung bestimmen.

Schritt Nr. 28: Wunden, die die Zeit nicht heilen kann

Wie um alles in der Welt können wir tatsächlich festlegen, wie schädlich die eine Sache ist, die Sie oder Ihr Partner begingen? Das kann sehr schwer sein. Ein ganzes Team von Therapeuten hätte vermutlich Schwierigkeiten, das Ausmaß des Schadens genau festzulegen. Wie soll das für Sie als Betroffene/er dann möglich sein? Sie stecken mittendrin und fühlen sich die Hälfte der Zeit verletzt und wütend, und die andere Hälfte versuchen Sie, es zu vergessen.

Ich habe lange über das Thema Schadensfestsetzung nachgedacht. Mir ist klar, daß ich mich hier nur auf das Wesentliche einer Sache konzentriere, die eigentlich sehr komplex ist. Ohne die vielfältigen Aspekte dieses Themas vernachlässigen zu wollen, scheint mir diese Beschränkung jedoch auch sehr nützlich zu sein. Darin zumindest bestärken mich meine Erfahrungen mit Menschen, die in der gleichen Situation waren.

Und wenn ich aufmerksam auf das lausche, was sie im Laufe der Jahre alles gesagt haben, dann taucht diese Frage auf:

Diagnostische Frage Nr. 28:
Ganz gleich, was die Gefühle von Verletztsein und Verrat bei Ihnen hervorriefen – haben Sie das Gefühl, daß der Schmerz und der Schaden mit der Zeit geringer geworden sind?

Bitte beachten Sie, daß nicht danach gefragt wird, wie schlimm die Sache war. Wir sind hier nicht vor Gericht. Es gibt kein Buch «Schlimme Dinge», in dem man nachschlägt, um zu erfahren, ob die Beziehung durch den Vorfall zerstört wird oder nicht. Selbst in der Antike wurde das Verbrechen des Ehebruchs nur anerkannt, wenn der betrogene Ehepartner Aufhebens darum machte. In Beziehungen ist die Bedeutung eines «Verbrechens» immer dadurch bestimmt, was zwischen den beiden Partnern und ihrer individuellen Psyche geschieht.

Zum Beispiel eine Affäre

Mir ist klar, daß Frage Nr. 28 vielleicht schwer zu beantworten ist. Um Ihnen dabei zu helfen, spielen wir ein Beispiel durch.

Nehmen wir an, die Sache, die einen von Ihnen verletzt und verraten hat, war eine Affäre. Okay, ich weiß, das hat eine Menge Wut und Schmerz ausgelöst. Ich weiß, wenn das eine körperliche Wunde wäre, wäre viel Blut geflossen. Aber manche Wunden sind sehr blutig, obwohl der Schaden gar nicht so groß ist, und andere sind tödlich, ohne daß viel Blut fließt. Wenn wir uns daher auf diese Affäre konzentrieren und sie als ein Beispiel benutzen, egal wann sie passierte, ob vor einem oder vor zehn Jahren, lautet die Frage: Ist der Kummer darüber in der Zwischenzeit geringer geworden, als er es damals, als die Sache aufflog, war?

Die Zeit bewirkt einen Unterschied. Natürlich hängt die Heilung davon ab, vor wie langer Zeit die Affäre passierte.

Wenn die Affäre erst, sagen wir, vor einem Jahr geschah, dann ist das für eine Beziehung noch nicht sehr lange her, und der Schmerz ist möglicherweise erst wenig abgeklungen. Wenn in diesem Beispiel die Affäre also erst seit einem Jahr für Sie ein Problem ist, dann müssen Sie genauer hinsehen, um zu erkennen, ob Ihr Kummer geringer geworden ist. Nach nur einem Jahr können Sie nicht erwarten, daß der Heilungsprozeß schon sehr weit fortgeschritten ist. Aus der Tatsache, daß die Besserung nur langsam eintritt, dürfen Sie jedoch nicht folgern, daß der Schmerz überhaupt nicht nachläßt.

Aber nehmen wir an, die Affäre ist schon seit zehn Jahren zwischen Ihnen und Ihrem Partner ein Thema. Die Zeit kann einen auf verschiedene Weise verwirren. Der Alltag mit seinen Trivialitäten und die unvermeidlichen Veränderungen des Lebens lassen einen vielleicht denken, man würde wochenlang kaum an die Affäre erinnert. Diese Verleugnung geschieht leicht und ist verführerisch. Doch in manchen Fällen kann die Affäre – so plötzlich, wie der Teufel aus der Schachtel springt – beim leisesten Anflug von Gereiztheit oder Spannung zwischen Ihnen stehen, als sei sie gestern erst geschehen. Lassen Sie sich nicht irreführen. Aus der Tatsache, daß die Affäre nur selten zum Thema wird, dürfen Sie nicht folgern, daß der Schmerz bereits überwunden ist.

Mit anderen Worten: Wenn einer in der Beziehung etwas tut, das eine Menge Wut und Leid beim anderen verursacht, dann gibt es zwei völlig entgegengesetzte Reaktionen, die mich auch nach all den Jahren meiner Arbeit noch immer verblüffen:

1. Mit welch unendlicher Heftigkeit und welcher Übersteigerung Menschen reagieren (besonders kurzfristig)
2. Die Fähigkeit von Menschen, etwas vollständig zu verleugnen oder zu verdrängen (besonders langfristig)

Mit diesen Sätzen im Hinterkopf lesen Sie nun die Richtlinie durch. Ich möchte aber darauf hinweisen, daß darauf einige Erklärungen folgen, auf die Sie bitte unbedingt achten sollten.

Richtlinie Nr. 28

Wenn nach dem folgenden Zeitplan eine Verringerung von Schmerz, Verletztheit, Angst und Wut über das «Vergehen» eintreten, das Sie oder Ihr Partner begangen haben, dann besteht eine gute Chance, daß Ihre Beziehung sich gänzlich von dem Schaden erholt, der durch dieses «Vergehen» entstanden ist. Falls das der Hauptgrund dafür war, daß Sie an eine Trennung denken, dann stehen die Chancen zu Ihren Gunsten, daß die Beziehung zu gut ist, um sie aufzugeben.
Kurzfassung: Die Zeit heilt alle heilbaren Wunden.

Hier der Zeitplan, mit dem Sie ermessen können, ob eine Heilung des Schadens eingesetzt hat:

- *Der erste Monat:* Jede kleine Spur einer Abkühlung im ersten Monat ist ein gutes Zeichen. Das könnten sein: Momente, in denen Sie über etwas anderes reden als das «Verbrechen», ohne dabei zu weinen oder wütend zu sein, auch wenn Sie noch sehr mißtrauisch sind. Es könnte sogar ein vages Gefühl von Hoffnung sein, daß Sie beide es überwinden können. Das Vermeiden von hysterischen Ausbrüchen, die alles in Wirklichkeit verschlimmern, könnte ein weiteres gutes Zeichen sein.
- *Nach dem ersten Monat:* Jedes kurze oder vorübergehende Wiederaufnehmen der Beziehung ist ein gutes Zeichen, verbunden mit der Fähigkeit, einen ersten Schritt zu unternehmen und konstruktiv mit dem Geschehenen umzugehen. Zeichen, die nach dem ersten Monat auf eine Heilung hindeuten, könnten sein: Daß Sie mehrere Minuten lang darüber reden können, was geschah, ehe sich einer so aufregt, daß Sie für einen Tag oder länger in die alten, vertrauten Verhaltensmuster zurückfallen; oder daß Sie in Gedanken mit der Möglichkeit

spielen, eines Tages einander wieder zu vertrauen; oder daß einfach spontan weniger emotionale Qual auftaucht, wenn man an das Geschehene denkt.

- *Nach dem ersten Jahr:* Es ist ein gutes Zeichen, wenn es längere Phasen gibt, etwa zwei, drei Monate, in denen die Beziehung wieder zu ihrem alten Rhythmus zurückfindet, verbunden mit ebensolangen Phasen, in denen das «Verbrechen» nicht im Vordergrund steht. Die Erwähnung von Personen, Orten und Ereignissen in Verbindung mit dem «Verbrechen» ist nicht mehr so kritisch. Man kann sich die Erklärung des Partners anhören, was das «Verbrechen» für ihn bedeutete, ohne sich aufzuregen. Man kann über das Geschehene reden, ohne den gleichen Schmerz zu empfinden wie anfangs und ohne in einen Wirbel aus Wut und Verletzung zu geraten.
- *Nach den ersten fünf Jahren:* Es ist ein gutes Zeichen: Wenn Sie ein gewisses Gefühl dafür gewonnen haben, wo genau Ihre Beziehung beschädigt wurde und ob es so scheint, als würde dieser Schaden langsam heilen; wenn Sie es nicht vermeiden, darüber zu reden, sondern das Thema tatsächlich anschneiden und offen besprechen; wenn Ihnen klar geworden ist, was Sie brauchen, um das Vertrauen wieder herzustellen, und dabei Fortschritte machen.

Nach fünf Jahren sollte man fähig sein, auszudrücken, was man aus den Fehlern gelernt hat und was man tun kann, um sie in Zukunft zu vermeiden. Beide Personen sollten fähig sein, Verantwortung zu übernehmen, ohne dem anderen weiter Vorwürfe zu machen. Man sollte sich auch als Paar wieder wohl miteinander fühlen – trotz allem, was geschah.

Dieser Rahmen ist sehr grob und ändert sich je nach Individuum. Bei einem fröhlichen Menschen mit einer allgemein positiven Einstellung heilen die Wunden vielleicht schneller als bei einem, der in der Vergangenheit eine Reihe persönlicher Katastrophen und Verluste durchlebt hat. Es geht darum, insgesamt nach einem Heilungsprozeß Ausschau zu halten, den man wie folgt messen kann:

- *Kurzfristig:* Eine weniger schmerzhafte Wunde zwischen Ihnen

- *Mittelfristig:* Wiederaufnahme der normalen Beziehung
- *Langfristig:* Die Fähigkeit beider, produktiv und offen mit der Wunde umzugehen und ihre Auswirkungen zu bedenken

Richtlinie Nr. 28 ist wichtig, weil man sich oft nicht genau vorstellen kann, was ein «Verbrechen» an der Beziehung tatsächlich bedeutet. Die bloße Tatsache, daß etwas Schlimmes passiert ist, ist noch kein Signal dafür, daß die Beziehung zu schlecht ist, um zu bleiben. Wenn Sie irgendeine Besserung feststellen, dann können Sie davon ausgehen, daß Sie einen Heilungsprozeß durchmachen und die Wunde intakt überleben.

SCHRITT NR. 29: IST VERGEBUNG MÖGLICH?

Aber wenn Ihre Antwort auf Frage 28 «Nein» lautete? Wenn je nachdem, wie groß der Zeitabstand dazu ist, noch keine Heilung erfolgt ist? Das ist bedeutsam, aber an und für sich heißt es auch noch nicht, daß man glücklicher wird, wenn man sich trennt. Es besagt nur, daß noch keine Heilung erfolgt ist. Aber die Frage lautet nun, ob Sie beide die Fähigkeit haben, eine solche Wunde zu heilen.

Und das hängt von der Antwort auf die folgende Frage ab:

Diagnostische Frage Nr. 29:
Gibt es in Ihrer Beziehung die ausgewiesene Möglichkeit zu echter Vergebung?

Ich frage hier, ob die Person, die verletzt wurde, tatsächlich jemals dem Partner etwas verziehen hat. Hat sie sich nach einer Phase der Verletztheit und Wut tatsächlich vom Kummer verabschiedet? War es eine echte Vergebung, nicht bloß Worte? Ebenso wichtig ist, ob der andere Partner, der die Vergebung brauchte, bereitwillig etwas getan hat, was die Sache wiedergutmachte, beglich oder eine Heilung in Gang setzte? Und hat das einen Unterschied ausgemacht?

Echtes Vergeben ist sowohl eine psychische Kapazität wie ein interpersonelles Talent. Man hat es in sich zu verzeihen, und man weiß, wie man es anstellt. Es ist zudem ein Mechanismus, den einige Beziehungen haben, genau wie manche Beziehungen einen Mechanismus haben, eine Party vorzubereiten, ohne in Streit auszubrechen. Wenn die Möglichkeit zu echtem Verzeihen besteht, dann können Wunden auch heilen.

Die Bestandteile von Vergebung

Immer wenn ich miterlebe, wie Paare, die sich tiefe Wunden zugefügt haben, einander noch Jahre später verzeihen, erkenne ich, daß zur Vergebung drei Dinge gehören. Solange diese drei Bestandteile vorhanden sind, kann Heilung stattfinden:

Erstens, und am grundsätzlichsten: Die betroffene Person erreicht einfach einen Punkt, an dem sie sich nicht mehr an ihre Bitterkeit, an die Verletzung, die Angst und den Verlust zu klammern braucht. Man kann dem Partner nicht vergeben, wenn man emotional eher daran interessiert ist, sich an die schlimmen Gefühle zu klammern und dem Partner damit eins überzuziehen.

Zweitens: Der betroffene Partner hat schon früher dem anderen vergeben. Wenn Sie mit jemand leben, der alle Kümmernisse stets in Erinnerung behält, egal, wie geringfügig sie sind oder waren, warum sollte er sich nicht auch an diese Sache klammern? Wenn der Partner in der Vergangenheit nur selten, zögernd und oberflächlich verziehen hat, nachdem Sie sich entschuldigt haben, warum sollte er Ihnen nun verzeihen? Aber wenn man Ihnen tatsächlich Verletzungen verziehen hat, dann ist der Beweis für die Fähigkeit zur Vergebung erbracht, und Sie können erneut Vergebung erlangen. Aber die Möglichkeit zur Vergebung zwischen Ihnen und Ihrem Partner hängt nicht nur davon ab, wer von beiden das Verzeihen ausspricht.

Drittens: Verzeihung ist also möglich, wenn es demjenigen, der sich etwas zuschulden hat kommen lassen, aufrichtig leid tut. Das ist nicht bloß eine Sache von Worten: Man muß das Gefühl haben, daß er wirklich bereut, was er getan hat, und es nicht nur einfach gründlich satt hat, daß Sie so sauer sind. Den Unterschied zwischen echtem Bedauern und oberflächlichem Abstreifen erkennt man, indem man prüft, ob der Partner sich der Wirkung des Geschehens bewußt ist. Erkennt er genau, wie und warum

Sie sich verletzt fühlten? Erkennt er, warum und wie er verletzt sein würde, wenn Sie das gleiche täten?

Sie erkennen aufrichtiges Bedauern nur, wenn der Partner, der die Verletzung ausübte, etwas Konkretes unternimmt, um die Sache auszugleichen. Tatsache ist, daß Sie eine Verletzung erlitten, einen Verlust. Vor Gericht geht es immer darum, daß man entschädigt wird. Das ist zwar in Beziehungen nicht möglich, doch auch dort gibt es etwas Vergleichbares. Ich habe schon erlebt, wie jemand sagte: «Also, du hast darunter gelitten, dafür bin ich bereit, jenes in Kauf zu nehmen» oder «Schatz, du hast das verloren, daher gebe ich dir dafür das.» Darum kaufen Leute, die etwas verpatzen, ihrem Partner einen Blumenstrauß. Aber es muß ehrlich gemeint sein, keine leere, mechanische Geste.

Hier also die Richtlinie:

Richtlinie Nr. 29

Wenn es in Ihrer Beziehung die Fähigkeit zur Vergebung gibt, die auch die Möglichkeit einschließt, Wut und Verletztheit aufzugeben, und dieser Bereitschaft zum Verzeihen ein aufrichtiges Schuldeingeständnis und Reue gegenüberstehen, dann kann die Beziehung eine Verletzung überleben, die sie andernfalls zu schlecht machen würde, um zu bleiben.

Aber wenn das nicht der Fall ist und entsprechend der Richtlinie Nr. 28 auch mit der Zeit keine Heilung eintritt, dann war entweder der Schaden zu groß und/oder die Fähigkeit zur Heilung ist zu gering, so daß diese Beziehung zu schlecht ist, um sie aufrechtzuerhalten. In einem solchen Fall sind die meisten Menschen glücklicher, wenn sie sich trennen, und unglücklich, wenn sie bleiben.

Kurzfassung: Wenn Sie nicht den Rückweg zum Verzeihen finden können, finden Sie auch nicht mehr den Weg zurück zueinander.

Ein Schaden kann nur ermittelt werden, wenn die Chancen auf Heilung miteinbezogen werden. Eine allmähliche Verbesserung im Laufe der Zeit und die langsame, aber beeindruckende Macht des Verzeihens sind der Schlüssel für einen solchen Heilungsprozeß. Dort, wo er nicht in Gang kommt, ist die Beziehung nicht mehr lebensfähig. Aber solange Heilung passiert, geschieht etwas Wesentliches. Es ist ein Fehler, eine Beziehung aufzugeben, nur weil sie Schaden genommen hat.

16

Genug kann nie genügen

Thema: Die Erfüllung von Bedürfnissen

Wie viele Bedürfnisse dürfen unerfüllt bleiben, bis es Sinn macht, sich aus der Beziehung zu lösen?

Wie viele bittere Kämpfe müssen Sie hinnehmen, ohne daß Ihre Bedürfnisse befriedigt werden, bevor es Sinn macht, sich zu trennen? Damit wollen wir uns hier befassen.

Willkommen Daheim

Eine Beziehung soll eine Art Heim innerhalb des Hauses sein, ein inneres Heiligtum, eine Zuflucht. Sie soll der einzigartige Ort sein, an dem Sie gemeinsam mit einem anderen ganz speziellen Menschen Frieden finden und die Dinge bekommen, die Ihnen im Leben am allermeisten bedeuten – das ist jedenfalls die Vision der Beziehung, auf die wir uns freuen, wenn wir uns verlieben.

Bei der Vision geht es aber nicht nur um die Beziehung, sondern auch um den anderen. Ein Bestandteil des Sichverliebens ist das Gefühl, daß er oder sie auf ganz besondere Weise das und noch mehr bieten können, was sonst niemand bieten kann, um Ihre Bedürfnisse zu erfüllen und Ihnen Sicherheit zu schenken.

Die meisten Menschen erleben zu Beginn ihrer Partnerschaft tatsächlich die Verwirklichung dieser Vision. Und aus der Erfahrung, daß da jemand ist, der die Bedürfnisse erfüllt, die noch nie erfüllt wurden, und eine Sicherheit bietet, die einem noch nie zuvor geboten wurde, schöpfen wir die Kraft, die Beziehung fortzusetzen.

Es ist daher ein ziemlicher Schock, wenn sich diese besondere Zuflucht in einen Ort verwandelt, wo die Dinge, die wir uns sehnlichst wünschen, entweder hartnäckig erstritten werden müssen oder einfach nicht zu bekommen sind. Vermutlich sind ständiger Streit und unerfüllte Bedürfnisse einer der Hauptfaktoren für die Verwandlung einer ehemals zufriedenstellenden Beziehung in eine, die wir lieber verlassen.

«Wir streiten nur noch», «Sie tut nie, was ich will», «Er macht immer das gleiche, und ich kann ihn nicht dazu bringen, damit aufzuhören» – so oder so ähnlich hören sich die meisten Klagen an, die Therapeuten zu Beginn einer Paartherapie von ihren Klienten hören.

Schlimmer als Streit

Aber das ist noch nicht das Schlimmste. Solange Sie streiten, haben Sie auch noch die Hoffnung zu gewinnen. Die Dinge werden erst wirklich schlimm, wenn Sie aufgeben. Noch schlimmer als Streit ist kalte, distanzierte Höflichkeit, eine Leere, ein kalter Krieg, in dem beide Seiten resigniert haben, weil längst feststeht, daß man das, was man wirklich will, nur noch außerhalb der Beziehung bekommt.

Und wie in den meisten kalten Kriegen gibt es tonnenweise strategische Winkelzüge, geheime Untergrundkämpfe und Sabotageakte, weil beide darauf aus sind, doch noch irgendwo einen kleinen Vorteil zu erhaschen, ohne einen Stellungskrieg zu riskieren, weil man dessen Sinnlosigkeit inzwischen anerkannt hat.

Streit als Perspektive

Wenn Sie sich in Ihrer Beziehung ambivalent fühlen und sich mit der Frage herumquälen, ob Sie sich trennen sollen oder nicht, verlieren Sie den Blick dafür, daß Ihr Problem ein weit verbreitetes Problem ist. Zwar hassen Sie Ihre gegenwärtige Lage, aber selbst die ältesten Formen kultureller Kommunikation zeigen, daß Ehen ein Ort von Streit und unerfüllten Bedürfnissen sind.

In der *Ilias* zum Beispiel, dem ältesten Werk der westlichen Literatur, streiten sich Zeus und Hera, der oberste Gott und die oberste Göttin, wie ein altes Ehepaar. Sie beschweren sich ständig übereinander wie in einem schlechten Film. Welches Bild einer Ehe in unserer Kulturgeschichte, von Homer über Shakespeare und Dickens bis zu Radio- und Fernsehserien, zeigt nicht Menschen, die sich streiten, damit sie das bekommen, was sie wollen, und dabei ständig den kürzeren ziehen? Gibt es ein besseres Zeugnis für die Allgegenwart von Streit in Beziehungen?

Wenn dieser Zustand aber so verbreitet ist, wann sagt man dann «Genug ist genug»? Die Feinheiten und Komplexitäten dieses Themas erklären, warum es trotz seiner Bedeutung so spät auf der diagnostischen Reise erfolgt, die wir hier zusammen unternehmen.

Schritt Nr. 30: Die Fähigkeit, Lösungen auszuhandeln

Diejenigen, die angaben, glücklich zu sein, nachdem sie ihre Beziehung verlassen hatten, wie diejenigen, die angaben, unglücklich zu sein, weil sie geblieben waren, waren keine Kleinkinder. Sie hatten nicht die unrealistische Erwartung, daß man in einer Beziehung leben könnte, ohne sich zu streiten. Sie erwarteten auch nicht, immer alles zu bekommen und immer alles tun zu dürfen, was sie wollten. Sie waren sich darüber im klaren, daß es keine langfristige Beziehung ohne Konflikte und Enttäuschungen gibt.

Aber sie hatten ein Problem, das viel schlimmer war. Die nächste Frage weist darauf hin:

Diagnostische Frage Nr. 30:

Ist es so, daß Sie mit Ihrem Partner einen Weg aushandeln können, wenn es darum geht, ein vertretbares Bedürfnis auch erfüllt zu bekommen, ohne sich deswegen allzu heftig zu streiten?

Oder andersherum gefragt: Würden Sie in Ihrer derzeitigen Situation sagen, daß es für Sie zu mühsam ist, Ihre Bedürfnisse erfüllt zu bekommen?

Erinnern Sie sich an das Kapitel über Machtmenschen? In der diagnostischen Frage dort ging es um Ihre Bedürfnisse, die ausgelöscht werden, als sei es Ihnen irgendwie in der Beziehung nicht erlaubt, welche zu haben. Frage Nr. 30 ist aber anders und vielleicht schwerer zu beantworten. Sie zielt nicht so sehr auf die unerfüllten Bedürfnisse selbst als vielmehr auf den Aufwand, den Sie dafür treiben müssen. Es geht nicht so sehr darum, daß Ihre Bedürfnisse nicht erfüllt werden, sondern eher um das Gefühl, die Sache sei keinen Streit wert: zu viele Kämpfe mit zu geringen Ergebnissen.

Für die Beantwortung von Frage Nr. 30 möchte ich die vier wichtigsten Methoden beschreiben, mit denen Partner es einem erschweren können, Bedürfnisse ohne zu heftige Streitereien erfüllt zu bekommen:

1. «Ich kann tun, was ich will – okay?»

Hier die erste Methode, mit der Ihr Partner die Beziehung zu einem Ort machen kann, an dem es einfach zu schwer ist, Ihre Bedürfnisse erfüllt zu bekommen: Er tut, was er will und wann er es will, ohne zuerst mit Ihnen darüber zu reden. Das ist wie die Philosophie in der Nike-Werbung: *Just do it.* Statt einen schönen Streit darüber auszufechten, ob man ein neues Auto braucht oder nicht, überrascht er Sie eines Tages damit. Das ist seine Art, zu sagen, ich will nicht mit dir verhandeln, und ich bin auch nicht daran interessiert, daß wir Konflikte gemeinsam lösen.

Es geht hier aber nicht um Kleinigkeiten, wie eines Tages zum Friseur zu gehen, ohne das vorher mit Ihnen besprochen zu haben. Sie hatten schließlich Pläne, wie man das Geld hätte anders ausgeben können. Sie hatten Bedürfnisse, die mit diesem Geld hätten erfüllt werden sollen, und sei es nur, die Summe für den Notfall auf die hohe Kante zu legen.

In meiner jahrelangen Arbeit mit Paaren in Nöten sehe ich nur wenige Dinge, die destruktiver sind als die Neigung von Partnern, «unilateral» zu handeln. So drückt man aus, daß man tut, was man will und wann man es will, ohne vorherige Diskussion. Allerdings folgt darauf oft ein sehr wütender Disput. Jemand, der ständig unilateral handelt, wird von uns meist als egoistisch und unreif bezeichnet: «Du denkst immer nur an dich!»

Jemand, der einseitig handelt, fordert den anderen oft auf, sich ebenso zu verhalten. «He, ich sage dir doch auch nicht, was du darfst und nicht darfst. Wir sollten beide tun und lassen können, was wir wollen. Ich will jetzt einfach nicht darüber reden müssen.» Und dabei verdreht er die Augen.

Man erkennt an diesem Beispiel, daß es sich um ein anderes Thema handelt als um Machtansprüche. Machtmenschen sagen niemals, daß jeder tun soll, was er will. Aber ob es hier um Machtmenschen geht oder um Menschen, die einseitig handeln, Ihre Bedürfnisse bleiben in beiden Fällen auf der Strecke.

Wie bei dem Beispiel mit dem Typen, der einfach ein Auto kauft, sind normalerweise die Mittel begrenzt, und meistens bedeutet die Tendenz, sich ohne vorherige Diskussion ein Bedürfnis zu erfüllen, daß der andere seins nicht erfüllt bekommt. Alles kann eine einseitige Handlung sein: Druck, Verkehr zu haben; darauf zu bestehen, über etwas zu reden, über das man nicht reden will; unangekündigt mit einem Freund oder Verwandten zum Essen auftauchen oder eine Beförderung annehmen, die viel neue Verantwortung bedeutet und von der der andere nicht einmal etwas weiß.

Wenn Ihr Partner ständig solche einseitigen Züge macht, und Sie haben mit ihm oder ihr darüber gesprochen und es hört nicht auf, dann wird es immer unwahrscheinlicher, daß Ihre Bedürfnisse jemals erfüllt werden.

2. «Wie schrecklich, über Trivialitäten reden zu müssen»

Hier eine weitere Methode, die es manchen Menschen verunmöglicht, ihre Bedürfnisse ohne großen Streit erfüllt zu bekommen. Es ist ein Problem, das in jedem Eheratgeber vorkommt und in jedem Eheberatungsgespräch abgehandelt wird. Ich habe schon oft Paaren dabei geholfen: Wie schafft man es, daß man sich zusammen an einen Tisch setzt und offen und locker etwas bespricht, bis man eine kreative, vernünftige Lösung findet, die für alle gut ist? Wenn Sie das können, dann brauchen Sie bestimmt niemals zu sagen, daß Ihre Bedürfnisse nicht erfüllt werden.

Das ist allerdings, genau wie ein gemeinsamer Orgasmus, in der Theorie viel leichter als in der Praxis. Wenn Sie gemeinsam eine Lösung aushandeln wollen, müssen Sie auf ungeheuer viele Dinge achten. Hier einige Dinge, die ganz gewiß verhindern, daß Ihre Verhandlungen zum Ziel führen:

Sie können nicht verhandeln, wenn Sie einander nicht zuhören oder nicht verstehen, was Ihr Partner sagt.

Das ist vor allem dann der Fall, wenn einer von beiden wütend ist oder sich benachteiligt fühlt. Wie kann man sich darauf einlassen, was jemand will oder braucht, wenn Sie ihn am liebsten erwürgen würden, weil Sie so wenig haben oder weil man Ihnen soviel weggenommen hat?

Ein anderer Grund, der das Zuhören erschwert, kann sein, daß Ihr Partner ein schlechter Kommunikator ist. Ein Mann, mit dem ich arbeite, ist so langatmig, umständlich und überintellektuell, daß man am liebsten schreiend aus dem Zimmer laufen würde, wenn er nur den Mund aufmacht. Andere sind so wirr, verschwommen und weitschweifig, daß man nie genau weiß, von was sie eigentlich reden. Aber auch wenn es sich nicht um solche Extreme handelt, kann es schwierig sein, herauszubekommen, um was genau der Partner eigentlich bittet.

Es kann auch sein, daß Sie schlichtweg erschöpft und überfordert sind. Vielleicht haben Sie den ganzen Tag Menschen zugehört, die etwas von Ihnen wollten: Kunden, Kollegen, dem Chef. Dann reden die Kinder ständig dazwischen, und wenn der Partner den Mund aufmacht, ist man völlig zu.

Sie können nicht verhandeln, wenn Sie panische Angst haben zu verlieren.

Wenn Sie Angst haben zu verlieren, kann das daran liegen, daß der andere unfair streitet. Vielleicht wird er im Verlauf der Verhandlungen schnell ausfallend, wirft Ihnen die Vergangenheit vor oder bedroht Sie dadurch, daß er den Eindruck erweckt, als würde es ihm Todesqualen bereiten, auch nur das kleinste bißchen zuzugestehen. Er lügt, wie wenig Geld er hat, beginnt zu brüllen – na, Sie wissen schon. Er hat einfach mehr Waffen als Sie und schreckt auch nicht davor zurück, sie auch einzusetzen.

Vielleicht haben Sie auch deshalb Angst zu verlieren, weil die Möglichkeiten Ihres Partners begrenzt sind. Eventuell hat er/sie einfach nichts zu geben. Wenn Ihre Partnerin zum Beispiel ständig müde ist, können Sie nicht häufiger Verkehr mit ihr haben, können Sie nicht öfter mit ihr ausgehen und nicht immer all das besprechen, was Sie besprechen wollen, und Sie können auch viele Dinge nicht unternehmen, die man nur unternehmen kann, wenn man nicht erschöpft ist. Vielleicht ist der andere einfach nur dumm. Dumme Menschen begreifen nicht, wie man eine Lösung aushandelt; während Sie versuchen, neue und bessere Wege für Sie beide zu finden, um Ihrer beider Bedürfnisse zu erfüllen, denken Dumme bloß, daß Sie ein X wollen und kein X haben, und daher ist eine Verhandlung unmöglich.

Man kann nicht verhandeln, wenn man Angst vor einem Angriff hat. Man muß sich sicher fühlen, um seine Bedürfnisse zu artikulieren.

Ein Grund für Angst vor einem Angriff ist, daß der Partner das ist, was ich einen «Historiker» nenne. Alles, was Sie vorbringen, hat für ihn mit der Vergangenheit zu tun. Wenn Sie Geld ausgeben wollen, greift er darauf zurück, wie unvernünftig Sie früher mit Geld umgegangen sind oder wie geizig Sie immer schon waren. Wenn Sie sich öfter Sex wünschen, erinnert er Sie daran, wie Sie früher Sex immer abgelehnt haben, oder erwähnt sämtliche sexuellen Probleme, die jemals zwischen Ihnen geherrscht haben.

Ein weiterer Grund für Angst vor einer Attacke ist, daß Sie sich kritisiert fühlen. Jedes Bedürfnis, das Sie anmelden, nutzt Ihr Partner, um Ihnen klarzumachen, daß etwas mit Ihnen nicht stimmt, wenn Sie ein solches Bedürfnis haben. Sie wollen, daß er Ihnen mehr im Haushalt hilft? Das besagt bloß, wie kleingeistig und obsessiv Sie sind. Was? Sie wollen nicht mehr ständig kritisiert werden? Sie können keinen besseren Beweis dafür liefern, daß Sie unwillig sind, sich zu entwickeln. Und wenn Sie ausnahmsweise nicht dafür kritisiert werden, daß Sie dieses bestimmte Bedürfnis überhaupt angemeldet haben, dann war sicherlich der Zeitpunkt falsch gewählt oder die Art und Weise unpassend, so daß Sie sich am Ende fühlen, als seien Sie schrecklich unsensibel oder als hätten Sie kein Gefühl für den richtigen Zeitpunkt.

Sie können nicht verhandeln, wenn Sie Angst vor Konflikten und Streit haben.

Ursache für diese Angst ist häufig die Erfahrung, daß jede frühere Verhandlung in einer Katastrophe endete. Wenn Ihre Vorstellung von einer Verhandlung ein ruhiges Gespräch ist, aber Ihr Partner sofort unbeherrscht und leidenschaftlich wird, dann entsteht jedesmal, wenn einer von Ihnen ein Bedürfnis anmeldet, ein riesiger Krach. Manchmal sind die zwei Menschen in einer Beziehung einfach harte Verhandler, für die es bei jeder Diskussion ums Verlieren oder Gewinnen geht, und daher wird daraus jedesmal eine Katastrophe, weil keiner verlieren kann.

Ein weiterer Grund für Angst vor Konflikten und Streit ist, daß der Partner – ohne hier auf Einzelheiten eingehen zu wollen – nicht ganz normal ist. Der Streß einer Verhandlung löst bei ihm jedesmal eine tiefe Depression aus. Der leiseste Vorwurf verunsichert ihn so, daß er sofort alles in Frage stellt und mit Trennung droht.

Noch ein Grund für Angst vor Streit und Konflikten ist, daß es in Ihrer Beziehung Stolpersteine gibt, auf die Sie bei jeder Verhandlung nach zwei Minuten stoßen. Sie haben zum Beispiel beide nicht viel Geld, zumindest nicht genug für Ihre Ansprüche, und daher führt eine Diskussion darüber, ob man mehr frisches Gemüse einkaufen sollte, schon nach wenigen Sekunden zu einem Streit über Ihr «Dauerthema». Vielleicht gibt es auch einen schwelenden Konflikt zwischen Ihnen, wer mit den Kindern zu strikt ist und wer zu tolerant, und selbst die schlichte Bemerkung, daß die Rechnungen pünktlicher bezahlt werden sollten, reißt die Kluft zwischen den verhärteten Positionen «zu strikt» und «zu großzügig» wieder auf.

Diese Punkte können eine Verhandlung über Bedürfnisse von einer Unbequemlichkeit, die sie für alle darstellt, zu einer wahren Qual machen. Und wenn diese Aspekte so stark sind und die Qual, die sie hervorrufen, so groß ist, dann ist es unwahrscheinlich, daß Ihre Bedürfnisse erfüllt werden.

3. «Du machst nie, was du versprichst»

Wenn Sie meinen, derartig höllische Verhandlungen seien ein Problem – und da haben Sie recht –, dann schauen Sie sich mal die an, die so verlaufen wie Butter in der Sonne. Nur wenige Dinge sind der Erfüllung von Bedürfnissen abträglicher als ein Partner, der während der Verhandlung allem zustimmt, sich aber nie an Vereinbarungen hält. Und hier tritt das Thema Vertrauen auf den Plan. Man vertraut darauf, daß der andere das tut, was er zusagt. Wenn er das nicht tut, ist die Beziehung nicht nur ein Ort der Kämpfe und Beeinträchtigungen, sondern auch ein Ort des Verrats. Sie sind nicht mehr sicher dort zu Hause, sondern vielmehr in einer unsicheren, fremden Welt.

Es klingt vielleicht schwer zu glauben, aber enttäuschtes Vertrauen kann oft auch unentdeckt im Hintergrund lauern. Sagen wir, Ihr Partner verspricht nach einem Streit – das meinen wir nämlich in Wirklichkeit, wenn wir Verhandlungen sagen –, daß er von nun an jeden Tag den Müll hinuntertragen wird, ohne daß man ihn daran erinnern muß. In der ersten Woche klappt das auch gut. Danach aber ist alles wieder wie zuvor. In der nächsten Woche «vergißt» er es, hatte aber so viel zu tun, daß Sie es durchgehen lassen. In der folgenden Woche sieht es aus, als würde er es wieder vergessen, aber Sie erinnern ihn. Und damit stehen Sie wieder am Anfang.

Es ist leicht, in einer solchen Situation eine Entschuldigung zu finden, aber in Wirklichkeit wurde das Vertrauen gebrochen. Wenn es nur um das Hinunterbringen des Mülls ginge, wäre das kein Thema, aber eine Vielzahl von kleinen nicht eingehaltenen Versprechen bestärkt Sie am Ende ganz genauso in Ihrer Einschätzung, daß Ihre Bedürfnisse nicht erfüllt werden, wie ein riesiger Verrat, der wie ein Schlag ins Gesicht wirkt.

Man kann Vereinbarungen übrigens auf viele verschiedene Weisen brechen. Wir haben hier nur eine erwähnt: vergessen. Damit muß man vorsichtig sein. Wir alle führen ein so hektisches Leben, daß wir uns verzweifelt wünschen, uns das leisten zu dürfen. Ich habe es daher furchtbar gern, wenn mir erlaubt wird, etwas zu vergessen, ohne daß ich mir dadurch Probleme einhandele. Und das heißt, es ist sehr schwer, einen Partner zur Rechenschaft zu ziehen, der sich das leistet, was wir uns selbst wünschen. Wir identifizieren uns mit ihm!

Aber wenn das Vergessen von Vereinbarungen zum ständigen Verhaltensrepertoire gehört, dann kann es tödlich giftig wirken. Wenn der Partner immer alle Vereinbarungen vergißt, die Sie getroffen haben, merken Sie es vielleicht nicht sofort, aber irgendwann ziehen Sie sich von dieser Person vollständig zurück. Sie schlafen nicht mehr miteinander, weil Sie zu wütend sind. Sie unternehmen nichts gemeinsam, weil Sie sich nicht darauf verlassen können, daß der Partner auch da ist. Sie reden über nichts mehr, weil es keinen Sinn ergibt, wenn alle Schlußfolgerungen und Entscheidungen vergessen werden. Erinnern macht alles echt. Vergessen verwandelt alles in Luft. Vergessen in einer Beziehung verwandelt diese in eine Luftblase.

Sie dürfen auch nicht zulassen, daß Ihr Partner Sie zum Sündenbock macht, indem er seine Vergeßlichkeit als einen Beweis dafür auslegt, wie gut es ihm gelingt, sich zu entspannen.

Manche Menschen brechen Vereinbarungen auch, indem sie sie einfach nicht ernst nehmen. Das ist ein wirklich starkes Stück. Nehmen wir an, Sie haben mit viel Mühe und im Verlauf von mehreren Wochen schließlich ausgehandelt, daß Ihr Partner kein Geld mehr ausgibt, ohne es zuvor mit Ihnen zu besprechen, und dann, am nächsten Tag, zieht er los, als sei nichts gewesen, und kauft sich einen teuren Regenmantel, ohne Ihnen das auch nur mit einer Silbe anzudeuten.

Raten Sie mal, was ihm den Eindruck vermittelt, die Vereinbarung sei für Sie nicht wichtig gewesen? Er kommt zur Tür herein, und Sie sagen ihm, er sähe aber gut aus. Vielleicht haben Sie selbst in diesem Augenblick die Vereinbarung vergessen, vielleicht haben Sie Angst, kleinlich zu erscheinen, vielleicht ist Ihnen nach all den Diskussionen um die Vereinbarung aber auch schon der Gedanke unerträglich, von neuem einen Krach zu provozieren.

Vielleicht ziehen Sie nie irgendwelche Konsequenzen, wenn die Vereinbarung nicht eingehalten wird, weil es jedesmal so viele «Ausnahmen» gibt, daß sie nie richtig angewendet werden kann. Ihr Partner hat Ihnen zum Beispiel versprochen, bei jedem Verkehr volle zwanzig Minuten Vorspiel mit Ihnen zu machen, und er verspricht, sich in Zukunft daran zu halten, aber es kommt immer etwas anderes dazwischen: An einem Abend ist es schon so spät und Sie sind beide müde, beim nächsten Mal sind Sie in Eile, weil Sie fürchten, daß die Kinder gleich aufwachen, und beim dritten Mal ist Ihr Mann so scharf, daß er nicht anders kann, und so weiter...

Aber wenn die Nichteinhaltung von Vereinbarungen ohne Konsequenzen bleibt, kann man sie gleich ganz vergessen. Wenn Sie es einfach leid sind, zu streiten, um eine Vereinbarung zu treffen, und zu streiten, weil die Vereinbarung nicht eingehalten wurde, dann bleibt der Vertragsbruch folgen- und die nächste Vereinbarung wirkungslos – und Ihre Bedürfnisse bleiben bis auf weiteres unerfüllt.

Eine weitere Methode, Vereinbarungen nicht einzuhalten, sind Mißverständnisse. «Als du sagtest, zwanzig Minuten Vorspiel, dachte ich, daß das einschließt, wenn ich auf dir liege und meinen Penis in deine Scheide stecke» – «Als du sagtest, wir müßten diskutieren, wie wir unser Geld ausgeben, hatte ich angenommen, Dinge wie notwendige Anschaffungen fürs Haus oder die Kinder oder alles unter 500 Mark würden nicht darunter fallen...» – «Als du sagtest, ich solle den Müll runtertragen, ohne daran erinnert zu werden, habe ich nicht gewußt, daß du damit jedesmal meintest.»

Sicher beendet man wegen solcher Dinge nicht gleich die Beziehung – oder? Nicht, wenn es ab und zu vorkommt. Aber es sind Dinge, die eine Beziehung zerstören, wenn sie immer wieder passieren und Methode haben, wenn sie einem das Gefühl geben, daß die Artikulation von Bedürfnissen reine Zeitverschwendung ist und daß keinerlei Chance darauf besteht, sie auch erfüllt zu bekommen.

4. «Wir sind sehr höflich zueinander»

Hier ein weiteres Anzeichen dafür, daß die Durchsetzung von Bedürfnissen zuviel Kraft kostet. Ich will Höflichkeit an sich nicht abwerten. Sie fehlt allzuoft in Beziehungen. Höflichkeit kann den Himmel darstellen, aber sie kann auch genausogut dazu beitragen, daß eine Beziehung zur Hölle wird.

Was passiert wohl mit Menschen in einer Beziehung, wenn sie enttäuscht und erschöpft von sinnlosen Krächen, gebrochenen Vereinbarungen und unerfüllten Bedürfnissen sind?

Man hört einfach auf, Vereinbarungen treffen zu wollen. Das wirkt wie Höflichkeit, ist aber in Wirklichkeit Verzweiflung, die sich hinter der Maske von Höflichkeit verbirgt. Er gibt das Geld aus, wie er will, und Sie sagen nichts. Sie hassen ihn mehr als je zuvor, aber für Außenstehende sieht es vielleicht so aus, als liefe alles besser. Ihre Bedürfnisse im Liebesleben werden nicht erfüllt, aber es war so schwer, darüber zu reden, und Gespräche führen ohnehin zu nichts, so daß Sie sich nun höflich aus dem Weg gehen. Und da es unhöflich ist, über den Müll zu streiten, bringen Sie ihn einfach selbst hinunter und fühlen sich in einer Beziehung mit jemandem gefangen, der all ihre Träume zerstört hat.

Wenn Ihre Resignation so groß ist, daß Sie keinerlei Energie mehr in die Entwicklung von Lösungsstrategien stecken, dann hat sich Ihre Beziehung in eine Einöde verwandelt, in der Sie zwar belanglose Höflichkeiten austauschen, aber niemals mehr um das bitten können, was Sie wollen. Wenn es soweit gekommen ist, dann haben Sie bereits erkannt, daß es unmöglich ist, daß Ihre Bedürfnisse an diesem Ort erfüllt werden.

Wenn es reicht. Es gibt also vier Mechanismen, die Ihnen das Gefühl vermitteln, daß es zu mühsam ist, für die Erfüllung von Ihren Bedürfnissen einzutreten. Lassen Sie mich kurz zusammenfassen:

1. «Ich kann tun, was ich will»: Ihr Partner handelt unilateral: Er tut, was er will, wann er es will, ohne mit Ihnen vorher darüber zu reden.

2. «Wie schrecklich, immer über Trivialitäten zu reden»: Hier wird das Aushandeln von Lösungen praktisch unmöglich, und zwar aus folgenden Gründen:

- Sie können sich gegenseitig nicht zuhören oder verstehen einander nicht, weil Sie wütend sind oder sich benachteiligt fühlen, weil der Partner ein schlechter Kommunikator ist oder weil Sie erschöpft und überfordert sind.
- Sie haben panische Angst zu verlieren, weil der Partner unter die Gürtellinie zielt oder begrenzt ist.
- Sie haben Angst vor einem Angriff, weil der Partner ein «Historiker» ist und immer wieder die Vergangenheit bemüht, um Ihre Ansprüche zu entkräften, oder weil Sie ständig kritisiert werden, wenn Sie ein Bedürfnis anmelden.
- Sie haben Angst vor Streit und Konflikten, weil Ihrer Erfahrung nach jede einfache Verhandlung bisher in einer Katastrophe endete – entweder weil der Partner nicht ganz normal ist oder weil es bestimmte Stolpersteine gibt, die einem sofort im Weg liegen, wenn es darum geht, eine Lösung zu entwickeln.

3. «Du tust ja doch nie, was du versprichst»: Hier tritt das Thema Vertrauen hinzu. Wenn man eine Vereinbarung trifft und dann bricht, ist die Beziehung nicht nur ein Ort des Streits und der Benachteiligung, sondern auch einer von Verrat.

4. «Wir sind sehr höflich zueinander»: Das geschieht, wenn man seine Energien in einer Beziehung für sinnlosen Streit, wegen gebrochener Vereinbarungen und aus Wut über unerfüllte Bedürfnisse verschlissen hat. Es gibt keinen Streit mehr, nur noch Resignation.

Wenn diese vier Mechanismen in Ihrer Beziehung existieren, dann trifft vermutlich Richtlinie Nr. 30 auf Sie zu.

Richtlinie Nr. 30

Wenn Sie die Hoffnung verloren haben, daß Sie vertretbare Bedürfnisse auf dem Verhandlungsweg erfüllt bekommen, ohne sich deswegen allzu quälend streiten zu müssen, dann kann ich mit gutem Gewissen sagen, daß Sie glücklicher sein werden, wenn Sie sich trennen, und unglücklich, wenn Sie bleiben. *Kurzfassung:* Frustration, Angst und Benachteiligung sind die Worte, die Ihnen spontan sagen, daß diese Beziehung nicht Ihr Zuhause ist.

Die vier zuvor beschriebenen Mechanismen zeigen Ihnen, wann man den Punkt erreicht, wo man die Hoffnung auf Anerkennung seiner Bedürfnisse fahrenläßt. Sie müssen überprüfen, ob diese bedürfniszerstörenden Mechanismen tatsächlich in Ihrer Partnerschaft existieren, und dann für sich entscheiden, ob Sie die Hoffnung auch tatsächlich aufgegeben haben. Das ist der Schlüssel zu dieser Richtlinie.

Die Tatsache, daß Sie bisher in einer schwierigen Beziehung geblieben sind, bedeutet nur, daß Sie sich mit dem jeweiligen Grad an Benachteiligung abgefunden haben. Sie können nicht sagen, Sie seien geblieben, und daraus schließen, daß noch Hoffnung besteht. Was wie eine aktive Handlung aussieht, kann bloße Trägheit sein.

Aber es braucht eine Menge, um Hoffnung abzutöten. Mit den vier beschriebenen Mechanismen biete ich Ihnen eine Gelegenheit, zu überprüfen, was in Ihrer Beziehung echt ist, und wenn Sie erkennen, daß noch eine realistische Hoffnung besteht, dann wird es auch nicht allzu schwer werden, Ihre Bedürfnisse erfüllt zu bekommen. Dann können Sie auch nicht mehr sagen, daß Ihre Beziehung zu schlecht sei, um zu bleiben.

Und die Streitereien?

Bitte beachten Sie, daß ich nicht darüber geredet habe, wieviel Streit vorkommen muß, ehe eine Trennung sinnvoll erscheint.

Aber für Paare, die sich darüber beklagen, daß sie nur noch streiten, daß sie blutige, destruktive Kämpfe führen, die nichts einbringen und keine Bedürfnisse stillen, für die trifft die Richtlinie Nr. 30 zu. Es geht hier nicht eigentlich um Streit, sondern um unerfüllte Bedürfnisse. Der Streit spielt in diesem Zusammenhang nur insofern eine Rolle, als es darum geht, zu erkennen, ob man die Chance hat, etwas aufzuarbeiten, oder ob keine Lösung in Sicht ist.

Manchmal streitet man sich und gelangt damit zu einer echten Lösung für ein echtes Problem. Und in einer solchen Beziehung sagt niemand, er bereue es, sich nicht getrennt zu haben. Nicht der Streit an sich, sondern die unerfüllten Bedürfnisse und sinnlosen Kämpfe bedeuten, daß es Zeit ist zu gehen.

Schritt Nr. 31: Die Erfüllung von Herzensbedürfnissen

Manchmal heißt es in einer Beziehung: «Wir streiten uns nicht sehr viel, und meine Bedürfnisse werden überwiegend erfüllt, und wenn es ein Problem gibt, können wir das normalerweise regeln, indem wir darüber sprechen. Aber da ist dennoch ein Problem, etwas, das mir ganz besonders am Herzen liegt, das einzige Bedürfnis, das in der Beziehung nicht befriedigt wird, weil es mit diesem Partner einfach nicht möglich ist.» Und dann folgen Schilderungen über den Partner, der sich entweder weigert oder dem es aus irgendwelchen Gründen unmöglich ist, dieses Bedürfnis zu erfüllen.

Natürlich sind wir alle erwachsene Menschen und wissen, daß man im Leben nicht alles bekommt, was man sich wünscht. Man beklagt sich vielleicht über die Beziehung, weil dort ein wichtiges Bedürfnis nicht erfüllt wird, aber das macht sie nicht automatisch zu schlecht, um zu bleiben. Wo aber zieht man die Grenze? Wann hört man auf zu lamentieren und gesteht sich endlich ein, daß dieses eine Bedürfnis so wichtig ist, daß es richtig ist, um seinetwillen die Beziehung aufzugeben?

Ich spreche hier offensichtlich von etwas, das Sie brauchen wie die Luft zum Atmen, etwas, auf das Sie nicht verzichten können, wenn Ihr Leben für Sie einen Sinn ergeben soll. Ich spreche hier nicht von irgendeinem unerfüllten Bedürfnis, sondern über ein unerfülltes Leben. Hier eine Geschichte, die verdeutlicht, was ich hier sagen will:

Bernies Geschichte

Bernie lebte gern mit Sandy zusammen. Er liebte ihr gemeinsames Haus, die Kinder, ihre gemeinsamen Freunde und Urlaube. Er liebte sogar die *Vorstellung*, jeden Morgen zur Arbeit zu gehen und schwer zu arbeiten. Und Sandy gefiel das alles auch. Aber er haßte seine Stelle, und er haßte sich darin. Er brauchte die Freiheit, die Macht und das Gefühl, sein Schicksal selbst in der Hand zu haben, und das würde er haben, wenn er sich selbständig machte.

Bernie war Verkaufsingenieur und Vertreter. Er vertrieb im Auftrag einer Firma ein Sortiment technischer Instrumente für Fabriken. Dazu brauchte er gute technische Kenntnisse, denn wenn er seine Produkte verkaufen wollte, mußte er in der Lage sein, die anfallenden Probleme seiner Kunden zu begreifen.

Aber es störte ihn, daß er trotz seiner Kompetenz letzten Endes nur ein Verkäufer war und kein richtiger Ingenieur. Am schlimmsten fand er, daß er Produkte verkaufte, die ihm oft wenig geeignet erschienen, um die Probleme der Kunden zu lösen, während er sich vorstellen konnte, selbst viel geeignetere Instrumente zu erfinden.

Sie können sicher raten, was Bernies großes Bedürfnis war. Er wollte den blöden Verkaufsjob an den Nagel hängen und sich als Erfinder selbständig machen. Er wollte seine eigene Firma. Aber Sandy ließ es nicht zu, daß er sich diesen Traum erfüllte. Sie hatte Angst davor, wenn er seinen angesehenen, hochbezahlten Job aufgab, Angst vor möglichen Veränderungen. Das Risiko selbst fürchtete sie eigentlich nicht, weil sie ebensosehr wie er auf seine Fähigkeiten als Erfinder vertraute. Sie setzte sich aber durch und drohte Bernie damit, ihn zu verlassen, falls er seine Stelle kündigen würde.

Bernie versuchte sieben Jahre, dieses Bedürfnis aufzugeben. Vielleicht würde es ja einfach von selbst verschwinden. Vielleicht, dachte er, hatte Sandy recht, und er würde selbst erkennen, daß seine Idee einfach nicht realistisch war.

Dann ging er eines Sommerabends bei einem Familientreffen lange mit seiner Schwester spazieren. Er sprach von dem Traum, den er immer noch hatte, und wie sehr Sandy dagegen war. Er beschimpfte sich selbst als unrealistisch und unreif. Aber seine Schwester, die sich mit Sandy gut verstand, bohrte nach, und ihm wurde klar, daß er eines Tages ein alter Mann sein würde, der entweder darauf verweisen konnte, daß er seinen Traum verwirklicht hat, oder der sich eingestehen müßte, nichts aus seinem Leben gemacht zu haben. Der Gedanke, diesen Traum aufzugeben, hieß, sein Leben aufzugeben, und das bedeutete die schwere Entscheidung zwischen seiner Vision und der Beziehung.

Er kündigte also und wurde Erfinder, und Sandy machte ihre Drohung wahr und verließ ihn. Tat er das Richtige? Viele von Sandys Prophezeiungen erfüllten sich. Sein neues Leben war ein harter Kampf. Ruhm und Reichtum warteten nicht an der nächsten Straßenecke.

Nach zehn Jahren hatte er nicht viel Geld verdient, sondern eher Schulden. Schließlich setzten sich ein paar seiner Erfindungen durch, aber dadurch wurde er auch nicht zum reichen Mann. Bernie war ein bißchen enttäuscht, was aus seinem Traum geworden war, aber er war auch stolz auf sich. Seine Arbeit schenkte ihm jeden Tag Freude.

Er hatte den Bruch mit Sandy nicht gewollt – nicht, wenn er gleichzeitig sein neues Leben hätte führen dürfen. Aber vor die Wahl gestellt, sich für das eine oder das andere zu entscheiden, war Bernie froh, daß er das größte Bedürfnis seines Lebens erfüllt hatte.

Das eine, das man braucht

Nicht jeder hat ein so eindeutiges, großes Bedürfnis wie Bernie. Und die meisten Menschen, die ein Herzensbedürfnis haben, bekommen es im normalen Leben erfüllt. Wenn Sie jedoch ein wichtiges Bedürfnis spüren, das nicht erfüllt wird, stellen Sie sich diese Frage:

Diagnostische Frage Nr. 31:
Gibt es ein bestimmtes Bedürfnis, das für Sie so wichtig ist, daß Sie rückblickend, sollte es nicht erfüllt werden, sagen würden, Ihr Leben sei nicht erfüllt gewesen, und werden Sie allmählich mutlos, daß es vielleicht niemals erfüllt werden wird?

Über welche Bedürfnisse rede ich hier? Manchmal ist es etwas innerhalb der Beziehung, etwas, das der Partner Ihnen direkt geben kann. Aber wie bei Bernie braucht es nichts zu sein, das der Partner für einen tut. Bernie brauchte von Sandy nur die Erlaubnis, seinen Traum zu verfolgen. Viele Menschen haben solche Bedürfnisse nach etwas, das nicht eigentlich mit der Beziehung zu tun hat, wo aber der Partner den Weg zur Erfüllung versperrt.

Das weggepackte Bedürfnis

In gewisser Hinsicht ist es das Allerschädlichste an der Beziehungsambivalenz, wenn man sich nicht entscheidet, während man so oder so Frieden und Klarheit finden könnte. Stellen wir uns vor, wieviel besser man sich fühlte, wenn man das Bedürfnis in eine Schachtel packte und sich sagte: «Schade, daß ich dieses Bedürfnis nicht erfüllt bekomme, aber ich kann es aufgeben und brauche auch das Gefühl nicht mehr, daß meine Beziehung zu schlecht für mich ist.» Noch besser würde man sich fühlen, wenn man sagte: «Meine Partnerin und ich mußten an unserem Verhandlungsgeschick schwer arbeiten, und ich strebe weiter an, daß meine Bedürfnisse erfüllt werden. Aber selbst wenn das niemals eintritt, werde ich trotzdem nicht das Gefühl haben, daß meine Beziehung zu schlecht ist, um mich zu trennen.» Aber wenn man solche Sätze nicht sagen kann? Hier die Richtlinie:

Richtlinie Nr. 31

Wenn Sie ein so wichtiges Bedürfnis haben, daß Ihnen Ihr Leben im Rückblick unerfüllt vorkommen müßte, wenn Sie darauf verzichten müssen, und Ihr Partner steht Ihnen bei der Erfüllung im Weg und Sie glauben nicht, daß Sie jemals eine gemeinsame Lösung finden, dann werden Sie glücklicher, wenn Sie sich trennen, und unglücklich sein, wenn Sie bleiben.

Kurzfassung: Achten Sie auf unerfüllte Bedürfnisse, die so wichtig sind, daß sie den Keim für Haß in sich tragen.

In dieser Richtlinie steht eigentlich, daß Sie entweder für Ihr Bedürfnis einstehen oder aber den Mund halten sollen. Schauen Sie sich an, was Sie zum Glück im Leben brauchen. Schauen Sie, was Sie tun, um diese Bedürfnisse erfüllt zu bekommen. Wenn diese Bedürfnisse so wichtig sind, daß sie den Unterschied zwischen Glück und Unglück in Ihrem Leben ausmachen, dann müssen Sie entweder einen Weg finden, daß sie innerhalb der Beziehung erfüllt werden – und das heißt zu lernen, wie man verhandelt, oder auch Hilfe in Anspruch zu nehmen. Sonst schuldet man es sich und dem Partner, die Beziehung aufzugeben. Ansonsten stellen Sie Jahre später fest, daß Sie mit jemandem leben, den Sie hassen.

Doch wenn diese Bedürfnisse nicht so bestimmend für Ihre Zukunft sind, dann arbeiten Sie weiter an ihrer Erfüllung, schließen Sie aber damit ab, sie weiterhin als einen Grund für eine Trennung ins Feld zu führen.

Unerfüllte Bedürfnisse sind einer der Hauptgründe, warum Menschen in Beziehungsambivalenz festsitzen. Stellen Sie sich daher Ihren Herzensbedürfnissen. Finden Sie heraus, was genau es für Sie bedeutet, wenn sie nicht erfüllt werden. Die Richtlinie ist ganz eindeutig. Und wenn Sie unsicher sind, ob die Nichterfüllung Ihr Leben beeinträchtigen wird, dann sind sie nicht wichtig genug, um die Beziehung zu beenden. Wenn die Nichterfüllung Ihr Leben eindeutig unerfüllt macht, dann verdammen Sie sich und Ihren Partner zu einem Leben in Unglück, wenn Sie bleiben.

17

Wie schön, bei dir zu sein

Thema: Intimität und Nähe

Was wir in einer Beziehung suchen, ist Nähe, aber die ist schwer zu finden – das haben Sie sicher schon festgestellt. Mit Nähe fühlt man sich meist wohl. Nähe ist aber auch ein Zustand, in dem man leicht verletzt wird: Das ist die Verlockung und das Problem bei Intimität. Ich möchte Ihnen helfen, das in den Griff zu bekommen.

Aber es wird langsam spät, nicht wahr? Wir befinden uns fast am Ende unserer diagnostischen Reise, und Sie haben immer noch nicht die Klarheit gefunden, nach der Sie suchen, werden vielleicht langsam nervös und fragen sich vielleicht, ob etwas mit Ihnen nicht stimmt.

Machen Sie sich keine Sorgen. Wenn Sie bis jetzt noch keine Klarheit darüber haben, was für Sie am besten ist, könnte das daran liegen, daß Sie bisher keine einzige Ihrer Antworten auf die diagnostischen Fragen zu einer Richtlinie führte, die Ihnen eine Trennung nahegelegt hätte. Ich will zwar hier nicht die Pointe verraten, aber Ihnen wird sehr bald klarwerden, daß genau diese Tatsache bedeutet, daß Sie glücklicher werden, wenn Sie bleiben.

Es ist wie ein Besuch beim Arzt: Wenn sich nichts Krankhaftes ergibt, heißt das, daß alles in Ordnung ist – nicht unbedingt phantastisch, aber in Ordnung. Und genau diese Klarheit suchen Sie ja.

Der Grund, warum Sie diese Eindeutigkeit noch nicht gefunden haben, könnte aber auch in dem komplizierten Bereich lauern, an den wir uns nun heranwagen. Es ist ein Gebiet, in dem wir erkunden, wie Sie sich fühlen, wenn Sie mit Ihrem Partner zusammen sind, wenn Sie sich näher und näher kommen. Sich gut zu fühlen, sich näherzukommen und vor allem sich gut dabei zu fühlen, wenn man sich näherkommt, ist die Essenz einer lebendigen Partnerschaft.

Aber Sie wissen, warum dieses Gebiet so kompliziert ist. Sie wissen, wie schwer es ist, einander näherzukommen. Sie wissen, daß man nur aus der Nähe erkennen kann, wieviel näher man einander noch kommen kann. Sie wissen, was für ein grausamer, entmutigender Maßstab Nähe für den Erfolg in einer Beziehung ist.

Wenn Probleme mit Intimität der springende Punkt wären, würden wir alle aus unserer Beziehung vertrieben. Wo also liegt der entscheidende Punkt? Wir schauen uns in diesem Kapitel an, wo Intimität stattfindet, wo sie verletzt wird und warum sie etwas ganz Besonderes ist.

Schritt Nr. 32: Nähe macht verletzlich

Wenn wir über Intimität sprechen, reden wir auch darüber, wie verletzbar wir sind. Aber wie genau sehen diese Wunden aus, die wir uns dort zuziehen, wo wir am verletzbarsten sind, und die eine Beziehung zu schlecht machen, um zu bleiben?

Reden wir darüber, was es heißt, einander näherzukommen: Es bedeutet, daß Sie Ihrem Partner Aspekte Ihres Wesens zeigen, die Sie niemand anderem sonst preisgeben würden. Und Ihrem Partner gefällt, was er sieht, und er mag Sie, weil Sie sich für ihn enthüllt haben, und er sagt Ihnen auch, daß er Sie so mag. Und dann, damit Sie nicht der einzige sind, der seelisch nackt dasteht, zeigt Ihnen auch Ihr Partner Aspekte seines innersten Wesens, die er sonst nicht bloßlegen würde. Und nun sagen Sie ihm, daß es Ihnen gefällt, was Sie sehen, und daß Sie ihn dafür mögen, daß er für Sie seine Hüllen abstreifte.

Nennen wir dies «gegenseitig akzeptierende, eskalierende Nacktheit». Natürlich kann es sich hier um Nacktheit aller Art handeln – körperliche, psychologische und emotionale. Während die beiden also immer nackter werden und einander dafür schätzen, drängt sich sehr bald die Frage auf, ob sich diese Wertschätzung nur auf die Bereitschaft zur Enthüllung bezieht oder auch die ganz besonderen Aspekte, die da enthüllt werden, umfaßt. Und genau da fangen auch schon die Probleme an.

Solange Sie einander bei jeder Enthüllung erzählen, wie wunderbar Sie einander finden – nun, dann fühlen Sie sich ganz sicher geliebt, aber gleichzeitig fragen Sie sich auch, ob Sie richtig eingeschätzt werden. Damit man sich wirklich erkannt fühlt, muß man einander ganz besondere Dinge mitteilen, die man sonst niemandem sagt. Wenn Sie zum Beispiel Ihrem Partner erzählen, wie Ihre Kindheit verlief, und geben damit etwas sehr Persönliches preis, dann erkennen Sie, ob der andere diese Nacktheit erkannt hat, wenn er etwas darüber sagt, was sonst niemand sagen würde – wie etwa: «Du hast mir eine Menge darüber erzählt, was dir von deiner Familie angetan worden ist, aber es scheint mir, daß du das irgendwie auch genossen hast und als Waffe gegen sie einsetzt.»

Man hungert nach dieser Wahrheit, bis man sie tatsächlich hört. Aber dann ist man nicht mehr ganz so glücklich wie zuvor. Sicher, man wurde ganz deutlich erkannt, aber man hörte nicht unbedingt etwas Nettes. Und solche unnetten Sachen vernimmt man nicht gerade gerne, besonders, wenn man gerade das Risiko eingegangen ist, sich zu entblößen. Statt angenommen fühlt man sich daher abgelehnt. Und dann folgt ein Riesenkrach.

Klingt das irgendwie vertraut?

So stoßen zwei Menschen, die gegenseitig eskalierende Nacktheit erleben, immer wieder gegeneinander wie zwei ungeübte Tänzer, die sich ständig auf die Zehen treten.

Du bist so schön, wenn du nackt bist

Aber es gibt Wege, diese gegenseitige Nacktheit trotz aller Zusammenstöße irgendwie in den Griff zu bekommen. Dazu müssen Sie sich vor allem gegenseitig die Sicherheit geben, daß Sie grundsätzlich davon überzeugt sind, daß Ihr Partner ein prima Mensch ist, selbst dann, wenn Sie sich kritisch oder ablehnend äußern, oder sogar dann, wenn Sie über die Dinge, die der andere in seiner Nacktheit enthüllt, verärgert sind und diese Verärgerung wiederum Ihren Partner wütend macht. Es werden zwar Gefühle verletzt, aber der Zustand von Intimität wird nicht gleich zum Horrorkabinett.

Doch wann tritt das ein? Wann wird Nähe zum Schrecken? Wann verwandelt sie sich von einem Zustand, in dem gelegentlich Gefühle verletzt werden, zu einem, in dem Sie sich so unwohl fühlen, daß Sie ihm um jeden Preis entfliehen wollen? Hier die Frage:

Diagnostische Frage Nr. 32:
So, wie Ihr Partner sich verhält, haben Sie das Gefühl, er sei in intimen Situationen mit Ihnen lediglich daran interessiert, Sie seiner Wut und seiner Kritik auszusetzen?

Sie wissen, wie es ist: Manche Menschen wollen einem näherkommen, damit sie einem näher sind. Manche wollen das, damit sie sich bei Ihnen über ihr Leben beklagen können. Manche Menschen wollen einem anderen näher sein, um Sex zu haben. Und manche wollen einem nur näherkommen, damit sie dem anderen weh tun können.

Hier ein Beispiel dafür, wie das ist, damit Sie Frage Nr. 32 leichter beantworten können.

Theresas Geschichte

Theresa bewunderte Paul, bevor sie ihn zu lieben begann. Dann verliebte sie sich in ihn, weil sie ihn so bewunderte. Paul war ein Psychiater, den vor allem seine Hingabe auszeichnete, mit der er sich um die ärmsten und benachteiligtsten Menschen der Gegend kümmerte. Theresa arbeitete in einer Wohltätigkeitsorganisation und war völlig frustriert von ihren Versuchen, allen bürokratischen Hindernissen zum Trotz Menschen zu helfen – und so wurde Paul für sie zum Helden.

Theresa verabredete sich mit ihm zum Abendessen; zum einen, weil sie ihm Spenden ihrer Organisation übergeben wollte, zum anderen aber auch, weil sie darauf hoffte, ihn bei dieser

Gelegenheit persönlich kennenzulernen. Bald trafen sie einander öfter. Sie entdeckten, daß sie viele Überzeugungen und Einstellungen teilten, insbesondere ihre Einschätzung darüber, welch schreckliche Bürde ein Leben in Armut und im Ghetto bedeutet und wie wichtig es ist, für diese Menschen Gelder aufzubringen. Sie stellten auch fest, daß sie die gleiche Musik mochten, die gleichen Filme gern sahen, und zwar am liebsten zu Hause auf Video mit einer Pizza auf dem Schoß. Auch beim Sex stellten sie viele Gemeinsamkeiten fest.

Es war wie in einem jener Filme aus den Dreißigern, in dem man sieht, wie Kalenderblätter eines nach dem anderen langsam fortflattern, um das Verstreichen der Monate anzudeuten. So lange dauerte es, bis Theresa klarwurde, daß etwas Schreckliches vorging.

Wenn sich bloß herausgestellt hätte, daß ihr Held auf tönernen Füßen stand, aber nein, sie mußte entdecken, daß er die gespaltenen Hufe des Teufels hatte.

Der Wolf im Schafspelz. Alles begann traurigerweise mit genau der Sache, die Paul für sie zum Gott gemacht hatte: mit seiner Überzeugung und seinem Wunsch, alles besser zu machen. Sie schätzte ihn so sehr dafür, daß sie nur sehr schwer erkennen konnte, was in ihr vorging, als er seine Überzeugung und seinen Wunsch nach Verbesserungen auf sie richtete. Sie gab ihm in ihrer Liebe und Unschuld all ihre Fehler und Mängel preis. Immerhin heißt Liebe doch, niemals sagen zu müssen, es täte einem leid, daß man sich dem anderen nackt gezeigt hat.

Aber genau da ging er, wie sie feststellen mußte, einfach zu weit. Es begann vermeintlich sanft, indem er ihr seine Überzeugungen mitteilte und sie auf bestimmte Dinge «hinwies». Sie sagte später zu mir: «Sie würden es kaum glauben, wie viele Unterhaltungen wir hatten, in denen ich bloß immer wieder sagte: ‹Ich weiß›, ‹Du hast recht›, und: ‹Das stimmt›.»

Ich weiß, was mit dir nicht stimmt. Zuerst waren diese Einsichten relativ neutral – wie zum Beispiel der Zusammenhang zwischen Theresas Tendenz, ständig alles bis zur letzten Minute vor sich her zu schieben, und ihrer Erziehung in einem toleranten Elternhaus. Doch als Paul sie für seine Überzeugungen erst empfänglich gemacht hatte, wurde er immer kritischer. Nun sagte er nicht nur, sie habe die Neigung, zu spät zu kommen, sondern daß ihre ganze Lebenseinstellung lax, faul und schlampig sei.

Es war für sie schwer, sich diesen kritischen Vorhaltungen zu widersetzen, weil jeder Versuch zum Widerspruch ihre Faulheit und ihren Trotz gerade zu beweisen schien. Und als sie erst einmal angefangen hatte, seine Vorwürfe zu akzeptieren, setzte er eins drauf und begann ihr Vorschriften zu machen, wie sie sich in jeder Hinsicht bessern könne. Er sagte ihr, was sie essen sollte – ganz bestimmt viel weniger als bisher –, und daß sie mehr Sport treiben müsse.

Er sagte ihr auch, sie vertrete zu häufig schlecht fundierte und wenig reflektierte Meinungen, so daß es ihr gut anstünde, sich erst einmal richtig in eine Sache zu vertiefen, bevor sie sich darüber äußere – und dabei ging es um Themen, bei denen sie zuvor immer sehr selbstbewußt Stellung bezogen hatte. Aber wie konnte sie mit ihm streiten, wenn er so selbstsicher wirkte und in allem recht zu haben schien?

Er sagte ihr, sie könne nicht mit Geld umgehen – etwas, das sie erst erkannte, als er sie darauf hinwies –, und schlug vor, das Geld ihm zu geben, damit er es für beide anlegen und zehn Prozent für die Wohltätigkeitsorganisationen abzweigen könne, für die er gelegentlich arbeitete.

Lange akzeptierte Theresa diese destruktive Einmischung als Pauls Art und Weise, seine Liebe und Fürsorge auszudrücken. Sie betrachtete es im schlimmsten Fall als eine Nebenwirkung seines Hangs zum Perfektionismus, der ihn ja gerade zu Höchstleistungen anspornte – und genau deshalb bewunderte sie ihn ja.

«Ich tue das nur, weil ich dich hasse.» Aber schließlich erkannte Theresa zunehmend schockiert, daß Paul sie in intimen Situationen nur so behandelte, weil er durch ungeheure Wut, ja, sogar Haß angeregt wurde.

Ihr fiel auf, daß er sich meist kühl zu ihr verhielt. Er fachte die Sehnsucht in ihr an, einander wieder so nahe zu sein wie vorher.

Dann benutzte er diese Sehnsucht nach Nähe, um ihre Bereitwilligkeit abzuschätzen, sich der herben Kritik zu stellen. Er lockte sie mit dem Versprechen einer sanften, sicheren Intimität, die sie zuerst geteilt hatten, aber nur, wenn sie gut, ja perfekt genug war.

An einem Wochenende lag sie mit einer Erkältung im Bett. Sie hoffte, daß Paul sich entweder um sie kümmern oder sie zumindest in Ruhe lassen würde. Aber es schien, als sei ihre Krankheit und Verletzbarkeit für ihn die perfekte Gelegenheit, ihr vorzuwerfen, daß sie sich ständig vernachlässige und falsch ernähre. Sie habe nur eine Chance, sich innerlich zu reinigen, und zwar, indem sie es zulassen würde, daß er nun alle schlechten, schwachen oder bösen Gedanken oder Gefühle aus ihr herauslocken würde, die sie jemals gehabt habe.

Es war, wie sie erkannte, eine Art Gehirnwäsche, der er sie unterzog. Und sie erkannte mit einen Mal ganz klar und offensichtlich, daß er ein Mann voller Haß, Wut und Destruktivität war. Intimität liebte er nur, weil sie ihm die Gelegenheit bot, ihr Schmerz und Leid zuzufügen.

Warum hatte sie so lange gebraucht, all das zu erkennen? Teilweise lag das an seiner Rolle in der Öffentlichkeit. Er leistete tatsächlich gute Arbeit in der Gemeinschaft. Teilweise lag es aber auch daran, wie allmählich er seine destruktive Kritik im Gleichschritt mit der sich vertiefenden Intimität entwickelt hatte. Und teils war es ihre Sehnsucht nach Nähe, die es für sie so schwer machte, den Preis zu erkennen, den sie dafür zahlen mußte.

Sei nicht grausam

Theresas Geschichte ist ein extremes Beispiel dafür, wie man durch Nähe verletzt werden kann. Sie verdeutlicht auch, daß die Absicht zu verletzen für manche Menschen ein grundsätzlicher und kein zufälliger Bestandteil von Intimität ist. Ich meine damit keine Vorfälle, wie wenn jemand eine sehr persönliche Erinnerung preisgibt, und der Partner mißversteht sie oder reagiert unangemessen darauf, oder wenn eine kritische Bemerkung in einem Augenblick von Nähe geäußert wird und sie dadurch viel schneidender und grausamer wirkt, als es je beabsichtigt war. Intimität kann solche Mißgeschicke überleben.

Aber Theresas Geschichte beleuchtet eine Abzweigung, bei der man aufpassen muß. Es gibt keinen objektiven Maßstab, wann man diese Abzweigung einschlägt, aber hier ist die Richtlinie:

Richtlinie Nr. 32

Es ist normal, ab und zu verletzt zu werden, wenn man jemandem näherkommt, aber wenn Sie das Gefühl haben, daß Ihr Partner Ihre Nähe nur sucht, um Sie seinem Ärger und seiner Kritik auszusetzen, dann werden Sie sich in der Beziehung niemals aufgehoben und sicher fühlen, und Sie werden glücklicher sein, wenn Sie sich trennen, anstatt zu bleiben.

Kurzfassung: Wenn Intimität mit Ihrem Partner heißt, in den Ring zu steigen, dann ist es Zeit, das Match zu beenden.

Und so wendet man diese Richtlinie an: Kaum jemand in einer Beziehung mag es, ständig kritisiert, beurteilt, kontrolliert und bevormundet zu werden. In den meisten Fällen jedoch kann man den Partner wissen lassen, daß man sich ständig beurteilt fühlt, und er unterläßt es – es sei denn, man hat es mit der Art Machtmensch zu tun, wie ich sie in dem Kapitel «Du hast mich fest im Griff» beschrieben habe, also mit einem Typen, der vornehmlich daran interessiert ist, Ihre Bedürfnisse auszulöschen. Meistens gibt es in Beziehungen auch einen sicheren Hafen der Nähe, in dem keine Kritik oder Verurteilungen vorkommen, und mit zunehmender Intimität schätzt man einander auch mehr.

Diese Richtlinie spricht von denjenigen Menschen, die genau dieses Prinzip mißachten, indem sie sich mit Kritik nicht zurückhalten und die Nähe suchen, um Ihnen ihre Urteile aufzudrängen. Statt Sicherheit zu schaffen, vernichten sie sie, und wenn das passiert, dann sollten Sie lieber gehen.

Andererseits will ich diese übermäßige Kritiksucht hier nicht zu stark in den Vordergrund rücken. Diese Richtlinie könnte auch Geltung für Sie haben, ohne daß Ihr Partner Sie jemals kritisiert hätte. Der Schlüssel dazu sind Ihre Gefühle: Haben Sie den Eindruck, daß Sie mit dem Partner in einer verkehrten Welt leben, in der Sie aus was für einem Grund auch immer eher Distanz als Nähe suchen, in der Sie Nähe meiden, weil Nähe nichts Gutes hat?

Diese Richtlinie gilt nicht, wenn Sie einfach zu jenen Menschen gehören, die sich mit Nähe nicht so wohl fühlen wie andere. Nicht jeder ist anderen Menschen gern ganz nah. Aber es besteht ein Riesenunterschied zwischen einer leichten Distanz, die einem lieber ist, und Angst (aufgrund der Erfahrung, von dieser bestimmten Person verletzt zu werden, wenn man ihr zu nahe kommt).

Sich an die Wut klammern

Es gibt aber noch einen Sonderfall, den ich extra beschreiben will: Ihr Partner bewahrt nach einem Krach seinen Groll genau bis zu dem Augenblick, in dem Sie sich wieder entspannen und ihm näherkommen wollen, um dann seine aufgestaute Wut über Sie zu ergießen. Das kann gelegentlich passieren, weil Sie in einer entspannten Situation eher die Kontrolle über Ihre Wut verlieren oder weil durch die Nähe zum Partner die Wunde wieder aufreißt, die schon die vorherige Wut ausgelöst hat.

Es gibt aber einen großen Unterschied zwischen jemandem, der seine Wut absichtlich anstaut, um sie einem um die Ohren zu schlagen, wenn man sich näherkommt, und jemandem, der dies nicht beabsichtigt. Der Unterschied liegt in der Bereitschaft des Partners, dazuzulernen und etwas dagegen zu tun. Denken wir an das Kapitel «So wie du nun mal bist»: Wenn der andere nicht bereit ist, sein Wutproblem anzugehen und weiterhin seine Wut aufspart, um die Intimität unsicher und unmöglich zu machen, dann kann ich mit gutem Gewissen behaupten, daß Richtlinie Nr. 32 gilt.

Schritt Nr. 33: Die Suche nach Intimität

Gehen wir zum nächsten Schritt. Ich habe gerade von der Grenze gesprochen, die man ziehen muß, wenn Intimität weh tut. Nun wollen wir darüber reden, wo Ihre Grenze liegt, wenn Intimität überhaupt nicht vorkommt. Es geht also nicht darum, daß etwas Schlimmes passiert, wenn man einander nahe ist, sondern es ist vielmehr so, daß Sie sich überhaupt nicht mehr nahekommen.

Ich möchte Sie wissen lassen, wie ich zu diesem kritischen Thema stehe. Einerseits weiß ich, wie ungeheuer wichtig Intimität für Sie ist. In gewisser Weise ist Intimität das Erfolgsgeheimnis einer Beziehung. Wir fühlen uns glücklich und erfolgreich, wenn wir einander nahe sind, und unglücklich und gescheitert, wenn das nicht der Fall ist.

Andererseits ist mir bewußt, wie kompliziert es mit der Nähe sein kann. Ich weiß, daß es kaum eine größere Qual gibt, als eine Nähe zu suchen, die immer gerade außer Reichweite scheint. Intimität zwischen zwei Menschen ist manchmal schwieriger zu finden als eine seltene Blume in einem Garten, der von Insekten, Unkraut und Pilzbefall heimgesucht wird. Was für Sie selbst nicht intim genug ist, mag für Ihren Partner vielleicht schon viel zu intim sein. Es kann sein, daß eine Sache, die Sie als sehr intim empfinden, für Ihren Partner einen völlig anderen Stellenwert hat.

Hier ein kurzes, typisches Beispiel: Ein Paar hatte seit vier Jahren eine Beziehung, die immer wieder abgebrochen und wiederaufgenommen wurde. Sie bewegten sich nun langsam auf eine dauerhafte, feste Bindung zu. Die Frau war sehr unglücklich darüber, daß ihr Partner ihr nie sagte, daß er sie liebe. Zu ihrer Vorstellung von Intimität gehörte es, diese Worte zu hören. Der Gedanke an ein ganzes Leben ohne diese Worte war für sie wie der Gedanke an eine emotionale Wüste.

Von seiner Warte aus aber waren die Worte «Ich liebe dich» bloß mechanische Routine. Sie entwerteten seine wahren Gefühle, sagte er. Von seinem Blickwinkel aus war alles viel intimer, wenn er diese Worte gerade nicht sagte. Für ihn war der Gedanke an ein ganzes Leben mit pflichtschuldigen Aussagen wie diesen gleichbedeutend mit der Vorstellung von einer emotionalen Wüste.

Beide Partner waren ganz aufrichtig. Wo aber lag die Grenze? Ich schlage vor, daß Sie sich die folgende Frage stellen:

Diagnostische Frage Nr. 33:
Wenn zwischen Ihnen das Thema Intimität aufkommt, gibt es dann gewöhnlich Streit darüber, was es bedeutet und wie man sie erlangt?

Viele Menschen machen bei Intimität den Fehler, zu denken, der Partner wünsche keine. Aber kaum jemand sagt, daß er keine Nähe will. Immer wenn ich mit Paaren arbeite und einer der beiden scheint sich mit Intimität oder Nähe unwohl zu fühlen, habe ich in der Regel Hoffnung. Es kann sein, daß sie in ihrer Vergangenheit verletzt wurden oder einfach in einer Familie aufwuchsen, in der nicht viel Intimität herrschte, oder sie können Nähe einfach nicht gut ausdrücken. Jemand, der so weit geht, zu sagen: «Ich will nicht soviel Nähe» (und das kommt nicht oft vor), kann einem entgegenkommen, weil der andere ja Intimität will.

Es ist kein Problem, wenn der Partner nicht soviel Intimität will wie Sie. Ein Problem ist es aber, wenn der Partner Nähe wünscht und eine völlig andere Vorstellung davon hat. Wir denken allgemein, das klassische Nähe-Problem bestünde zwischen einer Frau und einem «Macho-Mann», der keine Ahnung von seinen Gefühlen hat. Lassen Sie mich aber von dem schlimmsten Nähe-Problem berichten, das ich jemals zwischen zwei Menschen erlebte:

Terry und Flora

Ein lesbisches Paar, Terry und Flora, hatten beide keine Probleme mit Nähe. Außerdem waren sie beide Therapeutinnen und arbeiteten Tag für Tag mit Intimitätsproblemen. Das Problem bei ihnen aber war, wie tief verwurzelt bei beiden die jeweilige *Vorstellung* von Nähe war.

Für Terry war es der Gipfel an Intimität, einander die tiefsten, dunkelsten Geheimnisse und Gefühle preiszugeben. Für sie war man intim, wenn man miteinander weinte, wenn man über die Dinge sprach, vor denen man Angst hatte, wenn man sich gegenseitig seine Verletzungen und seine Verletzbarkeit eingestand. Man war intim, wenn man jemandem etwas erzählte, was man niemals jemand anderem erzählen würde, und dies mit einem so tiefen Gefühl preisgab, wie man es nie einen anderen erleben lassen würde. Das war für sie die einzige, echte Intimität.

Für Flora war der Gipfel der Intimität ein Spaziergang durch eine Stadt, die man noch nie zuvor besucht hatte, und wenn man dann irgendwie in wortlosem Einvernehmen auf diese Erfahrung reagierte. Nähe war auch gemeinsame Gartenarbeit, wenn sich Tätigkeiten und Empfindungen vermischten, indem man gemeinsam etwas erschuf, das man aus gleicher Sicht betrachtete. Es konnten auch andere gemeinsame Aktivitäten sein, wenn sich die Tätigkeiten miteinander verknüpften, weil man gleich darüber dachte.

Tragischerweise war Intimität für jeden von ihnen genau das, was es für den anderen nicht war. Flora, für die Nähe die gemeinsamen Aktivitäten waren, betrachtete Terrys emotionale Intimität als qualvolle Zeitverschwendung, wodurch ihr die Beziehung wie harte Arbeit vorkam. Terry, für die Intimität das tiefe, gemeinsame Gefühl war, sah Floras Sicht von Nähe durch gemeinsame Aktivitäten als Anti-Intimität – als etwas, das man tut, um Nähe zu vermeiden.

Terry und Flora waren so motiviert und fähig, wie man nur sein kann, wenn es darum geht, an einer Beziehung zu arbeiten. Schließlich sahen sie sich jedoch gezwungen, ihre Beziehung zu beenden, weil sie den Unterschied über die Bedeutung von Intimität nicht überbrücken konnten. Jedesmal, wenn ich sehe, daß Menschen aufgrund von Intimitätsproblemen aus ihrer Beziehung getrieben werden, handelt es sich um eine solche Unvereinbarkeit ihrer Vorstellungen von Nähe, über die man streitet.

Hier die Richtlinie:

Richtlinie Nr. 33

Wenn Sie und Ihr Partner nicht übereinstimmen, was Intimität für Sie beide bedeutet und wie man sie erlangt, und wenn die eigene Position wichtiger ist als die Überbrückung der Unterschiede, dann enden die meisten Menschen in der gleichen Situation unglücklich, wenn sie in der Beziehung bleiben, und sie werden glücklicher, wenn sie sich trennen.

Kurzfassung: Wenn Nähe einen auseinandertreibt, dann kann man nie zusammenkommen.

Man kann dies leicht überprüfen. Ein Partner, der Probleme hat, Ihnen nahe zu sein, weil er so erzogen wurde (oder aus einem anderen Grund), kann immer noch sagen: «Ich verstehe, daß es für dich etwas Bestimmtes bedeutet, wenn wir uns nahe sind, und ich bin bereit, zu tun, was ich kann, oder versuche zumindest, mich zu bessern, damit wir uns näherkommen.» Vielleicht sind Sie dann immer noch weit voneinander entfernt, aber diese Distanz kann langsam schrumpfen, und das kann man auch genau mitempfinden. Aber wenn Sie stark auseinanderstrebende Visionen von Intimität haben, ist das letzte, was der Partner will, zu verstehen, was es für Sie bedeutet, einander nahe zu sein, weil aus seiner Sicht Ihre Vision ein Fehler ist oder sogar eine Gefahr darstellt.

Gewisserweise sage ich hier nur, daß man lernen kann, was man nicht kennt, aber etwas lernen, was man für falsch hält, ist praktisch unmöglich.

Die letzten beiden Richtlinien haben etwas gemeinsam: Beide beleuchten auf verschiedene Weise, wann es nicht sicher ist, einander nahe zu sein: Richtlinie Nr. 32 besagt, daß Nähe nicht sicher ist, wenn man sich angegriffen fühlt, und Richtlinie Nr. 33 erklärt, daß Nähe nicht sicher ist, wenn in dem Augenblick, wo sie stattfindet, Ihre bestimmte Vision von Intimität unter Beschuß gerät.

Schritt Nr. 34: Wo bleibt der Spass?

Wir reden hier nicht über Intimität, weil Sie aufgefordert sind, Ihre Partnerschaft nach dem theoretischen Konzept eines Therapeuten auszurichten, sondern weil das Zusammensein angeblich gut ist. Wir haben über Intimität gesprochen, weil man sich am wohlsten fühlen soll, wenn man einander nahe ist.

Man sollte sich aber auch den Rest der Zeit wohl fühlen. Aber wie gut und in welcher Hinsicht gut? Und wann bedeutet ein Nichtwohlfühlen, daß die Beziehung zu schlecht ist?

Es ist keine Überraschung – nachdem Sie nun anhand der dreiunddreißig Fragen, die Sie bereits abgehakt haben, die meisten Gründe abgehandelt haben, die dafür sprechen, eine Beziehung aufzugeben, betreten wir jetzt ein sehr kompliziertes Terrain.

Es geht darum, daß sich die Menschen am allermeisten über Langeweile beklagen: Die tödliche Stumpfheit und Vorhersehbarkeit unserer Interaktionen vom Morgen bis zum Abend, wenn Sie schon wissen, was Ihr Partner sagen wird, bevor er den Mund aufgemacht hat – schon beim bloßen Gedanken daran könnten Sie graue Haare kriegen.

Aber genau wie wir gelernt haben, reif zu reagieren und die Tatsache zu akzeptieren, daß es auch in einer bloß akzeptablen Beziehung ab und zu Kräche und Frustration über Intimität gibt, ist auch die Langeweile ein unvermeidlicher Bestandteil des gemeinsamen Älterwerdens – oder auch nur des Zusammenseins im ersten halben Jahr. Ich kenne allerdings nur sehr wenige Paare, die sich scheiden lassen, ohne nicht neidvoll auf andere alte, gelangweilte Ehepaare zu blicken. Immerhin hassen sie einander nicht. Immerhin hat deren Beziehung überdauert. Immerhin haben sie eine gemeinsame Geschichte.

Aber irgendwo muß man dennoch die Grenze ziehen. Es gibt eine Art kalte, leere Langeweile, die Alleinsein viel attraktiver für einen macht. Die folgende Frage beruht auf meiner Erfahrung mit Menschen, die sich mit genau diesem Thema abquälten:

Diagnostische Frage Nr. 34:
Ist Ihre Beziehung so, daß Sie Spaß miteinander haben können?

Ich frage hier nicht, ob Sie beide in jedem Augenblick, den Sie gemeinsam verbringen, den tollsten Spaß aller Zeiten erleben. Ich frage nicht einmal, wie oft Sie zusammen Spaß haben. Ich frage auch nicht, wieviel Spaß Sie haben, wenn Sie zusammen Spaß haben. Ich frage nur, ob Sie sicher sind, aus einer Laune heraus Ihren Partner irgendwie anregen und motivieren zu können, zusammen Spaß zu haben.

Auch wenn Sie wie zwei Frösche auf einem Seerosenblatt jeden Abend vor der Glotze hocken, weil sie nach der Arbeit zu müde sind, um etwas anderes zu tun, haben Sie immer noch die Phantasie und die Überzeugung, daß Sie auf ein Wort hin Ihrerseits und einer Reaktion des Partners beide herumalbern und lachen können? Können Sie einfach spontan ausgehen und sich köstlich amüsieren?

Ich weiß, daß Sie meinen, das passiere nicht oft genug, aber denken Sie, unter günstigen Umständen wäre das Potential dazu da?

Die Menschen beklagen sich oft über Langeweile und Nörgelei in ihrer Beziehung. Hier die Richtlinie:

Richtlinie Nr. 34

Wenn Sie das Gefühl haben, daß Sie und Ihr Partner einen Zustand erreicht haben, in dem miteinander Spaß haben einfach nicht mehr möglich erscheint, und Sie ohne die Hoffnung leben, daß Sie beide jemals wieder Spaß haben werden, dann sind die meisten Menschen in Ihrer Situation glücklicher, wenn sie sich trennen, und unglücklich, wenn sie bleiben. Wenn Spaß eigentlich noch gut möglich erscheint, ist das ein Zeichen, daß die Beziehung zu gut ist, um sie aufzugeben.

Kurzfassung: Spaß ist der Leim der Liebe.

Ehe wir weitergehen, muß ich erwähnen, was es heißt, Spaß zu haben: Es bedeutet natürlich, was es für Sie bedeutet, denn Sie allein sind der Maßstab. Wenn es Ihnen Spaß macht, auf der Veranda zu sitzen und über vorbeigehende Nachbarn zu tratschen, dann ist das in Ordnung. Wenn es Ihnen Spaß macht, einander zu kitzeln, bis es weh tut, okay. Wenn es Ihnen Spaß macht, lange, komplizierte Diskussionen über die einzelnen Posten des letzten Bundeshaushaltes zu führen, dann ist das ebenfalls völlig in Ordnung.

Die Menschen unterscheiden sich allerdings nicht nur in dem, was ihnen Spaß macht, sondern auch darin, wieviel Spaß sie im Leben brauchen. Genau wie manche dreimal täglich ungezügelten Sex brauchen und andere zufrieden sind, nur ab und zu mit dem Partner zu schlafen, sind manche mit einer Art und Häufigkeit von Spaß zufrieden, die andere Menschen völlig langweilig und öde empfinden würden. Ich betrachte mich selbst zum Beispiel als spaßorientiert, und verglichen mit einigen Therapeuten, die ich kenne, bin ich das auch, aber meine Kinder meinen, ich hätte überhaupt niemals Spaß.

Sie selbst setzen den Maßstab. Ich möchte, daß Sie sich die Erlaubnis geben, eine Beziehung aufzugeben, wenn keinerlei Aussicht mehr darauf besteht, daß Sie zusammen Spaß haben werden. Aber Sie sollten auch bedenken, daß Ihre Beziehung vielleicht zu gut ist, um sich zu trennen, wenn Sie immer noch leicht und locker miteinander Spaß haben können.

Intimität und Spaß

Wenn Sie erkennen wollen, wie wichtig Spaß für die grundsätzliche Zufriedenheit in einer Beziehung ist, dann rufen Sie sich bitte in Erinnerung, daß ich *nicht* sagte, man sei mit einer Trennung glücklicher, wenn man einander nicht nahe ist. Intimität ist zwar wichtig, aber mit der Zeit und mit dem Alter kann eine Beziehung immer noch befriedigend sein, auch wenn keine besondere Nähe zwischen den Partnern besteht. Sie wünschen sich vielleicht mehr Nähe, aber Sie werden nicht glücklicher, wenn Sie sich trennen, nur weil Sie diese Nähe nicht haben.

Aber auf bestimmte, besondere Weise ist die Möglichkeit von

Spaß auf lange Sicht wichtiger, als sich an die letzten Reste von Nähe zu klammern. Drücken wir es so aus: Menschen, die einander nahe sind, aber niemals miteinander Spaß haben, sind meistens unglücklicher als Menschen, die sich zwar mehr Nähe wünschen, aber mit ihrem Partner noch immer eine Menge Spaß haben.

18

Du bist ein Teil von mir

Thema: Das Zusammengehörigkeitsgefühl

Schritt Nr. 35: Ein Grund, zusammenzusein

Schon auf dem Spielplatz fängt es an, wenn wir Reime singen wie:

«Petersilie Suppenkraut,
wächst in unserem Garten,
unsere Heidi ist die Braut,
kann nicht länger warten.»

Und warum kann sie nicht warten? Sie hat sich verliebt. Schon ganz früh wird uns klar, daß wir uns eines Tages verlieben werden – und dann auch wieder «entlieben». Das ist eines der ewigen Mysterien der Liebe.

Es ist allerdings entsetzlich frustrierend, daß die Stärke unserer Leidenschaft überhaupt keine Garantie dafür bietet, daß sie nicht wieder schwindet oder sich sogar in Abneigung verwandelt. Egal ob nur ein bißchen oder leidenschaftlich verliebt – in beiden Fällen kann man mit einem ziemlich heftigen Aufprall auf dem Boden der Tatsachen landen, wenn die Seifenblase platzt.

Aber wie schnell ist man nach dem ersten Verliebtsein verheiratet und hat ein Kind auf dem Arm? Dann gilt es zunächst einmal, den Alltag zu bewältigen, und die Frage nach der Stabilität Ihrer Liebe ist plötzlich von zweitrangiger Bedeutung. Dennoch – einen gewissen Schutz vor einem allzu jähen Absturz hätten Sie schon gerne, und zwar ganz besonders dann, wenn Sie schon öfter an Trennung gedacht haben, weil alles einfach irgendwie nicht mehr gut genug erscheint. Als Sie vor lauter Liebesglück noch im siebten Himmel schwebten, konnte Sie überhaupt nichts erschüttern, aber wo finden Sie (Zusammen-)Halt, wenn die Liebe selbst nicht mehr auszureichen scheint?

Für manche Menschen gibt es diesen Schutz und diese Garantie, und Sie haben es verdient, darüber mehr zu erfahren. Manche Paare verfügen über eine Art Superkleber, der sie zusammen im siebten Himmel hält. Das geht über normale Liebe hinaus. Die Art des Klebers unterscheidet sich von einem zum anderen Menschen erheblich. Aber um festzustellen, ob er vorhanden ist (es bedeutet allerdings nichts Schlechtes, wenn er fehlt), stellen Sie sich bitte die folgende Frage:

Diagnostische Frage Nr. 35:
Gibt es zum gegenwärtigen Zeitpunkt gemeinsame Ziele, Wünsche und Vorstellungen in Ihrem Leben?

Ehe Sie darauf antworten, lassen Sie mich Ihnen ein paar Beispiele für die Antworten geben, auf die ich abziele:

- Für ein Paar war sein körperlich behindertes Kind das gemeinsame Projekt – es zu versorgen, zu fördern und ihm zu helfen, das Leben trotz aller Schwierigkeiten zu meistern.
- Ein anderes Paar war zusammen, weil sie die gemeinsame Vision von einem Leben auf dem Lande hatten, wo sie sich selbst ein Haus bauen, eigenes Gemüse ziehen und sich durch ihrer Hände Arbeit selbstversorgen wollten – alles im Rahmen einer größeren, engen Gemeinschaft.
- Für wiederum ein anderes Paar war es, daß sie beide Surfer waren und alles, was sie für den Lebensunterhalt taten, eigentlich nicht so wichtig war, solange sie ständig unterwegs zu den besten Stränden und den größten Wellen sein konnten.
- Ein anderes Paar hatte gemeinsam, daß sie Fundamental-Christen waren, die jeden Tag beteten, in der Kirche aktiv waren,

ihre Kinder zu Hause unterrichteten und sich dafür einsetzten, andere Menschen von ihren Wertvorstellungen zu überzeugen.

- Für ein anderes Paar bedeutete Zusammensein, daß sie beide Künstler waren. Er verdiente durch seine Malerei seinen Lebensunterhalt, sie unterrichtete Kunst, aber sie unterstützten und stimulierten sich gegenseitig.
- Für ein anderes Paar war es ihr Garten. Es ging ihnen nicht um einfaches Instandhalten wie bei den meisten Leuten, sie schufen vielmehr einen der bemerkenswertesten Gärten der ganzen Umgebung.
- Für ein anderes Paar hieß es, zusammen ein Aktienpaket anzulegen, das so schnell so hohe Erträge abwerfen sollte, daß sie beide von der Rendite angenehm leben konnten.
- Für ein anderes Paar war seine politische Karriere der gemeinsame Traum und das gemeinsame Projekt.
- Und ein weiteres Paar baute eine Computer-Software-Firma zu einer nationalen Kette aus, ein Projekt, das sie trotz der ersten schweren Jahre zusammenhielt.

Es braucht sich also nicht um eine noble Vision zu handeln oder einen Traum, den alle anderen teilen würden. Ich spreche hier von Paaren, für die die Beziehung mehr bedeutet, als einfach nur eine Beziehung zu haben. Ein Grund, warum so viele Hollywood-Paare sich trotz aufrichtiger Liebe trennen, ist, daß sie sich in erster Linie auf die eigene Karriere konzentrieren. Das ist zwar an sich nichts Schlechtes, aber sie haben dann keine gemeinsame Vision.

Ich möchte hier aber nicht den Eindruck erwecken, als müßten diese gemeinsamen Träume und Ziele etwas Ungewöhnliches sein. Für viele Menschen kann es einfach das eigene Haus sein, die Familie und der Freundeskreis oder auch genug Erspartes, um das Alter zu genießen. Es geht nicht darum, wie besonders der Traum ist, sondern ob er die besondere Kraft hat, zwei Menschen zusammenzuhalten.

Paare mit diesem Superkleber geraten ebenso wie alle anderen in Schwierigkeiten. Sie verletzen und enttäuschen einander. Sie haben Probleme mit der Kommunikation und quälen einander mit ihren Persönlichkeitsdefiziten wie alle anderen auch. Sie erleben sogar bestimmte Probleme, die andere nicht haben, wie die Enttäuschung und die gegenseitigen Vorwürfe, wenn sie bei der Verfolgung der gemeinsamen Vision auf Hindernisse stoßen. Und auch sie erleben Beziehungsambivalenz wie alle anderen.

Aber ihre gemeinsame Vision hält sie zusammen, verleiht ihnen Kraft und gibt ihnen ein Zentrum, das anderen fehlt. Hier die Richtlinie:

Richtlinie Nr. 35

Wenn Sie und Ihr Partner ein gemeinsames Ziel oder einen Traum für die Zukunft haben, wenn es etwas gibt, nach dem Sie Ihr Leben ausrichten und das Ihnen wichtiger ist als alles andere; etwas, das Ihnen nicht nur ein Gefühl von Zufriedenheit gibt, sondern Ihrem Leben auch Sinn verleiht, dann besitzen Sie etwas, was in den allermeisten Fällen eine Beziehung zu gut macht, um sie aufzugeben.

Kurzfassung: Eine geteilte Leidenschaft macht es leichter, auch das Leben zu teilen.

Es braucht nichts zu sein, das man aktiv verfolgt

Der Superkleber, von dem ich hier spreche, kann auch das Gefühl von einer ganz besonderen Verbundenheit sein. Es hilft, wenn man auf ein Projekt verweisen kann oder sich aktiv für ein Ziel einsetzt, wie die Paare, die ich gerade aufgeführt habe, aber absolut notwendig ist das nicht. Es reicht, wenn Sie aus irgendeinem Grund ein unverbrüchliches Gefühl von Zusammengehörigkeit haben.

Für manche Paare besteht ein solches Gefühl darin, daß sie besonders gut miteinander harmonieren. Vielleicht haben beide die gleichen ausgeprägten Eigenheiten, und das paßt so gut zusammen, daß man meint, mit allen anderen Partnern würde man nur unglücklich. Es kann aber auch etwas so Schlichtes sein, wie daß beide gern bis tief in die Nacht aufbleiben. Es könnte auch eine Art zynische Intelligenz sein und die Freude daran, anderen am Lack zu kratzen oder Denkmäler vom Sockel zu stoßen. Es könnte sogar die seltsame Kombination sein, daß ein eher methodisch und ein eher schöpferisch veranlagter Mensch sich wunderbar ergänzen.

Vielleicht ist es auch das aufrichtig und tief empfundene Gefühl, füreinander bestimmt zu sein, das Sie verbindet.

Und wenn Sie nichts von alledem haben? Wenn Sie nun auf Frage Nr. 35 mit «Nein» antworten mußten? Nur keine Sorge. Menschen, die ohne Superkleber im siebten Himmel schweben, sind ebenso glücklich wie andere. Ein gemeinsames Ziel oder ein Traum macht Paare nicht unbedingt glücklicher als andere. Wenn man verliebt ist und einander leiden kann, wenn man Spaß am anderen hat, wer braucht da schon größere Gemeinsamkeiten?

Nur für Menschen in schwierigen Beziehungen kann das intensive Gefühl von Zusammengehörigkeit ein starker Hinweis darauf sein, daß sie sich besser nicht trennen sollten. Aber auch wenn es Ihnen fehlt, kann Ihre Beziehung zu gut sein, um sie aufzugeben.

Schritt Nr. 36: Der letzte Schritt

Wir sind fast fertig. Inzwischen haben Sie alle Themen untersucht, die meiner Erfahrung nach für Menschen wichtig sind, die eine Entscheidung für oder gegen ihre Beziehung treffen wollen. Bei diesem letzten Schritt geht es eigentlich nicht mehr um ein bestimmtes Thema – es ist nur eine Frage, eine letzte, wichtige Frage, die man sich stellen sollte:

••

Diagnostische Frage Nr. 36:

Wenn alle Probleme in Ihrer Beziehung in diesem Moment auf magische Weise gelöst würden, wären Sie dann immer noch unentschlossen, ob Sie sich trennen wollen oder nicht?

••

Denken Sie darüber nach, was Sie mit dieser Frage wirklich beantworten, sofern Sie nicht schon Klarheit erlangt haben. Sie haben bereits fünfunddreißig Richtlinien durchgelesen, die alle eine klare Aussage darüber enthielten, ob Menschen innerhalb oder außerhalb ihrer Beziehung glücklicher werden. Ihre bisherigen Antworten auf fünfunddreißig diagnostische Fragen deuten nicht darauf hin, daß es in Ihrer Beziehung ein so schwerwiegendes Problem gibt, daß Sie glücklicher würden, wenn Sie sich trennen, und unglücklich, wenn Sie blieben. Wenn Ihre Antwort auf Frage Nr. 36 daher «Ja» lautet, dann bedeutet das in der Tat, daß Sie sich auch ohne die beziehungszerstörenden Probleme, die andere haben, immer noch unwohl fühlen. Und das ist sehr bedeutsam. Hier die Richtlinie:

Richtlinie Nr. 36

Wenn Sie selbst ohne konkrete Probleme immer noch nicht wissen, ob Sie in der Beziehung bleiben wollen oder nicht, deutet das auf ein tiefsitzendes Unbehagen mit Ihrem Partner oder der Beziehung hin. Menschen mit diesem Gefühl sind glücklicher, wenn sie sich trennen, und unglücklicher, wenn sie bleiben.

Kurzfassung: Wenn Sie selbst dann, wenn nichts in Ihrer Beziehung eindeutig schlecht ist, noch nicht wissen, ob Sie bleiben oder gehen sollen, dann wollen Sie nicht bleiben.

Ein klares «Ja» bedeutet, daß die Beziehung zu schlecht ist, um zu bleiben. Wenn die Antwort «Nein» lautet, falls alle Probleme in der Beziehung gelöst wären, heißt das, daß sie zu gut ist, um sie aufzugeben.

Das war's. Ihre Antworten auf diese Fragen lauteten entweder «Ja» oder «Nein». Sie haben die Klarheit gefunden, nach der Sie gesucht haben.

Endlich Angekommen

Nun, da wären wir. Das war eine ziemliche Reise, die wir da hinter uns gebracht haben. Ich bin sicher, sie war voll gemischter

Gefühle für Sie. Am Anfang saßen Sie fest, unfähig zu entscheiden, was Sie mit Ihrer schwierigen Beziehung anfangen wollen. Sie suchten nach Beweisen, die Ihnen ein für allemal zeigen würden, ob Sie sich trennen sollen oder nicht. Und nun haben Sie die Antwort und eine ihr entsprechende Richtlinie gefunden. Wenn Sie an irgendeiner Stelle des Buches erfahren haben, daß die meisten Menschen in Ihrer Situation glücklicher geworden sind, wenn sie sich trennten, dann haben auch Sie Ihre Wahrheit gefunden, nämlich die, daß Ihre Beziehung zu schlecht ist, um zu bleiben. Sie wollten die Wahrheit – jetzt kennen Sie sie: Sie war die ganze Zeit vorhanden und hat nur darauf gewartet, endlich entdeckt zu werden.

Lassen Sie mich noch eines ganz klar sagen:

Ihre Beziehung ist zu schlecht, um zu bleiben,
wenn eine Ihrer Antwort entsprechende Richtlinie besagte,
daß die meisten Menschen, die die Frage in derselben Weise
wie Sie beantwortet haben, schließlich glücklicher wurden,
wenn sie sich trennten, und unglücklich, wenn sie blieben.

Wenn das der Fall war, brauchen Sie keine weiteren Informationen. Selbst wenn die Beantwortung einer anderen Frage nicht auf den Ausgang hinwies, ändert das nichts an der Tatsache, daß die Antwort auf diese bestimmte Frage genau dies tat. Ein klares, eindeutiges negatives Zeichen ist alles, was Sie brauchen, und es ist egal, wohin alle anderen Wegweiser deuteten. So funktioniert die Diagnostik hier, um alle Verwirrung und Ambivalenzen auszuräumen.

Aber wie steht es mit der Klarheit in der anderen Richtung, wenn Sie erkannt haben, daß Ihre Beziehung zu gut ist, um zu gehen? Die Antwort lautet hier:

Ihre Beziehung ist zu gut, um sie aufzugeben,
wenn keine Richtlinie Ihnen eine Trennung nahelegte.

So einfach ist das.

Zweifelsohne fühlen Sie sich nun sicherer, wenn auf eine Ihrer

Antworten eine Richtlinie folgte, die besagte, daß die meisten Menschen in Ihrer Situation glücklicher waren, wenn sie blieben, und es bereuten, wenn sie sich trennten. Das wäre ein Zeichen für bestimmte Stärken in Ihrer Beziehung und mit Sicherheit eine starke Bestätigung dafür, daß die Beziehung zu gut ist, um sie aufzugeben. Aber Sie brauchen diese Bestätigung nicht. Solange nichts eindeutig auf die Tür hinwies, heißt das eindeutig: Bleiben. Sie haben eine Beziehung, die Ihnen geben kann, was Sie brauchen, und werden zufrieden sein, wenn Sie sich erst wieder ganz darauf einlassen.

Sie finden diese neugewonnene Klarheit vermutlich ziemlich emotional und auch ein wenig verunsichernd. Bei manchen Menschen dauert es eine Weile, bis sie dieser Wahrheit vertrauen können. Das ist in Ordnung. Falls nötig, können Sie das Buch ja noch einmal durchgehen, um sicherzugehen, daß Sie alle Fragen in der gleichen Weise wieder beantworten würden. Geben Sie sich alle Zeit, die Sie brauchen, um zu akzeptieren, was Sie entdeckt haben.

Ob Ihre neugefundene Klarheit nun auf Trennung oder Bleiben hindeutet – Sie sind noch nicht ganz ans Ende des Buches gelangt. Ich muß noch kurz erläutern, was nun vor Ihnen liegt.

19

Nächste Schritte

Okay. Sie haben gefunden, was Sie gesucht haben: die Erkenntnis, zu gehen oder zu bleiben. Wie auch Ihre Wahrheit aussieht, Sie beginnen ein neues Leben. Die Gewißheit, die Sie erlangt haben, ermöglicht es Ihnen, die lähmende Ambivalenz abzustreifen und Ihr Leben wieder mit Energie anzugehen.

Ich möchte Ihnen helfen, den emotionalen Teil davon zu bewältigen.

Wenn Ihre Beziehung zu schlecht ist, um zu bleiben

Es ist sehr schwer, sich von jemandem zu verabschieden, der für Sie wichtig gewesen ist. Aber wenn Sie die Entscheidung treffen, die für Sie richtig ist, können Sie auch zuversichtlich in die Zukunft blicken.

Sie müssen wissen, daß Sie unter den gegebenen Umständen das Bestmögliche getan haben. Ihrer Beziehung fehlte die Substanz, die nötig ist, um Ihnen das Glück zu schenken, das Sie verdienen. Sie hätten sich nur dann etwas vorzuwerfen, wenn Sie einen Samen in einen fruchtbaren Boden gepflanzt hätten, aber wenn Sie dieses Samenkorn auf einen Stein fallen ließen, ist es der Stein und nicht Sie, der das Wachstum verhinderte. Ich sage damit nicht, daß Ihr Partner dieser Stein gewesen ist – vielleicht war es einfach nur die Tatsache, daß Sie beide nicht zusammenpaßten.

Ich weiß, daß jetzt – mit der Erkenntnis, daß Ihre Beziehung vorbei ist – viele Gefühle in Ihnen aufsteigen. Und dazu gehört auch Traurigkeit. Natürlich haben Sie ein Recht auf alle Ihre Gefühle. Es ist aber wichtig, zu erkennen, was sie bedeuten. Und was bedeutet es, daß Sie Monate oder Jahre damit zugebracht haben, zu sagen: «Ich will einfach nur Klarheit», und dann von Traurigkeit überwältigt sind, wenn diese Klarheit Trennung heißt?

Das wichtigste für Sie ist jetzt, zu wissen, daß Ihre *Traurigkeit nicht bedeutet, daß die Wahrheit, die Sie fanden, nicht Ihre Wahrheit ist.* Wenn es für Sie am besten ist zu gehen, dann ändert die Traurigkeit beim Gedanken an Trennung daran nichts. Ihre Traurigkeit enthält keine neue Information. Sie ist vielmehr eine ganz natürliche Reaktion auf den Verlust.

Gönnen Sie sich also diese Traurigkeit, aber lassen Sie sich von ihr nicht wieder in die Beziehungsambivalenz hineinsaugen, die Sie so gut gelöst haben. Behalten Sie im Kopf die Klarheit, daß es am besten für Sie ist, wenn Sie gehen, und nehmen Sie sich Zeit, Ihre Trauer zu verarbeiten.

Es ist bestimmt eine Phase, in der Sie viele verschiedene Gefühle haben. Egal, was Sie empfinden – Schuld, Befreiung, Wut, Hoffnung, Enttäuschung oder Freude –, akzeptieren Sie Ihre Gefühle als normal und natürlich. Sorgen Sie dafür, daß Sie alle notwendige Unterstützung bekommen. Aber lassen Sie nicht zu, daß eines der Gefühle die neugewonnene Klarheit wieder trübt.

Was kommt als nächstes? Ich bin sicher, Sie hegen hinsichtlich der Zukunft Hoffnungen und Ängste. Ihre Hoffnungen sind eine wichtige Energiequelle für Sie. Sie freuen sich vermutlich darauf, sich von der Quälerei und den Schwierigkeiten zu verabschieden. Und Sie freuen sich vermutlich auch auf neue Chancen in Ihrem neuen Leben. Sie haben ein Recht auf diese Hoffnungen.

Aber es wäre kaum menschlich, wenn Sie nicht auch nervös wären angesichts der Zukunft, die Sie erwartet. Sie sorgen sich vermutlich, was geschieht, wenn Sie dem Partner mitteilen, daß Sie die Beziehung beenden wollen. Sie wünschen sich vermutlich, daß die Trennung ohne ein Höllentheater vor sich geht. Sie haben vermutlich auch Ängste, was in Ihrem neuen Leben auf Sie wartet.

Bei all diesen Sorgen denken Sie daran, was die meisten Menschen sagen, die das gleiche durchgemacht haben: «Es war schwer, aber es war es wert, und wenn man seinen Kopf benutzt, dann übersteht man es, ohne daß sich die schlimmsten Ängste bewahrheiten.»

Bitten Sie Ihre Freunde um Hilfe und organisieren Sie sich kompetenten Rat und zuverlässige Unterstützung. Es ist wichtig, daß Sie in der nun folgenden Periode alle Hilfe in Anspruch nehmen, die Sie bekommen können.

Freude auf die Zukunft

Gehen Sie davon aus, daß die Zukunft gut wird. Sie wissen ja, die Richtlinie, die Sie auf den Ausgang hinwies, sagte: Die meisten Menschen, die diese Frage ebenso wie Sie beantworteten, waren glücklich, wenn sie sich trennten, und unglücklich, wenn sie blieben. Ich möchte, daß Sie das voll erfassen. Die Trennung an sich ist vielleicht schwer, aber da Sie Ihre Wahrheit erkannt haben, werden Sie glücklicher sein, wenn Sie danach handeln.

Natürlich gibt es für nichts in diesem Leben eine Garantie. Die Menschen sind einfach zu komplex, als daß man etwas garantieren könnte. Aber Glück war das allgemeine Stichwort für Menschen in Ihrer Situation, und Sie sollten auch davon ausgehen, daß die Zukunft für Sie glücklich wird.

Sie haben auch ein Recht darauf, Glück zu erwarten, ob Sie nun bald eine neue Beziehung beginnen oder eine Weile allein leben. Die meisten Menschen freuen sich darauf, sich irgendwann in der Zukunft in den oder die Richtige zu verlieben. Aber die Wahrheit, die Sie über Ihre Beziehung entdeckt haben, lautet, daß Sie auch allein glücklicher sein würden, als wenn Sie beim gegenwärtigen Partner blieben.

Ich brauche Ihnen nicht zu sagen, daß vor Ihnen ein Abenteuer liegt. Vielleicht sind Sie mir in Ihrer Aufregung und Vorfreude auf Ihr neues Leben schon meilenweit voraus. Wenn Sie sich nicht so sicher sind, lassen Sie sich durch das bestärken, was Menschen gesagt haben, die das gleiche durchgemacht haben:

- «Ich wußte nicht, ob ich es schaffe, aber jetzt geht es mir viel besser, besser, als ich es mir jemals vorgestellt habe.»
- «Es war schwer, aber ich blieb mit vielen Menschen und Din-

gen, an denen mir lag, in enger Verbindung, und ich bin froh, daß ich es getan habe.»

- «Ich kann kaum glauben, wieviel ich über mich selbst gelernt habe und wieviel Neues ich für mich gewonnen habe.»

Viel Glück und herzlichen Glückwunsch! Sie können sich nun endlich von Ihrer Beziehung, Ihrer Verwirrung und Ihrem Unglück verabschieden. Sie sind frei für ein neues, besseres Leben.

Wenn Ihre Beziehung zu gut ist, um sie aufzugeben

Viele Menschen haben gemischte Gefühle, wenn sie entdecken, daß sie am glücklichsten sein werden, wenn sie in der Beziehung bleiben. In gewisser Hinsicht bedeutet es, sich wieder auf die Beziehung einzulassen, die man bereits verlassen wollte. Vielleicht sind Sie sehr erleichtert, wenn Sie hören, daß Ihre Beziehung zu gut ist, um sich zu trennen, aber haben vielleicht auch Angst, sich mit etwas abzufinden, das eindeutig unbefriedigend genug war, um ambivalente Gefühle auszulösen.

Daher kann es gut sein, daß Sie jetzt beim Gedanken an Bleiben ganz verzagt sind. Aber es ist wichtig, dieses Gefühl zu verstehen: Es ist kein Zeichen dafür, daß Sie einen Fehler bei der Beantwortung der Fragen gemacht haben. Es ist eine natürliche Reaktion, die sich bei vielen Menschen einstellt, die vor einer schwierigen Aufgabe stehen. Sie müssen sich erst an den Gedanken gewöhnen, daß es Ihre Ambivalenz war, die Sie daran hinderte, die Probleme in Ihrer Beziehung anzupacken und zu bewältigen. Genau das ist ja das Verführerische an der Ambivalenz: Mit ihr rückt man aus der Schußlinie.

Aber all dies bedeutet in Wirklichkeit, daß Sie ein gutes Stück Arbeit vor sich haben: Es macht Mühe, zu akzeptieren, daß man nicht länger einfach darauf warten kann, bis sich die Dinge von selbst bessern. Diese Beziehung ist die richtige für Sie, und wie alles andere im Leben bekommen Sie nur das daraus zurück, was Sie hineinstecken.

Für Sie ist es wirklich sinnvoll, an der Beziehung zu arbeiten. Die Richtlinien, die auf ein Bleiben hinwiesen, sagten, daß die meisten Menschen, die wie Sie antworteten, glücklicher waren, wenn sie blieben, und unglücklich wurden, wenn sie sich trennten. Sie werden also damit zufrieden sein, wenn Sie bleiben. Es gibt zwar keine Garantien im Leben, aber ich würde darauf wetten.

Sie werden feststellen, daß sich Ihre Beziehung schneller bessert, als Sie denken, sobald Sie sich erst von der Ambivalenz verabschiedet haben. Ihre Energie wird nun in völlig andere Kanäle fließen. Sie wird nicht mehr von den Überlegungen in Anspruch genommen, ob Sie sich trennen sollen oder nicht. Es ist, als hätten Sie in einem heruntergekommenen Haus gelebt und Ihre sämtliche Energie darauf verschwendet, ein neues zu suchen. Stellen Sie sich nur vor, wenn Sie diese Zeit und Energie in die Renovierung Ihres alten Hauses gesteckt hätten. Ganz schnell würde es wunderbar aussehen. Auf gleiche Weise wird Ihre Beziehung rasch besser, wenn Sie die Energie, die Sie in das leidige Abwägen des Für und Wider investiert haben, fortan in die Partnerschaft stecken.

Was aber bedeutet das in der Praxis? Es heißt, klug und liebevoll zu sein. Der liebevolle Teil ist nicht schwer. Sie sind nett zu Ihrem Partner und tun Dinge für ihn, die Sie selbst auch gern von ihm hätten. Sie entdecken Dinge, die Ihre Partnerin gerne hat, die Ihnen bisher nie aufgefallen sind, und tun sie auch.

Klug sein ist da schon schwerer. Daß Sie ambivalent über Ihre Beziehung dachten, heißt, daß es Probleme gab, obwohl nicht unbedingt mehr oder schwierigere Probleme als in anderen Beziehungen auch. Klug sein heißt daher, diese Probleme angehen und die Geduld aufzubringen, sie zu lösen.

Organisieren Sie sich Hilfe, falls Sie sich alleine überfordert fühlen. Wenn Sie es noch nicht mit einer Paartherapie versucht haben, könnte jetzt der geeignete Zeitpunkt sein, damit anzufangen.

Nun, das war's. Sie sind jetzt frei, Ihr Leben zu leben, und haben die Beziehung, die Sie sich wünschten. Doch es gibt jetzt einen großen Unterschied: Sie wissen, daß Ihre Beziehung einen guten Kern hat, der jede Investition lohnt, und Sie wissen, daß das Glück, nach dem Sie suchen, für Sie erreichbar ist.

Meinen Glückwunsch und alles Gute, wenn Sie sich erneut

und rückhaltlos, von quälenden Zweifeln befreit, auf Ihre Beziehung einlassen.

Egal, welche Wahrheit Sie herausgefunden haben –
dies ist nicht das Ende – es ist der ANFANG!

Danksagung

Dieses Buch handelt von Wahrheit und Liebe. Ohne die Arbeit von Dr. Charles Foster wäre es nicht geschrieben worden. Seine Forschung, seine Einsichten und Ideen füllen dieses Buch. Jedes Wort ist Produkt einer gleichrangigen Zusammenarbeit zwischen uns. Dank ihm wurde die Suche nach Wahrheit zu einer Arbeit voller Liebe.

Ich bin allen Menschen äußerst dankbar, deren Lebensgeschichte in die Recherchen für dieses Buch eingeflossen ist. Alle waren erstaunlich offen und hilfsbereit – ihre Erfahrungen bilden das Fundament dieses Buches.

Auch vielen anderen Menschen schulde ich aufrichtigen Dank, und dennoch kann ich an dieser Stelle nicht mehr tun, als einfach nur die Namen derjenigen zu nennen, denen ich mich besonders verpflichtet fühle. Sie alle sind auf die eine oder andere Art Kollegen, Lehrer, Helden, Freunde, die mir persönlich oder beruflich etwas Besonderes gegeben haben – in all meinen Jahren in Chestnut Hill und anderswo. Sie wissen vielleicht nicht einmal, wieviel sie mir gegeben haben, aber alle haben dazu beigetragen, diese Seiten zu ermöglichen. Ihnen allen gilt mein Dank: Louise Bates Ames, Shaye Areheart, Lisa Bankoff, Susan Bickelhaupt, Ruth Bork, Mihaly Csikszentmihalyi, Alexia Dorszynski, Barry Dym, Dorothy Firman, Roger Fisher, Betty Friedan, Diana Huss Green, Jennifer Hack, Jay Haley, Jules Henry, Kathleen Huntington, Allan Kaprow, Alfred Kazin, Michael Kirshenbaum, Mary Jo Kochakian, Rabbi Harold Kushner, Eda LeShan, Richard Marek, Amy Mintzer, Salvador Minuchin, Nancy Moscatillo, Eli Newberger, Maury Povich, Cynthia Roe, Izzy Rudski, Ann Ruethling, Kim Schaffer, Gitta Sereny, Myron Sharaf, Judith Sills, Ivy Fischer Stone, Richard Stuart, Walter Watson, Paul Watzlawik, Rosa Wexler, Robert White, Eli Wiesel, Beth Winship und Harold Zyskind.

Einige Menschen sind leider nicht mehr am Leben, so daß ich ihnen nicht mehr für das danken kann, was sie mir gegeben haben. Dennoch möchte ich hier ihre Namen nennen: Fred Avery, Gregory Bateson, Herbert Berghof, Martin Buber, Paul Goodman, Walter Green, Don Jackson, Pearl Karch, Virgina Satir und Isaac Bashevis Singer.

Danken möchte ich auch meinen Töchtern Rachel und Hannah, denen dieses Projekt sehr am Herzen lag und die ihre Liebe und Klugheit ausdrückten, indem sie mich die volle Wucht ihrer konstruktiven Kritik spüren ließen.

Was für ein ungeheures Glück, einen Menschen wie Howard Morhaim als Agenten zu haben! Ohne sein Talent und seinen Glauben an mich und dieses Projekt würde die Hilfe, die dieses Buch zu geben hat, vielen Menschen fehlen. Ich bin ihm äußerst dankbar. Ein Dank auch an seine Assistentin Kate Hengerer.

Meine Lektorin Deborah Brody beeindruckte mich durch ihre Klugheit und ihren Elan. Ihrer Begeisterungsfähigkeit und tätigen Fürsorge ist es zu verdanken, daß dieses Buch einem breiten Publikum zugänglich wurde.

Außerdem möchte ich all den anderen wunderbaren Leuten beim Verlag Penguin und Dutton danken, die diesem Buch und mir geholfen haben und helfen werden. Ich kann nicht alle Namen aufführen und hebe daher Marvin Brown, Judi Curtade, Arnold Dolin, Elaine Koster und Peter Mayer hervor. Einen Dank auch an Julianne Babato für ihre ausgezeichnete Redaktion und Jennifer Moore für die Sorgfalt, die sie meinem Werk angedeihen ließ. Ich weiß auch, wie wichtig Lisa Johnsons Inspiration in der Vergangenheit für meine Arbeit war und in Zukunft sein wird, und dafür danke ich ihr. Ein besonderer Dank gilt Tracy Guest.

Ein Dank ergeht auch an alle Leser meines früheren Buches für ihre unglaubliche Unterstützung. Das bedeutet mir sehr viel.

Besonders danke ich den zahllosen Menschen, die mich anriefen und mir schrieben, um mir zu sagen, wie sehr mein Buch ihnen geholfen hat.

Und schließlich möchte ich meinen Klienten danken, die mich baten, dieses Buch zu schreiben. Ich kann ihre Namen nicht alle aufführen, aber sie wissen schon, wer gemeint ist.

Biographie

Mira Kirshenbaum, geboren 1945, ist Psychotherapeutin, Familientherapeutin und Direktorin am Chestnut Hill Institute in Massachusetts. Sie lebt in Boston.